D

¡Sigue! A2

John Connor & David Mort

Tercera edición

D1079651

HODDER
EDUCATION
AN HACHETTE UK COMPANY

Although every effort has been made to ensure that website addresses are correct at time of going to press, Hodder Education cannot be held responsible for the content of any website mentioned in this book. It is sometimes possible to find a relocated web page by typing in the address of the home page for a website in the URL window of your browser.

Hachette UK's policy is to use papers that are natural, renewable and recyclable products and made from wood grown in sustainable forests. The logging and manufacturing processes are expected to conform to the environmental regulations of the country of origin.

Orders: please contact Bookpoint Ltd, 130 Milton Park, Abingdon, Oxon OX14 4SB. Telephone: (44) 01235 827720. Fax: (44) 01235 400454. Lines are open 9.00–5.00, Monday to Saturday, with a 24-hour message answering service. Visit our website at www.hoddereducation.co.uk

First edition © David Mort, Helena Aixendri & Sally–Ann Pye, 1995
Second edition © John Connor, Helena Jiménez, David Mort & Niobe O'Connor, 2000

This third edition first published in 2009 by
Hodder Education,
an Hachette UK Company
338 Euston Road
London NW1 3BH

Impression number 5   4   3
Year   2013

Cover photo © Sergio Barrenechea/EFE/Corbis
Illustrations by Kate Charlesworth, Ned Woodman and Tim Oliver
Editorial and project management by Hart McLeod Ltd, Cambridge
Typeset in Palatino Light and Gill Sans by Hart McLeod, Cambridge
Printed in Dubai

A catalogue record for this title is available from the British Library

ISBN: 978 0340 95020 3

Contents

Introduction   vii

Unidad 1   La sociedad   1

1.1	El nuevo hogar vasco	1
1.2	Singles, otra clase social	1
1.3	Mujeres y hombres: cursos en igualdad	3
1.4	Racista – ¿yo?	4
1.5	¿Tienes prejuicios raciales?	5
1.6	¿Qué tipo de discriminación sufre más el ciudadano europeo?	5
1.7	Religión en la escuela	6
1.8	Mi familia – víctima del racismo	7
1.9	Tan distintos … pero tan iguales	8
1.10	La inmigración nos compromete a todos	9
1.11	Necesitamos inmigrantes	10
	Prácticas	11

Unidad 2   El crimen y el castigo   13

2.1	Crimen y castigo: puntos de vista	13
2.2	Cómo reducir el nivel de delincuencia	13
2.3	Los delincuentes juveniles son cada vez más violentos	14
2.4	Un castigo apropiado	15
2.5	Violencia callejera: ¿quiénes participan y por qué?	16
2.6	Los padres no pagarán las multas de hijos gamberros	17
2.7	Detenidos por drogas	18
2.8	Un crimen atroz	18
2.9	Tarjetas de crédito clonadas	19
2.10	El papel de la policía	20
2.11	"Nosotras no somos polis"	21
2.12	"Soy el niño de la cárcel"	22
	Prácticas	23

Unidad 3   El paro   25

3.1	España: el paro sube	25
3.2	¿Estar en paro o buscar trabajo?	26
3.3	Jóvenes sin empleo	27
3.4	Qué hacer si te quedas en paro	28
3.5	Empleos prestigiosos pero precarios	29
3.6	Estudiar – ¿para terminar en paro?	30
3.7	"Hotel mamá"	31
3.8	Esperanza para los jóvenes sin trabajo	32
3.9	Los gitanos y el desempleo	32
3.10	Manolo, el mendigo	33
	Prácticas	34

Contents

Unidad 4 El reciclaje   36

4.1 Términos de reciclaje   36
4.2 Preguntas sobre reciclaje   36
4.3 Las seis Rs   37
4.4 Consumo responsable   38
4.5 Calcula tu huella ecológica   39
4.6 ¡Viva la tecnobasura!   40
4.7 El e-waste   41
4.8 Convertir basura en energía   42
4.9 La compostación es necesaria para la supervivencia del planeta   43
4.10 ¿Qué puedes hacer tú contra el cambio climático?   44
      Prácticas   44

Unidad 5 Las energías   47

5.1 El gran reto de las energías renovables   47
5.2 Las energías renovables: ¿qué son?   48
5.3 Medidas "verdes" para frenar el cambio climático   48
5.4 La biomasa   49
5.5 Parques eólicos   50
5.6 Preguntas sobre la energía solar   51
5.7 Propuestas ecologistas en Internet   53
5.8 La energía nuclear: puntos de vista   54
5.9 Vehículos de gas natural   55
5.10 ¿Cuánto sabes ahora sobre la energía?   56
      Prácticas   57

Unidad 6 La contaminación   58

6.1 ¿Qué hacemos con la basura?   58
6.2 ¿Multar a quienes tiren basura?   59
6.3 Las calles inundadas de colillas   60
6.4 La contaminación del tráfico mata tres veces más que los accidentes   61
6.5 Consejos sobre cómo ayudar a reducir la contaminación   62
6.6 ¡Este ruido es insoportable!   62
6.7 Después de la fiesta …   63
6.8 Cómo la limpieza crea la contaminación   64
6.9 Nadie quiere basura atómica   65
6.10 Conversación sobre la basura nuclear   67
      Prácticas   68

Unidad 7 La conservación   70

7.1 El desafío para Europa   70
7.2 El calentamiento global y los españoles   71
7.3 En el nombre del planeta   72
7.4 La conservación de la naturaleza en el Perú   73
7.5 Participación ciudadana   73
7.6 España combate la escasez de agua   75
7.7 El mundo natural en peligro   76
7.8 Los incendios forestales   77
7.9 20.000 siniestros por año   78
7.10 La sobrepesca   78
      Prácticas   80

Unidad 8   La medicina   82

8.1   El Instituto Nacional de Gestión Sanitaria en España   82
8.2   Opuestos: a favor y en contra de la medicina convencional   83
8.3   La elección del sexo de los embriones   84
8.4   Los embriones híbridos   85
8.5   La nueva ley española de reproducción asistida   86
8.6   Eutanasia – bajo la perspectiva española   86
8.7   La eutanasia en España – un asunto polémico   87
8.8   Medicina privada vs medicina pública   88
8.9   Los menores y la cirugía estética   89
8.10   Los menores y el tratamiento psicológico   90
   Prácticas   91

Unidad 9   Las ciencias   92

9.1   Grandes y pequeños mitos de la ciencia   92
9.2   Lo que necesitas saber sobre el LHC, según la prensa española   93
9.3   Viajes espaciales – el futuro   94
9.4   Cómo vivir fuera de la Tierra   95
9.5   El biorritmo – ¿es diferente en España?   96
9.6   La donación de órganos en España   98
9.7   Los poderes de un superhéroe   99
9.8   La historia del barómetro 1   100
9.9   La historia del barómetro 2   101
9.10   Un diccionario español para interpretar trabajos de investigación   101
   Prácticas   102

Unidad 10   La tecnología   103

10.1   En peligro de extinción   103
10.2   Carnés electrónicos   104
10.3   ¿Dispositivos incrustados en el cuerpo?   105
10.4   El impacto nocivo de las nuevas tecnologías   106
10.5   México y el chip antisecuestro   107
10.6   Un sistema para evitar atropellos   107
10.7   El uso del GPS – los inconvenientes   108
10.8   Redes de sensores sin cable   109
10.9   ¡Cuidado con la tecnología!   110
   Prácticas   111

Unidad 11   Las artes   113

11.1   Ir al museo sin salir de casa   113
11.2   El concierto de Aranjuez   114
11.3   "Guernica"   115
11.4   Salvador Dalí   116
11.5   *La casa de Bernarda Alba*   117
11.6   Antoni Gaudí   118
11.7   Paco Peña   119
11.8   Enrique Iglesias   120
11.9   Una charla con Pedro Almodóvar y Penélope Cruz   121
11.10   *Cien años de soledad*   122
   Prácticas   124

Contents

Unidad 12 La política   125

    12.1 La política de España   125
    12.2 Los españoles y la monarquía   126
    12.3 Les dan miedo los terroristas   127
    12.4 Lo que más preocupa a los españoles   128
    12.5 El 11 de marzo   129
    12.6 ETA en Andalucía   130
    12.7 Vuelos entre Gibraltar y España   130
    12.8 España reivindica su soberanía sobre Gibraltar   131
    12.9 ¿Autonomía o separatismo?   132
           Prácticas   133

Unidad 13 La historia   134

    13.1 La Alhambra   134
    13.2 El emirato   135
    13.3 El califato de Córdoba   136
    13.4 Cristóbal Colón   137
    13.5 Los conquistadores 1 – Hernán Cortés   138
    13.6 Los conquistadores 1 – Hernán Cortés (cont.)   139
    13.7 Los conquistadores 2 – Francisco Pizarro   139
    13.8 Los conquistadores 2 – Francisco Pizarro (cont.)   140
    13.9 La armada invencible 1   141
    13.10 La armada invencible 2   142
    13.11 El desarrollo de la guerra civil   143
    13.12 Francisco Franco Bahamonde   144
    13.13 La transición política   146
           Prácticas   147

    Grammar reference   149

    Radical-changing verbs and spelling-change verbs   178

    Verb tables   182

    Vocabulary   190

Introduction

■ How *¡Sigue! A2* works

This is the second part of a two-part course, taking you through AS and A2 Spanish. You will probably have started working with *¡Sigue!* last year, and seen the improvement in your skills from GCSE level. This year, our aim is to help you take your language on to a higher level.

We want you to feel confident in what you do, develop your skills, obtain a sense of enjoyment and fulfilment from your work, feel well-armed to tackle the examinations ahead, and develop a further understanding of and feeling for Spain and for Spanish-speaking people.

■ What does *¡Sigue! A2* include?

■ The thirteen units

Each of the thirteen units offers an in-depth look at aspects of an Advanced Level topic:

Unidad 1 considers the themes of integration and exclusion in society, as well as discrimination in the areas of gender, religion and age.

Unidad 2 focuses on current trends in crime, policing, civil unrest and the law.

Unidad 3 looks at the causes and consequences of unemployment.

Unidad 4 concentrates on issues around the individual and the environment, such as reducing individual energy usage and impact, local conservation and recycling.

Unidad 5 deals with alternative energy sources, the changing use of fossil fuels and energy demands, and the issue of nuclear power.

Unidad 6 provides an insight into the causes and consequences of pollution, and proposes some solutions.

Unidad 7 investigates the impact of the human race on the environment and examines some local, national and global initiatives.

Unidad 8 looks at developments in the world of medicine, and considers some of the ethical issues they can bring in their wake.

Unidad 9 examines scientific advances and what the future may hold for the next generations.

Unidad 10 concentrates on the role of technology in modern life and examines some of the advantages and disadvantages of technological advance.

Unidad 11 introduces students to a sample of the arts through cinema, literature, music, art and architecture.

Unidad 12 provides an overview of some key political issues in the Spanish-speaking world.

Unidad 13 looks at some of the key events and people in the history of Spain and Latin America.

The texts in this book and on the CDs are the basis for a range of tasks, many of which you will find familiar since they are similar to the kinds of activities you will have done for AS Level. The skills practised in these tasks are indicated by the following symbols:

⌒	Listening	▤	Reading
⚇	Speaking task in pairs	✍	Writing
⚐	Individual speaking task		

At the end of each unit is a section entitled *Prácticas*, which gives you consolidated revision and practice of grammar points, some of which will have been present in the preceding unit.

■ Grammar reference and Vocabulary

Towards the end of the book, you will find the Grammar reference section, with clear explanations in English of all the grammar points practised in the course.

Finally, you will find the Vocabulary list at the back of the book. This has been designed to give you easy reference to new vocabulary figuring in the units.

■ Plus ...

- Supplementary exercises
- Assessment unit

These are supplied in the *Teacher's Resource Book* accompanying the course. Your teacher or supervisor will guide you on when and how to use these.

¡Suerte!

John Connor & David Mort

La sociedad

1.1 El nuevo hogar vasco

El concepto de familia ha cambiado en los últimos años.

A 🎧 Escucha la grabación; ¿cómo se dicen las frases siguientes?

1 we hear so much
2 single-parent families
3 mainly
4 childless couples
5 the number has doubled
6 however

B 🎧 Escucha otra vez. Para cada una de las frases siguientes, apunta "V" (verdadero), "F" (falso) o "NSD" (no se dice).

1 En muchas familias vascas hay problemas.
2 Las madres vascas adelgazan después de dar a luz.
3 Las familias tradicionales ya son una minoría.
4 A menudo, viven juntos viejos y jóvenes.
5 Más de 30.000 familias han emigrado.
6 Más de la mitad de las parejas no tienen hijos.
7 Casi las dos terceras partes de la población viven a solas.
8 Hay menos viudas que solteras.
9 Más parejas se separan que se divorcian.
10 En los diez últimos años, se han formado más familias, pero con menos niños.

C 🖊 "Sin la familia tradicional, la sociedad va a desaparecer." – Martín Trom-David. ¿Estás de acuerdo? Escribe unas 250 palabras en español.

1.2 Singles, otra clase social

Cada vez más gente no quiere casarse.

En sólo unos años, el número de personas adultas sin pareja se ha multiplicado. También en España, donde los solteros son ya más de siete millones. Y este fenómeno sigue creciendo.

De hecho, la mayoría de los singles dice disfrutar de su estado civil, y sobre todo de no tener que rendir cuentas a nadie más que a ellos mismos.

Entre los atractivos de la vida del single se citan conceptos como la libertad o la ausencia de responsabilidades familiares. Esta autonomía les permite mucha flexibilidad a la hora de organizar cualquier tipo de plan.

Uno de sus pasatiempos preferidos es el de conocer a gente; aunque vivan solas, no son personas solitarias. Les gusta darse caprichos: es el sector de la población que más gasta en viajes y en productos de lujo.

Los singles están en el punto de mira de toda empresa relacionada con el ocio por su poder adquisitivo y su condición de gastadores. Su mayor disponibilidad cuando se trata de cambiar de ciudad por trabajo hace que los responsables de Recursos Humanos de las empresas los tengan muy en cuenta a la hora de ocupar un puesto de responsabilidad.

Por eso, aunque también hay un sector entre los "impares" al que le cuesta llegar a fin de mes, suelen ganar más.

Sin embargo, la forma de vida de los singles tiene su parte menos divertida …

A Las frases siguientes hacen un resumen del artículo, pero están mal ordenadas. Ponlas en orden.

a Pueden hacer lo que quieran a la hora que les convenga.
b No obstante, se puede decir que los singles tienen problemas.
c La industria de ocio se interesa mucho por los singles porque tienen tanto dinero.
d No les molesta cambiar de vivienda por razones laborales.
e Hay cada vez más personas que prefieren vivir a solas.
f Les gusta no tener responsabilidades para los otros.
g Suelen ir a menudo de vacaciones y comprarse regalos.
h Por lo general los singles no tienen problemas de dinero.

B Los sustantivos siguientes se utilizan en el artículo. Escribe el adjetivo que corresponde a cada uno.

Sustantivo	Adjetivo
fenómeno	1
mayoría	2
libertad	3
ausencia	4
autonomía	5
lujo	6
disponibilidad	7

C Use one of the adjectives you have just written to fill in the gaps in the following sentences. Then, translate the sentences into English.

1 Los singles no dependen de nadie; son _____.
2 Mi hermana, que es soltera, se encuentra _____ por las tardes.
3 A menudo, compran cosas _____.
4 Los problemas familiares no están _____ de su vida.
5 Aunque no tenga pareja lo paso _____.

D "La forma de vida de los singles tiene su parte menos divertida …" Trabaja en pareja: uno/a está de acuerdo, el otro/la otra no. Después de cinco minutos, cambiad de papel.

1.3 Mujeres y hombres: cursos en igualdad

Los hombres trabajan tanto como las mujeres – ¿no?

Cómo promover la igualdad

Conocer las medidas de igualdad de género, que se deben y pueden aplicar en una empresa, es el principal objetivo que se proponen los 22 participantes del curso organizado por la Unión General de Trabajadores.

Ana María Ferreres asegura que, con la técnica que imparte el curso, se centrarán especialmente en la práctica, ya que será primordial la aportación y el trabajo común de cada uno de los alumnos.

Según Mamen, una alumna del curso de 37 años, y delegada de personal de su empresa, "esta formación me preparará para informar y defender mejor a mis compañeras en temas de igualdad. Hoy día la mujer está sometida a una doble carga de trabajo, y muchas no son conscientes de ello hasta que no se lo plantean."

Por otro lado, también hay alumnas más jóvenes que están concienciadas con la igualdad de oportunidades. Beatriz, una profesora de inglés de 21 años, opina que "el área de la mujer me parece muy interesante, de hecho durante la carrera realicé un estudio sobre los movimientos feministas en la literatura."

El curso también cuenta con hombres. A pesar de estar en minoría, Sebastián, uno de los cinco que participan, asegura que se debe dar un cambio real en el sentido de que aún no hay concienciación por parte del género masculino. Opina: "Cuando la mujer acaba de trabajar fuera del hogar su jornada continúa en casa, mientras que para ellos es cuando empieza el ocio. El problema es que nosotros seguimos viendo esa costumbre como algo normal y es ahí donde hay que promover la igualdad."

A 📄 Para cada pregunta, apunta "V" (verdadero), "F" (falso) o "NSD" (no se dice).

1 Los participantes han tenido que pagar para asistir al curso.
2 Las mujeres trabajan el doble que los hombres.
3 Beatriz es feminista.
4 En el curso hay un número igual de hombres y mujeres.
5 Sebastián ya ha cumplido 21 años.
6 Comprende el punto de vista de las mujeres.
7 Para él, lo que hacen los hombres no es justo.

B 👥 Trabaja en pareja. Por turnos, haz cinco preguntas basadas en el artículo, utilizando cada vez una forma interrogativa distinta. Tu pareja debe contestar, sin mirar el artículo.

C 🗨 Translate into English the last paragraph of the article.

1.4 Racista – ¿yo?

Es posible que nunca hasta ahora te hayas planteado si eres o no racista. Para saberlo, haz este test.

A 📱 Para cada una de las ocho situaciones, hay grupos de tres respuestas posibles. Antes de hacer el test, empareja las situaciones (1–8) con los grupos de respuestas (a–h).

1 Quieres comprar un apartamento. Sabes que en el mismo bloque vive una familia gitana …

2 A última hora surge una cena de compromiso con tu pareja. La chica enviada por la agencia de canguros es colombiana …

3 Al lado de tu casa, unos polacos abren una tienda de ultramarinos con muy buenos precios …

4 Unos amigos han preparado una cita a ciegas. A última hora te dicen que es negro/a …

5 En la oficina de empleo se te acerca un extranjero para que le ayudes a rellenar un impreso …

6 Te duele una muela y acudes a una clínica de urgencia donde casi todos los doctores son sudamericanos …

7 Tu amigo/a va a casarse con una musulmana/ un musulmán …

8 Todos tenemos derecho a una educación y a una vida digna …

a

(i) Si es feliz, ¿qué importancia tienen las creencias de su pareja?

(ii) Intentas hacerle ver cómo su vida puede verse afectada por las diferencias culturales entre ambos.

(iii) No quieres saber nada de esa relación.

b

(i) Te ofreces amablemente a ayudarle.

(ii) Le ignoras y te vas. ¡Sólo faltaba que nos quitasen el empleo!

(iii) Le indicas cómo puede informarse al respecto.

c

(i) Dejas que tu pareja acuda sola a la cena.

(ii) Te vas tranquilo/a; sabes que ya ha cuidado a los niños de tus vecinos.

(iii) Vas a la cena pero estás preocupado/a todo el rato.

d

(i) Compras donde siempre.

(ii) Sin dudar, cambias de tienda.

(iii) No te importa la nacionalidad de los propietarios.

e

(i) Lo compras sin dudar; es justo lo que estás buscando.

(ii) Prefieres sacrificar tu independencia a tener ese tipo de vecinos.

(iii) Si el precio es bueno, no consideras nada más.

f

(i) Debemos colaborar para erradicar las diferencias raciales.

(ii) Está muy bien, pero cada uno en su propio país.

(iii) Eso es un tópico.

g

(i) Pides un doctor español. Si no hay ninguno, buscas otra clínica.

(ii) No te importa. Piensas que están perfectamente cualificados para atenderte.

(iii) Evitas acudir a médicos que no son de tu confianza, pero siempre podrán darte algo que te calme el dolor.

h

(i) Estás impaciente. La gente negra es muy atractiva.

(ii) Le/La dejas plantado/a.

(iii) Sales con él/ella. Parece agradable y puedes pasarlo muy bien.

B 📋 Después de verificar que has emparejado correctamente las respuestas con las situaciones, ¡haz el test! Cuando hayas terminado, tu profesor te dará la puntuación.

C 📋 Escoge una de las ocho situaciones y escribe un diálogo imaginario entre dos amigos/as – uno/a es racista, el otro/la otra no.

1.5 ¿Tienes prejuicios raciales?

Escucha los resultados del test sobre el racismo.

A 🎧 Anota cómo se dicen en la primera parte de la grabación (puntuación hasta 15 puntos) las palabras siguientes.

1 son importantes
2 a los otros
3 no tienes confianza en
4 son miembros de
5 que no es verdad
6 unas opiniones

B 🎧 Ahora escucha la segunda parte de la grabación (puntuación de 16 a 20 puntos) y escribe cómo se dicen las frases siguientes.

1 you don't pick a fight with anyone
2 until now
3 you hadn't even thought about
4 now that you think about it
5 it would be preferable
6 according to

C 🎧 ✍ Para terminar, escucha la última parte de la grabación (puntuación de más de 20 puntos) y traduce el siguiente texto al español.

A person's race or religion is less important than what he or she is like. We should not be influenced by what a person seems to be, because appearances can be false. What is interesting is to enjoy the differences between people.

1.6 ¿Qué tipo de discriminación sufre más el ciudadano europeo?

Escucha los resultados de un sondeo sobre la discriminación.

A 🎧 The following sentences summarise what is said in the recording, but they are in the wrong order. Put them in the correct sequence.

a Most Europeans are against all forms of discrimination.
b Three other countries appear to be less anti-discrimination.
c There are two age-groups that are particularly affected.
d The EU has researched the question.
e Spanish opposition to racism is higher than the European average.
f It is most critical for job-seekers.
g It is the most frequent form of discrimination.
h Youth unemployment figures bear out the research.

B 🎧 En esta versión de la misma noticia hay varias palabras que faltan. Rellena cada espacio en blanco con una palabra apropiada.

De **(1)** _____ las formas de discriminación, según datos de la Comisión Europea, la que se **(2)** _____ con más **(3)** _____ es por la **(4)** _____, sobre todo por los que **(5)** _____ entre 15 y 24 años y los más **(6)** _____, los de entre 45 y 65 años. Se **(7)** _____ por estos **(8)** _____ grupos a la **(9)** _____ de buscar un empleo. Aunque la **(10)** _____ de los europeos **(11)** _____ en contra de cualquier tipo de discriminación, hay **(12)** _____ países que están menos resueltos contra ella.

1.7 Religión en la escuela

El debate sobre enseñar la asignatura de religión en la escuela se ha planteado desde hace tiempo. Nos dicen lo que piensan cuatro radioyentes.

A 🎧 Escucha la grabación; anota cuál de los cuatro radioyentes – Marta, Rafa, Amparo o Felipe – dice que …

Felipe

Marta

1 no se debe enseñar una religión por sí misma.
2 a pesar de su educación no sabe si cree en Dios.
3 se debería enseñar otras asignaturas más útiles.
4 no hay ninguna religión que sea más importante que otra.
5 históricamente, la religión ha jugado un papel muy importante.
6 la religión no enseña la moralidad.
7 la religión se debe enseñar oficialmente.
8 la religión católica no ha cambiado con el tiempo.

Amparo

B 📱 En esta respuesta de uno/a de los radioyentes hay varias palabras que faltan. Escoge para cada espacio en blanco una palabra adecuada del cuadro.

Mi pareja y yo somos **(1)** _____. Sin embargo, **(2)** _____ que nuestra hija recibiría una especie de educación moral y **(3)** _____, nos hemos dado **(4)** _____ por sus comentarios, que más que **(5)** _____ parece haberse metido en una **(6)** _____. Yo pienso que la religión es algo que no **(7)** _____ para mucho, más bien para lo **(8)** _____.

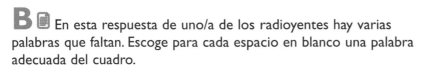
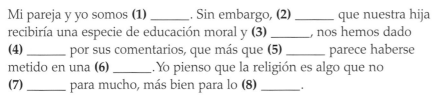

> ateos católica católicos creyendo cuenta difícil es ética
> malo nada nunca permiso secta temiendo vale

C 👥 Trabaja en pareja.

Uno/a cree que no se debería enseñar religión en la escuela, el otro/la otra sí. Después de cinco minutos, cambiad de papel.

Rafa

1.8 Mi familia – víctima del racismo

Isabel cuenta cómo cambió su vida cuando tuvo que abandonar su país natal.

Mis padres y yo, **(1)** _____, habíamos vivido durante muchos años en un país hispanohablante que no quiero identificar. Mi padre era médico, **(2)** _____, y mi madre enseñaba en una escuela primaria. Estábamos muy bien integrados en nuestra comunidad; nunca habíamos tenido problemas en cuanto a nuestra religión.

Pero un día nuestra vida cambió cuando vino al poder un nuevo gobierno **(3)** _____. De repente nos sentimos excluidos y aislados, **(4)** _____, aunque teníamos muchos amigos, tanto musulmanes como católicos y judíos.

Un día, mi padre nos dijo que no podíamos sufrir más; **(5)** _____ la actitud de nuestros compatriotas era cada vez más hostil. Decidió que, antes de que **(6)** _____ fuéramos expulsados, emigraríamos a los Estados Unidos, donde viven mis tíos desde hace más de veinte años.

Al llegar a Nueva York, descubrimos que allí vivían inmigrantes de todas partes – latinoamericanos, iraníes, marroquíes, asiáticos; gente de color, de piel mulata, blanca y negra, **(7)** _____. Todos se consideraban iguales, por lo

menos por lo que se refiere a sus derechos democráticos. En cuanto a mi familia, ya no teníamos que practicar nuestra religión clandestinamente, **(8)** _____.

Hoy, estamos muy contentos; **(9)** _____ mi madre está muy ocupada preparando mi boda. El próximo mes voy a casarme con Miguel, **(10)** _____ a quien conocí mientras estudiábamos medicina.

A ⬚ En la historia de Isabel hay varias frases que faltan. Escoge para cada espacio en blanco la frase adecuada de las que siguen.

a a pesar de estar tan bien integrados en la sociedad
b mi padre trabaja en una clínica, y
c que somos de origen judío
d y se hablaban, claro, muchos idiomas diferentes
e un estudiante mexicano
f ni superar los prejuicios racistas
g cuya política era antisemítica
h la persecución de nuestra raza se hiciese peor y que
i respetado por todos
j la incertidumbre de esta vida

B ⬚ Las palabras en las casillas están en el texto. Rellena cada espacio en blanco con la forma adecuada.

Sustantivo	Verbo	Adjetivo
1	abandonar	2
3	4	natal
gobierno	5	6
7	identificar	8
9	10	excluido
11	12	aislado

C 👥 Después de verificar tus respuestas del ejercicio B, trabaja en pareja. Por turnos, escoged un sustantivo, un verbo y un adjetivo. Tu pareja debe hacer una frase de al menos diez palabras que contenga esas tres palabras. ¿Cuántas frases apropiadas podéis hacer?

D ✍ Escribe, en unas 250 palabras en español, la historia de una persona que inmigró a tu país. Menciona las dificultades que encontró, cómo llegó a superarlas, y el impacto positivo que tuvo al final.

1.9 Tan distintos ... pero tan iguales

Las diferencias de color y etnia no obstaculizan el amor.

Patricia y Manolis no tienen hijos (por el momento): ni siquiera se han casado. Él tiene 26 años y es griego; ella, de piel mulata, vino al mundo en Colombia hace 32 años.

Una fiesta, hace casi dos años, fue el punto de partida de esta pareja. "Somos realistas y pensamos que quizá, ¿quién sabe?, no estemos juntos en el futuro, pero vivimos el presente con total intensidad", dicen Patricia y Manolis.

Aunque el mañana les parezca incierto, desde hace seis meses viven bajo el mismo techo. "Mis padres no saben todavía que vivo con una mujer de otra raza", confiesa Manolis.

Los padres de Patricia, sin embargo, sí conocen esta unión, y están realmente encantados.

"En Colombia la mezcla de razas es muy normal – nos aclara Patricia –. Además en la comunidad mulata está muy bien visto eso de casarse con personas de piel blanca. Y la verdad es que yo creo que, en cierta forma, esto también tiene un trasfondo racista."

Según revela un informe realizado reciente-mente, la actitud xenófoba y racista crece entre los jóvenes. Ésta es la realidad, y así es nuestra sociedad; algo que a Manolis y a Patricia, que viven en España, puede afectarles de una manera muy directa.

"Sí, lo sé por lo que leo en la prensa y por los comentarios que oigo, aunque la verdad es que yo no he sufrido personalmente ningún ataque racista. En los ambientes en los que yo me muevo y con la gente con la que voy no tengo problemas de este tipo", señala Patricia.

A 🖳 ¿Cómo se dice en el texto ... ?

1 nació
2 juntos
3 aprobado
4 aspecto
5 recientemente
6 se hace cada vez más grande
7 semejantes

B 🖳 Rellena cada espacio en blanco de las frases siguientes para completar el resumen del artículo.

1 Manolis es _____ joven que su _____.
2 Él y Patricia no _____ en el mismo _____.

3 La primera _____ que se _____ fue en una fiesta.
4 No _____ si estarán juntos para _____.
5 Manolis aún no ha _____ a sus padres que Patricia no es de la _____ raza que él.
6 En Colombia no es nada _____ que las razas se _____.
7 Los jóvenes _____ son cada vez más _____.
8 Para Patricia no hay _____ problema en lo que se _____ al racismo.

C 🖳 🎧 ¿Crees que la pareja de Patricia y Manolis va a durar? ¿Con qué problemas crees que se van a encontrar? Cuenta tus opiniones en una grabación de dos minutos, o escribe unas 250 palabras en español.

1.10 La inmigración nos compromete a todos

¿Qué significa, de verdad, ser un inmigrante? Cuando vivimos en nuestro propio país, tenemos una idea muy clara de nuestra identidad. Pero al ir a otro país, para vivir o trabajar, nos convertimos en … inmigrantes.

a ¿Quién no ha sido inmigrante alguna vez, o quién está seguro de que nunca lo será? Todos hemos tenido la sensación de ser extraños en algún lugar, y nadie puede estar seguro de que, por motivos de trabajo, cambio de vivienda u otras circunstancias, no tenga que serlo alguna vez.

b La inmigración continuará creciendo. Las sociedades tienden a hacerse cada vez más interculturales, pluriculturales y multiétnicas. Y este trasegar de personas que vienen y van seguramente tendrá consecuencias en la vida social y cultural de las sociedades de acogida.

c Situaciones de pobreza, de seguridad o de mejoramiento personal obligan a muchas personas a dejar su país y su familia. Esto, huir de lo malo y perseguir lo bueno, es más un derecho que un privilegio. Pero emigrar tiene sus peligros.

d La ultraderecha y los movimientos racistas van en aumento en Europa. Lo confirma el crecimiento de frentes nacionalistas que defienden la pureza de la raza y ven a los inmigrantes, sobre todo si son pobres, como un peligro de contaminación.

e Frente a la discriminación racista, los biólogos aseguran que las razas son un fenómeno más cultural, político y económico que genético; sin contar que los prejuicios hacia los inmigrantes responden más a estereotipos mal fundados que a realidades ciertas.

f En un mundo en el que las fronteras parecen diluirse, reconocer la diferencia como elemento de enriquecimiento social, defender la libertad para elegir y proteger la propia identidad e intentar conocer al otro, nos ayudarán a valorar lo positivo de su persona y de su cultura.

A Lee el artículo y haz corresponder cada párrafo (a–f) a una de estas frases. Hay dos frases que no vas a utilizar.

1 Se han dado pruebas del problema creciente de racismo.
2 Un mundo pluricultural ofrece muchas posibilidades.
3 No se trata a todos de la misma manera ante la ley.
4 Hay varios motivos para emigrar.
5 La dimensión del problema es mucho más grande.
6 Todo el mundo puede llegar a ser inmigrante.
7 No hay ninguna justificación científica sobre el racismo.
8 Es un proceso irreversible.

B Translate into English the first two paragraphs of the article.

C En la continuación del artículo, escoge la palabra adecuada para cada espacio en blanco.

Otros pasos **(1)** _____ la integración intercultural pasan **(2)** _____ potenciar en la escuela la **(3)** _____ intercultural; motivar a las comunidades. Asociaciones de barrio y cuerpos sociales **(4)** _____ para que a través de actividades de voluntariado **(5)** _____ para reforzar las **(6)** _____ de apertura, respeto y acogida; **(7)** _____ fruto de un debate social, establecer **(8)** _____ claras a **(9)** _____ de la integración, teniendo presente que un texto legal **(10)** _____ es suficiente.

actitudes como dimensión favor intermedios
nunca para políticos por trabajan

1.11 Necesitamos inmigrantes

Hay buenas razones económicas para acoger a los trabajadores que vienen del extranjero.

La UE necesitará 159 millones de inmigrantes hasta 2025

La División de Población de la ONU ha destacado que los países desarrollados necesitarán inmigrantes para mantener la actividad laboral. Según sus datos, la Unión Europea tendrá que admitir 159 millones de inmigrantes hasta el año 2025 si quiere compensar el descenso de la natalidad y contar con la población activa necesaria para mantener el nivel de vida y afrontar los gastos sociales que generan los jubilados.

La inmigración ya aporta a la UE más habitantes nuevos que la natalidad. El año pasado la población de la UE creció en cerca de un millón de habitantes; casi tres cuartos del aumento se debieron a la inmigración.

Dentro de la UE, es notable el caso de España. Por tener la tasa de fecundidad más baja de la UE y quizá del mundo, necesitará acoger a 12 millones de inmigrantes de aquí al año 2050.

En estos momentos, en Europa, hay cuatro o cinco personas en activo por cada jubilado; dentro de cuarenta años serán dos por jubilado, y en España, 1,4. Si persistiera la tendencia actual, en 2050 España tendría la sociedad más vieja del mundo, con una edad media de 54.3 años.

Los países occidentales también habrán de cambiar el tipo de trabajadores inmigrantes que acogen si quieren mantener su nivel económico y social. No bastará con recibir sólo a los de baja calificación que ocupan empleos que no quieren los nacionales. La falta de profesionales cualificados que se avecina también tendrá que ser remediada con extranjeros.

A 📱 Lee el artículo y anota, para cada una de las frases siguientes, "V" (verdadero), "F" (falso) o "NSD" (no se dice).

1 La pobreza de ciertos países se destaca.
2 La UE admite que tendrá que compensar a los países pobres.
3 En la UE hay más inmigrantes que recién nacidos.
4 El año pasado más personas nacieron en la UE que murieron.
5 Los españoles tienen menos niños que los demás europeos.
6 En España hay actualmente menos trabajadores que jubilados.
7 Los jóvenes españoles de hoy serán los europeos más viejos en medio siglo.
8 Todos los inmigrantes estarán bien cualificados.
9 Solamente se acogerá a los inmigrantes bien cualificados.
10 Faltan extranjeros cualificados.

B 🔊 Explica con tus propias palabras en español las siguientes frases que se encuentran en el artículo.

1 los países desarrollados
2 el descenso de la natalidad
3 la población activa
4 los jubilados
5 tres cuartos
6 los países occidentales

C 🎧📱🔊 Escucha esta entrevista, y después de leer el correo electrónico, contesta, señalando los aspectos positivos de la inmigración.

| File Edit View Go Tools Actions Help |
| 🗋New ▾ | 🖨 📭 ✗ | 🔁Reply 🔁Reply to All 🔁Forward | 🔍Find | 📖 |

Acabo de escuchar la entrevista con un oficial de la ONU que trataba de justificar la inmigración extranjera en nuestro país. Creo que se equivoca. Ya sé que, hoy en día, no es admisible criticar a los de un origen étnico diferente, pero creo que ellos hacen daño a la sociedad. Nuestro país no puede soportar esta invasión económica. Quisiera saber lo que piensan sus radioyentes.

D 👥 Debate dirigido. ¿Es posible conseguir igualdad racial en nuestra sociedad?

Prácticas

1 Accents/stress/punctuation
2 Gender of nouns
3 Present tense (regular verbs)
4 Adjectives: position and agreement
5 Irregular and radical-changing verbs

1 Rewrite the following, inserting accents and punctuation where necessary. Then translate the sentence into English.

Paramielseptimodiadelultimomesdelanofueelmasdificild emividaenteraporquemedicuentadequealcumplirmimay oriaesdecirdieciochoanosseriayoresponsabledetodo.

2 Study the grammar section on **endings and gender** on page 149, then copy out the following passage, completing the gaps and underlining each word that you have completed. Then translate the passage into English.

En nuestra **(1)** socie_____ **(2)** _____ **(3)** poli_____ tiene muchos **(4)** probl_____. **(5)** L_____
(6) fin_____ de semana la **(7)** may_____ de las **(8)** ciu_____ del **(9)** pa_____, incluso **(10)** _____ capital, están invadidas por **(11)** centen_____ de **(12)** _____enes en **(13)** busc_____ de **(14)** pla_____ llevando botellas en la **(15)** _____. **(16)** Tod_____
(17) _____ **(18)** viern_____ y **(19)** s_____ se oyen sus **(20)** vo_____ gritando en las **(21)** cal_____.
¡Sus **(22)** act_____ y su **(23)** comport_____ son una **(24)** verg_____! Al ver **(25)** _____ pendientes que

llevan en las **(26)** ore_____ y, algunas **(27)** ve_____ en la **(28)** na_____ , mi **(29)** mu_____ y yo tenemos **(30)** mi_____ de salir de casa.

3 Study the grammar section on **the present tense of regular verbs** on page 163.

A Complete each of these sentences with the present tense of the most appropriate verb in the list. You may use each verb only once.

1 Mis abuelos y yo _____ en la misma casa.
2 La vida es muy cara; los precios _____ todo el tiempo.
3 Mi hermano _____ mientras _____. ¡Qué ruido tan horroroso!
4 ¿Qué periódico _____, Miguel?
5 ¿ _____ vino, María? Nosotros, sí, cuando _____ en un restaurante.
6 Todos los chicos _____ un vistazo a mi novia.
7 Yo _____ el coche una vez por mes y mis padres me _____ 20 euros.
8 Si no _____, el tren va a salir sin nosotros.
9 Si yo _____ la casa, vas a reconocerla.
10 ¿ _____ tú que Dios _____?
11 El niño _____ la ventana con su pelota.
12 Yo _____ dinero para comprar este coche.

aumentar beber cantar cenar correr creer dar
describir echar existir ahorrar leer limpiar
romper trabajar vivir

B Fill in each gap in this paragraph with **the present tense of an appropriate regular verb**. Then translate the completed text into English.

Yo **(1)** _____ con mis padres en Málaga. Todo el año yo **(2)** _____ a mucha gente que **(3)** _____ al aeropuerto. Ciertos turistas, los que se **(4)** _____ por la cultura española, **(5)** _____ un coche de una empresa como Europcar y **(6)** _____ la región. Otros, menos aventureros, **(7)** _____ en la playa, **(8)** _____ demasiada cerveza y, porque **(9)** _____ que hace tanto calor, **(10)** _____ los efectos del sol.

4 Study the grammar section on **adjectives** on pages 151–153, then translate these phrases into Spanish.

 1 three possible answers
 2 a Spanish-speaking country
 3 a racist attack
 4 a blind date
 5 physical disability
 6 a very clear idea
 7 racial discrimination
 8 a hostile attitude
 9 any type of discrimination
10 their democratic rights

5 Study the grammar section on **irregular and radical-changing verbs** on pages 178–181.

A Copy and complete the grid with the required form of the radical-changing verb shown.

Infinitive				
encontrar	1st sing	1st pl	3rd sing	2nd pl
jugar	3rd sing	2nd pl	1st sing	3rd pl
preferir	1st sing	3rd sing	2nd pl	1st pl
empezar	1st pl	2nd sing	1st sing	3rd sing
entender	2nd sing	3rd pl	2nd pl	1st sing
mostrar	3rd pl	2nd sing	1st sing	1st pl
negar	1st sing	3rd pl	2nd sing	3rd sing
perder	2nd pl	1st sing	3rd pl	1st pl
volver	1st pl	2nd sing	3rd pl	1st sing
impedir	3rd sing	1st pl	2nd sing	3rd pl
pensar	3rd pl	2nd pl	1st sing	2nd sing

B Use radical-changing verbs when translating into Spanish each of these sentences, which are based on the pieces in Unidad 1.

 1 They can do what they want.
 2 The course includes men.
 3 She asks for a Spanish doctor.
 4 Do you prefer living alone?
 5 What does it mean to be an immigrant?
 6 The Spanish have fewer children.
 7 Are you racially prejudiced?
 8 Men are accustomed to earning more than women.
 9 I want to buy a flat.
10 The government is promoting equality.

Unidad 2

El crimen y el castigo

2.1 Crimen y castigo: puntos de vista

Hemos preguntado a cuatro personas sus opiniones sobre los criminales.

A 🎧 Escucha a estas cuatro personas. ¿Quién …

1 se da cuenta de las razones sociales que contribuyen a la criminalidad?
2 opina que las leyes actuales son inadecuadas?
3 da ejemplos de delitos para justificar su pesimismo?
4 se compadece de los inocentes que sufren?
5 no da ninguna opinión?
6 toma el lado de los que cometen crímenes?
7 piensa que la ley protege a los criminales más que a las víctimas?
8 basa lo que dice en lo que ha visto en los periódicos?

B 🎧 Rellena los espacios en blanco de las frases alternativas a las que se oyen en la grabación.

1 a menudo armados
muchas _____ llevan _____
2 los autores de tales agresiones
las _____ que _____ a la gente de esta _____
3 la edad penal
_____ jóvenes para estar _____

4 cogidos en flagrante
pillados en el _____ de _____ el crimen
5 si un testigo se queja
si _____ que ha sido testigo de un crimen
_____ a la policía

C 🖎 ¿Cuál de estas cuatro opiniones te parece la menos convincente? Escribe al periódico un correo electrónico de unas 200 palabras para decir por qué.

2.2 Cómo reducir el nivel de delincuencia

Reducir la delincuencia y aumentar la seguridad: ése es el objetivo de la campaña "Unidos contra la delincuencia".

A 📄 Lee las siguientes líneas de texto. Las líneas 1, 5 y 14 están en el lugar correcto, pero las otras están mezcladas. Ponlas en orden para reconstruir el artículo.

1 Al protegerse unos a otros a ayudar a resolver los
2 de situación.
3 vendedores de drogas, han reducido la violencia y
4 el entusiasmo de los jóvenes, han echado a los
5 Las comunidades que se unieron para trabajar juntas
6 oportunidades positivas para aprovechar la energía y
7 atención infantil para antes y después de la escuela.
8 violencia, drogas y otros delitos.
9 necesidades de toda clase de personas en todo tipo
10 albergues seguros para los niños, han creado
11 han ayudado a las escuelas a crear programas de
12 han recuperado las calles de manos de los
13 problemas comunes de su vecindario,
14 La prevención del crimen puede abarcar las
15 delincuentes, han convertido los parques en
16 verdaderamente se puede reducir el nivel de

B 📄 **(i)** Las palabras en la tabla se utilizan en el texto. Copia y rellena la tabla con la forma que falta.

Verbo	Sustantivo
proteger	1
2	necesidad
ayudar	3
4	prevención
resolver	5
6	vendedor
reducir	7
8	albergue
crear	9
10	entusiasmo

📄 **(ii)** Fill in the gaps in each of the following sentences with one of the words you have written in the previous exercise. Then translate the completed sentences into English. You can change the form of the verb, but you may use each word only once.

1 La policía trata de _____ la proliferación de armas pero todavía no se ha visto una gran _____.
2 Los jóvenes _____ más _____ contra los que _____ drogas.
3 Los que _____ a los criminales no deberían recibir ninguna _____.

2.3 Los delincuentes juveniles son cada vez más violentos

El perfil es de personas que tienen entre 14 y 18 años y una lista de delitos nada desdeñable: desde robos con violencia hasta homicidios.

A 🎧 Listen to the recording. Then explain in English what the following numbers mean. Be careful – the numbers are not in order.

1 2000   5 16/17
2 2001   6 12
3 4   7 14
4 500

B 🎧 Escucha otra vez. ¿Cómo se dice … ?

1 the growing importance of criminal activity
2 are now borderline adults
3 increasingly serious
4 the number of girls arrested has increased
5 they operate in crowded areas
6 coming out of the blue
7 they tend to come from dysfunctional families
8 with a criminal record

C 🖎 "Para reducir el nivel de delincuencia hay que impedir que los jóvenes menores de edad salgan de casa después de las 22 horas." ¿Estás de acuerdo o no? Escribe unas 200 palabras en español.

2.4 Un castigo apropiado

Hay algunas veces alternativas a las multas y a la cárcel. Lee este reportaje de un castigo apropiado.

CINCO MENORES LIMPIARÁN EL METRO

Cinco menores de edad dedicarán dos fines de semana a limpiar el metro como castigo por haber destrozado la estación de Algorta.

Aquel episodio de vandalismo destrozó las instalaciones de esta parada a base de patadas y golpes contra el mobiliario. Los daños alcanzaron un valor de 100.000 euros: la escalera mecánica quedó destrozada, los cristales rotos …

Todo ello sucedió durante las fiestas patronales de Algorta. Ahora, año y medio después, el juez ha condenado a cinco de los participantes en este acto a limpiar los andenes del metro durante cuatro días, a lo largo de dos fines de semana.

Aún queda por determinar qué parte de las pérdidas deberán sufragar los familiares. Para decidirlo, se tiene que celebrar un juicio penal donde comparecerán otros 18 jóvenes que también participaron en los destrozos.

Es la primera vez que en España un juez impone un castigo basado en trabajos de reparación en un metro. Esta sanción es fruto de un acuerdo entre el Departamento de Justicia y el Metro de Bilbao. Las diferentes partes del caso judicial (Fiscalía de Menores, familias, acusados) han quedado satisfechas con la sentencia.

A 📄 Las frases siguientes resumen este artículo, pero en la segunda parte están desordenadas. Empareja las dos partes pero ¡cuidado! – hay dos frases que sobran.

1 Unos chicos que todavía no han cumplido los 18 años …
2 Para reparar los perjuicios que hicieron …
3 Desde la comisión del crimen hasta la sentencia …
4 Es en el mismo lugar donde cometieron sus actos de vandalismo que …
5 Los otros que participaron en el delito …
6 Todos los involucrados …

a transcurrieron 18 meses.
b tendrán que limpiar los trenes.
c serán castigados más tarde.
d habrá que pagar una gran cantidad de dinero.
e ya han cumplido su mayoría.
f aceptaron lo justo del juicio.
g tendrán que hacer servicio comunitario.
h cumplirán su deuda a la sociedad.

B 🖊 Translate the last two paragraphs of the text, from "Aún queda" as far as "la sentencia".

C 🖊 ¿Estás de acuerdo con la sentencia o no? Escribe al periódico un correo electrónico de unas 200 palabras en español, dando tu opinión.

2.5 Violencia callejera: ¿quiénes participan y por qué?

El comportamiento antisocial se ve cada vez más en nuestras ciudades. ¿A qué se debe esto? Lee este artículo.

Vitrinas rotas, teléfonos públicos inutilizados, señales y paradas de autobuses demolidas. Ya lo hemos presenciado en vivo en las calles o por la televisión. Si la destrucción sigue a un acto político, los medios de comunicación lo atribuyen normalmente a anarquistas encapuchados. Pero, ¿por qué se producen destrozos después del triunfo de un equipo de fútbol, de su derrota, e, incluso, de un empate?

Para comprender el porqué de la violencia, hay que tomar en cuenta que en la sociedad actual, conviven dos mundos diferentes. En uno de ellos se da la privación de lo más elemental: la comida, el dinero, una vivienda ínfimamente confortable, la salud … Y todo eso vivido con el claro sentimiento de que tales carencias serán de por vida. Los pobres, al mismo tiempo, observan el

otro mundo: el de los que poseen todo aquello de lo que están privados.

Un ejemplo de odio hacia los que poseen se encarna en la delincuencia. El delincuente está decidido a romper las barreras de la ley y la propiedad para apoderarse de lo que no tiene. Lo hace con regularidad. Por cierto, las manifestaciones políticas, deportivas o de cualquier especie constituyen una buena oportunidad. Un camuflaje perfecto para surtirse de lo ajeno, de aquello que el derecho de propiedad los priva.

Habría que agregar, como participantes de las escaramuzas callejeras, a jóvenes aventureros incitados por las muy abundantes escenas de violencia que consumen en el cine, la televisión y los juegos de videos. Quieren probar su "heroísmo" de inspiración mediática, combatiendo con los policías. También hay que incluir en los disturbios a infiltrados, soplones, provocadores profesionales, y hasta locos.

A 📋 Answer the following questions in English.

1 What four examples of street vandalism are mentioned in the text?
2 Who is usually held responsible for such behaviour by the media?
3 What is said to be at the root of delinquency?
4 When does street fighting often occur?
5 What types of person are also attracted to street violence?

B 📋 Copia la tabla y rellena los espacios en blanco de la derecha con la forma adecuada.

C 👥 Trabaja en pareja. Cada uno/a escoge uno de los sustantivos y uno de los verbos que acaba de anotar. Haz una frase de al menos diez palabras que incluya estos términos (se permite cambiar la forma del verbo). Después, tu pareja debe traducir la frase. ¿Cuántas frases distintas podéis hacer en diez minutos?

Sustantivo	Verbo
cuenta	1
2	comprender
destrucción	3
4	poseer
manifestación	5
6	combatir
derrota	7
8	probar
carencia	9
10	incluir

2.6 Los padres no pagarán las multas de hijos gamberros

Los jóvenes delincuentes deberán hacerse responsables de su mala conducta.

1... Los padres ya no tendrán que pagar las multas por las gamberradas de sus hijos. El Tribunal Superior de Justicia ha anulado el artículo de la ordenanza antivandalismo que establecía la responsabilidad paterna por las acciones de menores, pero sí tendrán que hacerse cargo del destrozo generado.

2... De esta manera, si un menor de 18 años rompe un contenedor, sus padres tendrán que pagarlo, pero no los 750 euros de sanción que fijaba esta ordenanza antivandálica. En este caso, tendrán que ser los juzgados de menores los que decidan cómo tiene que ser el castigo para el chaval, según explicaron fuentes municipales.

3... Sin embargo, la normativa penaba aspectos como hacer excesivo ruido o tirar petardos que no

causan daños materiales, pero que ahora quedarán impunes para los menores.

4... Hasta ahora los organizadores de manifestaciones o actos públicos tenían que dejar una fianza por si se producían desperfectos vandálicos. Esta sentencia también ha sido anulada puesto que considera que ésto ya es regulado en una ley orgánica, y asegura que la responsabilidad de actos vandálicos es individual y no del colectivo convocante.

5... Otro de los puntos anulados por el tribunal es el artículo por el cual se consideraba falta muy grave matar a un pájaro o cualquier otro animal, sancionado con 1.500 euros. En este aspecto, los magistrados consideran que está regulado también por otra ley superior sobre protección de los animales.

A 📄 Empareja los títulos siguientes con los párrafos numerados del texto. ¡Cuidado! – hay dos títulos que sobran.

a Responsabilidades de familias monoparentales
b Castigo compartido
c Ley ya no necesaria
d Cada cual responsable
e Venta de productos antisociales prohibida
f Actos antisociales castigados
g Familias menos responsables

B ✍ Traduce este párrafo al español.

The parents of three youths, all under the age of 18, have had to pay a 1,000 euro penalty because their children committed an antisocial act by letting off firecrackers at four o'clock in the morning. An angry neighbour, who did not want his name to be published, told our reporter: "I think that parents should be responsible for what their children do. If they cannot ensure that these young people behave appropriately, it is they who should have to pay. There is too much vandalism nowadays!"

C 👥 Debate dirigido. Trabaja en pareja.

Persona A: Estás de acuerdo con la opinión del vecino del ejercicio B.

Persona B: Estás en contra.

Después de cinco minutos, cambiad de papel.

2.7 Detenidos por drogas

Una familia unida en la criminalidad.

A 🎧 Escucha la grabación, y entonces rellena la tabla siguiente en español.

Número de familias involucradas	
Edad de la abuela	
Lugar del crimen	
Cantidad de heroína descubierta	
Otros objetos descubiertos	
Edad del "líder" del grupo	
Relación de Candelaria con éste	
Antecedentes de Pilar	
Persona con más antecedentes	

B 🎧 En el resumen siguiente de esta noticia hay ciertas palabras que faltan. Escucha otra vez la grabación para ayudarte a rellenar cada espacio en blanco con una palabra apropiada.

Hay **(1)** _____ de cincuenta años entre las **(2)** _____ del miembro más viejo y más joven de esta pandilla

(3) _____ en el tráfico de drogas. La policía, **(4)** _____ de buscar evidencia en tres **(5)** _____ distintas, descubrió una gran **(6)** _____, no sólo de drogas, **(7)** _____ de material usado en la **(8)** _____ de dichas drogas. El jefe del grupo, Carlos, **(9)** _____ ha sido detenido por la policía, a diferencia de **(10)** _____ otros familiares. Uno de **(11)** _____ no se puede identificar, **(12)** _____ su edad.

C 🖭 After checking your answers are correct, translate the summary into English.

2.8 Un crimen atroz

Hay ciertos crímenes que son imperdonables. Lee esta noticia.

Tres jóvenes de Martorell (Barcelona) han sido detenidos, acusados de vejar a un disminuido psíquico, a quien obligaron a consumir droga suministrada por ellos mismos mientras le grababan con teléfonos móviles para luego colgar los vídeos en YouTube.

Humillaron a la víctima con todo tipo de vejaciones, incluso le obligaron a autolesionarse rompiendo baldosas con la cabeza y las manos, y a hacer flexiones.

Según han informado hoy los Mossos d'Esquadra, los tres detenidos, todos de unos veinte años y de nacionalidad española, son acusados de un delito contra la salud pública, contra la integridad moral, y de trato vejatorio.

Los tres jóvenes fueron detenidos y, tras pasar a disposición judicial, el juez les dejó en libertad con cargos, si bien decretó una orden de alejamiento de la víctima, según han informado fuentes cercanas al caso.

En total, los tres detenidos difundieron hasta ocho vídeos distintos en YouTube. Fue un familiar de la víctima, una persona con una importante disminución psíquica que está incapacitado legalmente, quien denunció a los Mossos que éste aparecía en varios vídeos de Internet sometido a todo tipo de vejaciones.

Los Mossos, con la colaboración de la policía local de Martorell, pudieron identificar el lugar donde se habían grabado las imágenes, así como a los responsables de los hechos.

A 🗐 Lee el artículo. ¿Cómo se dice … ?

1 accused of harassing
2 drugs which they had given him
3 degrading treatment
4 after being taken into custody
5 on bail
6 a member of the victim's family

B 🗐 Antes de escribir este artículo, el periodista hizo las preguntas siguientes, pero están mal ordenadas. Ponlas en el orden adecuado.

1 ¿Quién informó a las autoridades?
2 ¿Cómo humillaron a la víctima?
3 ¿Cómo llegó la policía a detener a los jóvenes?
4 ¿Qué tenían en común los delincuentes?
5 ¿Dónde publicaron lo sucedido?
6 ¿A quién han acosado?
7 ¿Quién reveló los detalles del incidente?
8 ¿Qué restricción se impuso a los detenidos?

C 🖎 En tu opinión, ¿qué castigo merecen estos jóvenes? Escribe unas 200 palabras en español.

2.9 Tarjetas de crédito clonadas

La tecnología avanza y el ingenio de los criminales también.

Los crímenes y los criminales se hacen cada vez más sofisticados

Los ladrones se han profesionalizado. Ya no se conforman con los tirones **(1)** _____. Según fuentes policiales, el tipo de robo que ha experimentado un mayor auge **(2)** _____ es el de falsificación y uso fraudulento de tarjetas.

El robo de identidad encabeza la lista de fraudes **(3)** _____. Este fenómeno se produce cuando alguien utiliza la información particular de otra persona sin su autorización, con fines fraudulentos **(4)** _____.

En ocasiones, el cambio **(5)** _____ se realiza con el acuerdo de los dueños **(6)** _____, aunque otras veces se hace sin el conocimiento del propietario.

El método por el que se clonan las tarjetas es sencillo y sofisticado. Se copia la numeración de la tarjeta mediante un lector instalado en cajeros automáticos **(7)** _____ en los comercios por otros que guardan los números. Después las tarjetas se duplican **(8)** _____.

Resulta también relativamente sencillo obtener la información confidencial **(9)** _____, mediante el engaño, revolviendo la basura de casa o incluso en los basureros públicos.

También se puede obtener la información a través del correo electrónico haciéndose pasar por una entidad conocida **(10)** _____.

A 🗐 En el artículo, hay varios grupos de palabras que faltan. Para cada número en el texto, escoge el grupo que más convenga.

a robando documentos, correspondencia, etcétera
b o para cometer delitos en su nombre
c o empleados de los establecimientos
d en los últimos años
e y se prepara documentación falsa a nombre de los titulares
f más comunes en la Red
g o en foros e ingeniería social
h o con meter la mano en bolsos
i o se cambian los terminales comerciales
j o la manipulación de los terminales

B 📄 En este resumen del artículo, rellena cada uno de los espacios en blanco con una palabra apropiada.

Los ladrones son cada vez más **(1)** _____. En **(2)** _____ de robar bolsos, suelen **(3)** _____ tarjetas de crédito. El crimen más **(4)** _____ hoy en día es la **(5)** _____ de detalles personales **(6)** _____ de manera **(7)** _____. De vez en **(8)** _____, los criminales actúan **(9)** _____ la

cooperación de alguien que **(10)** _____ en una empresa. Pero hay también ocasiones en que **(11)** _____ la información sin que la víctima se dé **(12)** _____.

C 👥 Propón al menos tres medidas para combatir este tipo de crimen. Compara tu lista con la de tu pareja y decidid entre vosotros la medida más eficaz.

2.10 El papel de la policía

No todos tienen la misma opinión de la policía. Escucha esta entrevista con cuatro personas – Andrés, Jorge, Alexis y Paco – que hablan de la policía en sus propios países.

A 🎧 Escucha la grabación. ¿Cómo se dice … ?

1 the police have a very difficult job
2 crimes of violence
3 armed police
4 they should be avoided
5 to protect society
6 I have a lot of respect for them
7 when they ask to see your papers
8 you can be in trouble

B 🎧 Escucha otra vez. ¿Quién dice …

1 que no se fía de la policía?
2 que no hay que dejar en casa sus papeles?
3 que el ejército debe ocuparse de los terroristas?
4 que los policías cometen delitos ellos mismos?
5 que aprueba la influencia calmante de la policía?
6 que la policía no actúa pensando en los intereses de la población?
7 que la policía se comporta algunas veces de manera violenta?

2.11 "Nosotras no somos polis"

La policía toma una nueva iniciativa para evitar conflictos.

"Nosotras no somos polis", aclaraba ayer Míriam Martín, la agente cívica más joven. Como estudiante de Integración Social, se ha marcado como objetivo establecer contacto con los ciudadanos para, de esta forma, conseguir un mejor entendimiento entre vecinos.

Cuatro mujeres, de entre 20 y 37 años, tienen la difícil misión de propagar el civismo por los "puntos calientes" del sur de Badalona, una zona donde la convivencia entre etnias y culturas diferentes está generando conflictos.

Por parejas, y de 16.00 a 22.00 horas, recorren las calles de los barrios para intervenir en caso de que algún vecino incumpla las normas cívicas de la ciudad. Su

tarea es meramente informativa, pero si la cosa se pone fea, avisarán a la Guardia Urbana.

En su itinerario por los barrios reparten folletos en cinco idiomas

donde se facilita un teléfono móvil al que acudir en caso de duda o para transmitir quejas o sugerencias. La suciedad y el ruido son los dos principales problemas que denuncian los vecinos.

En sus primeros días de trabajo, las agentes cívicas han comprobado cómo el absentismo escolar y la masificación son algunas de las asignaturas pendientes en estos barrios. Es por este motivo que algunos de los vecinos elogiaban la iniciativa pero se mostraban escépticos de cara a conseguir resultados.

"Aquí hay mucha gente, muchas culturas y muy poco espacio", argumentaba Fernando A, gitano de San Roque de 46 años.

A 🖳 Answer the following questions in English.

1 How does Míriam Martín view her role?
2 Describe the area in the south of Badalona.
3 How is the role of the "agente cívica" different from that of a police officer?
4 What happens if the situation deteriorates?
5 Describe the contents of the leaflets that they distribute.
6 What are the main concerns of the residents?
7 What problems did the "agentes cívicas" discover in the first four days?
8 How did the local people react to the scheme?

B 🖳 Las palabras en la tabla se utilizan en el artículo. Copia la tabla y rellena cada espacio en blanco con la forma que falta.

Sustantivo	Verbo
integración	1
2	establecer
entendimiento	3
4	intervenir
convivencia	5
6	avisar
queja	7
8	propagar
sugerencia	9
10	repartir

C 🖳 Traduce al español las frases siguientes.

1 Many people complain about the police, except when they themselves have been the victims of a crime.
2 He has suggested that the establishment of an armed police force is essential in our country.
3 The spreading of racist opinions can be dangerous; people should learn to integrate.

D 👥 Cara a cara. Escoge una de las opiniones expresadas en el ejercicio C.

Persona A: Apruebas fuertemente esta opinión. Da ejemplos.

Persona B: No estás de acuerdo con la persona A. Da tus razones.

Después de cinco minutos, cambiad de papel.

2.12 "Soy el niño de la cárcel"

En España, la edad penal se sitúa en 16 años. *El Mundo* ha hablado con uno de estos "pequeños" reclusos que está purgando sus delitos entre rejas.

A Javi le gusta escuchar música a todo volumen, montar en moto a gran velocidad y vestir ropa deportiva de marca. A pesar de esto Javi no es un chaval cualquiera: pasa su juventud encerrado en un presidio.

Comienza a narrar su historia. "Estoy aquí por tres robos con intimidación", cuenta en voz baja, como si le diera vergüenza. "Y ya ves: por esos tres robos me han caído cuatro añitos, ¡cuatro añitos!", suspira.

Cuando Javi agarró el cuchillo y se lanzó a la calle a robar, era consciente de lo que se jugaba. "Sabía que podía ir a la cárcel", reconoce, "pero por aquel entonces, yo me drogaba. Me metía coca, mucha," alega a modo de excusa.

Javi es un niño con cara de niño, cuerpo de niño y pasado de adulto. "Aunque soy el más pequeño de la cárcel, yo siempre me he criado con gente mayor que yo. Mis compis

de la calle tienen 20, 21 años. Yo siempre he vivido muy adelantado."

"Heroína nunca me he puesto", asegura. "Mi primo está en fase terminal por picarse." El jaco también dejó a Javi sin padre. "No trato con él desde los ocho años, cuando le di a elegir entre yo y la droga y eligió la droga."

El niño de la cárcel jura que antes de entrar en la prisión ya no se metía nada. "Mi novia se quedó embarazada. Como iba a tener un hijo, pasé de la droga, porque después de lo que me ocurrió a mí con mi padre no quería repetir yo la misma historia con mi hijo."

A Las frases siguientes, que hacen el resumen del texto, están divididas en tres partes. Sólo las primeras partes están en orden. Escoge las dos otras partes para reconstruir las frases.

1 Javi tiene mucho en común …
2 Por haber cometido …
3 Cuando empezó su carrera de criminal …
4 Aunque es joven …
5 Un pariente suyo …
6 Javi fue abandonado por su padre …
7 Al saber que iba a ser padre …

a pero se daba cuenta de lo que hacía
b a su familia
c pero hay una diferencia importante
d para que su pasado no se repitiera con su hijo
e se encuentra encarcelado
f la compañía de personas mayores
g como consecuencia de haberse drogado

i con otros jóvenes
ii que prefirió la heroína
iii siempre ha frecuentado
iv decidió abandonar las sustancias estupefacientes
v tres delitos
vi está para morirse
vii era toxicómano

B Traduce al español este texto. Muchas de las palabras que vas a necesitar están en el artículo.

When Javi was very young his father, preferring drugs to his wife and child, abandoned the family. Shortly afterwards, Javi began his criminal career, robbing people in the street with a knife in his hand. In spite of the drugs that he was taking, he was aware of what he was doing and knew that it was possible that he would spend the rest of his youth in prison. Although he appears young, Javi has more experience of being imprisoned than many of the older people whom he knows. He says that because his girlfriend is pregnant, he has resolved to give up drugs for good.

C 👥 Cara a cara.

Persona A: Eres el/la fiscal; da todas las razones por las cuales Javi debería ser condenado a más de cuatro años en la cárcel.

Persona B: Eres el abogado/la abogada de Javi; busca tantos argumentos como sean posibles para que tu cliente no sea condenado a cumplir una condena de prisión.

Después de cinco minutos, cambiad de papel.

D 🗨 ¿Necesitamos castigos más severos para combatir la delincuencia? Escribe unas 250 palabras en español.

Prácticas

1 Interrogatives
2 Impersonal verbs
3 Perfect tense
4 *Ser* and *estar*
5 *Para* and *por*
6 What's that word?

4 La sociedad produce este fenómeno.
5 Podremos obtener la información sin dificultad.
6 La justicia no ha podido castigarlos.
7 La policía no hace nada.
8 ¿No hablan español aquí?
9 No es posible viajar al extranjero sin pasaporte.

1 Revise the grammar section on **interrogatives** on page 160. Complete the following questions with the most appropriate interrogative, then translate the sentences into English.

1 ¿ _____ hay tantos criminales en la sociedad?
2 ¿ _____ de estas tres personas ha cometido el robo?
3 ¿ _____ se debería hacer con los narcotraficantes?
4 ¿Durante _____ tiempo estarán encarcelados?
5 ¿ _____ está el coche que voló?
6 ¿ _____ será liberado de la cárcel?
7 ¿ _____ ha podido escaparse, puesto que la puerta estaba cerrada con llave?
8 ¿ _____ es responsable del comportamiento de estos jóvenes?

2 Revise the grammar section on **impersonal verbs** on page 173. Rephrase each of the following sentences using an impersonal verb in the appropriate tense.

Example No creo lo que leo en la prensa > Lo que se lee en la prensa no es verdad.

1 Las chicas han cometido crímenes atroces.
2 Los medios de comunicación lo atribuyen a los padres.
3 La policía lo considerará como una falta muy grave.

3 Revise the grammar section on the **perfect tense** on page 166.

A Rewrite the following sentences in the **perfect tense**.

1 Compran heroína.
2 No podemos hacer nada.
3 ¿Te metes droga?
4 Unos testigos se quejan.
5 Los guardias civiles no intentan detener a los asaltantes.
6 Se apoderan del botín.
7 Se lee en los periódicos.
8 Quedan en libertad.

B Complete each gap in the following passage with an appropriate past participle.

Me parece hoy que los criminales se han **(1)** _____ de la sociedad. Ayer, he **(2)** _____ a un hombre que ha **(3)** _____ de robar a una anciana en la calle. Cuando ella se ha **(4)** _____ al asaltante, éste la ha **(5)** _____ en la cabeza y la anciana ha **(6)** _____ al suelo. El hombre se ha **(7)** _____ enseguida. Un guardia civil ha **(8)** _____ diez minutos más tarde y ha **(9)** _____ varias preguntas a la señora. Estoy seguro de que la policía no ha **(10)** _____ a nadie.

4 Revise the grammar section on the uses of **ser** and **estar** on pages 172–173

A Complete the following sentences with the appropriate form of **ser** or **estar**.

1 Cuando Miguel _____ enfermo, _____ aburrido porque no tenía nada que hacer.
2 No sabemos dónde Juan y yo _____ el año próximo.
3 Algunas veces _____ imposible entender lo que dice.
4 Los narcotraficantes acaban de _____ castigados por el juez.
5 Mis hermanos _____ completamente locos.
6 Cuando nosotros _____ jóvenes la vida _____ tan sencilla.
7 El chico borracho no sabía donde _____ sus llaves.
8 Yo he _____ feliz y lo _____ en el futuro, pero ahora no lo _____.
9 Los tres chicos _____ detenidos esta mañana.
10 Sin la policía, la sociedad _____ mucho más violenta.

B Translate the sentences into English.

5 Revise the grammar section on **para** and **por** on page 175. In addition, consult a reputable dictionary and make notes on their idiomatic uses. Then, translate these sentences into Spanish.

1 Maria was about to go out to buy a newspaper.
2 I have a present for you, dear.
3 Peter and his wife are going to emigrate to Spain around October.
4 In general, the Mediterranean climate is better for my health.
5 The shoes will be ready for next Thursday.
6 The water is not for drinking!
7 I'm tired; I'm heading for home.
8 I was walking along the street in the evening.
9 "I'm not a sailor; I will be for you!" (*La Bamba*)
10 This car is too expensive for me.

6 What's that word? In each of the following words, which are essential to the topics covered in this unit, several letters are missing. Each dash represents one missing letter. Write out the words in full and give their English meanings.

1 enc __ __ __ __ __ ado
2 comp __ __ __ __ __ iento
3 bo __ __ n
4 del __ __ __ __ __ ncia
5 v __ __ __ imas
6 tes __ __ __ o
7 cul __ __ __ le
8 de __ __ __ os
9 det __ __ __ __ ón
10 j __ __ z
11 com __ __ __ ecer
12 esca __ __ __ __ zas
13 respo __ __ __ __ __ __ idad
14 convi __ __ __ __ ia
15 pre __ __ __ io

Unidad 3

El paro

3.1 España: el paro sube

España fue el país de la Unión Europea donde más subió el paro en el último año.

A 🎧 Escucha la grabación. ¿Cómo se dice … ?

1 the rate of unemployment
2 the workforce
3 the sharpest increase
4 unemployment amongst the young
5 with regard to
6 information is unavailable
7 unemployment decreased
8 the single currency

B 📖 Los números y porcentajes siguientes son mencionados en la grabación. Empareja cada uno con la definición adecuada.

1	9%	**a**	gente que no tenía trabajo en otro país de la UE hace un año
2	8,1%	**b**	españoles que no tienen trabajo
3	9,9%	**c**	los españoles que no tenían trabajo hace un año
4	11,5%	**d**	país de la UE donde no hay diferencia
5	19,8%	**e**	mujeres sin empleo en toda la UE
6	10,9%	**f**	países de la UE con más paro este año
7	1	**g**	los españoles que no tienen trabajo
8	4	**h**	mujeres sin empleo en la zona del euro exclusivamente
9	8%	**i**	jóvenes españoles que no tienen trabajo
10	7,3%	**j**	gente que no tiene trabajo en otro país de la UE

C 👥 Después de verificar tus respuestas del ejercicio B, graba en pareja tu versión de esta noticia.

3.2 ¿Estar en paro o buscar trabajo?

Al enfrentarnos a la búsqueda de empleo, cómo nos vemos influye en cómo nos ven los demás.

>>>>>>>>>>>>>>>>>>>>>>>>>>>>>>>>>

En la dura tarea de encontrar trabajo, la actitud es fundamental, casi determinante. Las etiquetas que nos ponemos, la manera en que nos hablamos a nosotros mismos influye en cómo nos vemos, en cómo nos comportamos y, ni que decir tiene, en la imagen que presentamos ante los demás.

Cuando nos inscribimos en la oficina del INEM, lo hacemos como demandantes de empleo (eso pone en nuestras tarjetas). Sin embargo, seguimos etiquetando a las personas que no tienen trabajo como "paradas". Aún peor, los propios desempleados dicen de sí mismos que están "en paro".

¿Ha oído usted a alguien decir que "soy demandante de empleo"? En una de sus aceptaciones, la Real Academia de la Lengua define parar como "cesar en el movimiento o en la acción". De esta definición se deduce que estar en paro implica estar quieto, no moverse.

El paro, la ausencia de movimiento, hace referencia de manera más o menos consciente a estar dormido, muerto. Pero ¿se puede decir de una persona que busca trabajo que está parada? No; un demandante de empleo está en constante movimiento, su actitud es activa. Se levanta temprano, consulta ofertas de trabajo en Internet y en la prensa y se dirige a distintas empresas ofreciéndose para trabajar.

En los medios de comunicación vemos noticias que hablan de la población activa, refiriéndose a las personas que desempeñan un trabajo remunerado; esto hace que, popularmente, las personas que no tienen sueldo sean concebidas como pasivas, con todas las connotaciones negativas del adjetivo.

A 📄 The following sentences which summarise the article are divided into three parts. Only the first part is in order. Choose the other two parts which are most suitable to complete each sentence, then translate the finished sentences into English.

1 A la hora de buscar trabajo …
2 Los demandantes de empleo …
3 Según la definición del diccionario …
4 Sin embargo un "parado" …
5 En vez de ceder a la pereza …
6 La prensa y la televisión representan …

a una actitud más o menos pasiva
b a como lo hace la oficina del INEM
c de manera positiva
d es tu autoestima
e utilizando varias medidas
f busca una solución a tu situación

g se etiquetan a ellos mismos diferente
h a los que tienen un empleo
i la palabra "parar" implica
j para encontrar trabajo
k lo que más importa
l hace todo lo posible

B 📄 En el próximo párrafo del artículo hay ciertas palabras que faltan. Rellena cada espacio en blanco con la palabra que más convenga del cuadro.

Las personas que "están en paro" difícilmente **(1)** _____ trabajo y **(2)** _____ el riesgo de entrar en espirales de las que es complicado salir: pérdida de **(3)** _____, deterioro de las **(4)** _____ sociales e, incluso, **(5)** _____. Si **(6)** _____ buscando trabajo, comencemos **(7)** _____ eliminar palabras insanas, una **(8)** _____ activa **(9)** _____ una etiqueta activa; **(10)** _____ de ser parados **(11)** _____ convertirnos en demandantes de empleo. Demandar **(12)** _____ solicitar, querer, buscar.

> actitud autoestima corren dejamos dejemos depresión en encuentran estamos hacen necesita para pareja por relaciones significa tentaciones

3.3 Jóvenes sin empleo

Dos jóvenes hispanohablantes hablan de sus experiencias como parados.

A 🎧 Escucha la grabación. ¿Cómo se dice ... ?

1 newly qualified people
2 just like
3 let them not say
4 looking for a job
5 within a fortnight
6 I wonder

B 🎧 Decide si para cada una de las frases siguientes se trata de María ("M"), de Rafa ("R") o de ninguno de los dos ("X").

1 No es verdad que seamos perezosos.
2 Trabajar en España es un privilegio.
3 Siempre he cumplido con la ley.
4 Lo que exigen las empresas no es lógico.
5 He tenido que vender mi coche por no tener trabajo.
6 Según mi experiencia, muchas personas que no tienen un empleo demuestran buenas cualidades.
7 Los españoles se encontraban en una situación parecida a la mía.
8 Mi opinión inicial ha cambiado.
9 Muchos inmigrantes cometen delitos.
10 No falta mucho tiempo para ser reconocido por las autoridades.

C ✍️ En tu opinión, ¿qué va a pasar con Rafa? ¿Se va a quedar en España o regresará a su país natal? Escribe unas 200 palabras en español.

Rafa

María

3.4 Qué hacer si te quedas en paro

Quedarse sin trabajo, o simplemente no encontrar trabajo, es un problema que afrontan cada vez más personas. Pero ¿cómo mantener la autoestima? ¿Cómo aprovechar esta situación de forma positiva? Lee estos consejos.

Las primeras semanas

Después de inscribirte en la oficina del INEM que te corresponda, y poner al día tu currículum …

1 Haz un presupuesto realista. Incluye en él todos los gastos habituales y los extras. Calcula cuánto tiempo puedes vivir sin tener que recurrir a tus padres. Luego, sé razonable, empieza a recortar.

2 No fundas tu finiquito ni la indemnización a lo loco. Consulta con algún consejero financiero acerca de cómo invertir el dinero.

3 Antes de empezar a buscar otro trabajo de forma desesperada, aprovecha el tiempo en averiguar qué es realmente lo que quieres hacer.

4 Haz una lista de tus estudios y también de tus habilidades, de lo que sabes hacer. Sopesa pros y contras.

5 Considera la posibilidad de crear tu propio negocio, pero sé práctico/a. Estudia sobre el tema, investiga el mercado y deja que el banco te aconseje.

Recupera tu autoestima

No te derrumbes cuando no tengas que levantarte para ir a trabajar:

6 Imponte un horario dividido en bloques: para la casa, para buscar empleo, la familia, el ocio …

7 Puede ser recomendable un corte de pelo o un cambio de imagen. Los especialistas aseguran que estas actitudes indican que te valoras a ti mismo/a y eso repercute en tu entorno.

8 Mímate, prepárate comidas deliciosas, pasa tiempo al aire libre. Acude a esa exposición para la que antes no tenías tiempo. Matricúlate en algún curso de idiomas, manualidades o de lo que sea.

9 Vigila tu nivel de estrés: la rabia controlada es saludable; las noches en vela y las mañanas con resaca, no.

10 Haz un esfuerzo por mantenerte en forma. Imponte pequeñas tareas diarias físicas y mentales: caminar un par de kilómetros, leer un periódico …

A Las preguntas siguientes corresponden a los consejos que acabas de leer, pero están mal ordenadas. ¿Puedes unir las preguntas con los consejos? ¡Cuidado! – hay varias preguntas que no tienen nada que ver con ellos.

a ¿En qué podrías trabajar por tu propia cuenta?
b ¿Cómo pasas tu tiempo?
c ¿Qué estudias?
d ¿Cuánto dinero necesitas para vivir?
e ¿Cuánto valoras tu imagen?
f ¿Cómo te mantienes en forma?
g ¿Dónde comes?
h ¿Cómo gastas el dinero?
i ¿Cómo estás de salud?
j ¿Cómo estudias?
k ¿Qué quieres hacer?
l ¿Cuánto bebes?
m ¿Qué sabes hacer?
n ¿Cuánto cuidas de ti mismo?

B En este otro consejo hay varias palabras que faltan. Escoge la palabra adecuada del cuadro para rellenar cada espacio en blanco.

Acepta que **(1)** _____ no tienes trabajo. No se lo **(2)** _____ a tus amigos y **(3)** _____, o no te podrán ofrecer **(4)** _____ y ayuda. Habla de **(5)** _____ pero sin anclarte en el **(6)** _____ ni dando un mensaje **(7)** _____. Prepárate para el **(8)** _____: es tu máxima **(9)** _____. Ahora es el momento de **(10)** _____ a buscar otro empleo.

afortunadamente apoyo culpa ropa ello escondas esconderte familiares feliz futuro lanzarte muestra nada pasado pesimista prioridad ya

C Escribe unas 250 palabras en español sobre el tema: "un día en la vida de un joven sin trabajo".

3.5 Empleos prestigiosos pero precarios

Ciertos titulados no logran obtener un puesto que les convenga.

La burbuja universitaria sigue inflada. Hay carreras en Euskadi que exigen gran esfuerzo (1) _____, pero que al terminarlas … nada. Son cotizadas, pero sus titulados sufren alta dosis de paro y precariedad (2) _____.

¡Tanto esfuerzo para esto! Hablamos de carreras como Comunicación Audiovisual, Periodismo o Publicidad. Este curso, todas han exigido a sus candidatos una nota media considerable, (3) _____.

Y "a titulado flaco todo son pulgas". La precariedad está instalada (4) _____. Los licenciados son demasiados y eso les deprime – (5) _____. En Audiovisuales, por ejemplo, sólo un 38% de los titulados logran un contrato indefinido o autónomo (6) _____.

Una cosa es trabajar y otra, trabajar en lo tuyo. Tres años después de salir de la universidad, un 85,5% de los titulados en la UPV* están empleados. Lo que ocurre es que no siempre trabajan (7) _____. De ese 85,5%, sólo tres de cada cuatro tienen un empleo (8) _____.

Las cinco carreras con menor tasa de paro en la UPV son, (9) _____: Actuariales, Física, Telecomunicaciones, Medicina e Ingeniero en Informática. Los cinco estudios universitarios (10) _____ en la UPV son: Ingeniero Técnico en Explotación de Minas, Historia del Arte, Historia, Empresariales y Psicología. Aproximadamente el 20% de los alumnos que las estudian están en paro a los cuatro años de titularse en la universidad.

*UPV: Universidad del País Vasco

A 📱 En el texto faltan varios grupos de palabras. Para cada espacio en blanco, escoge el grupo que más convenga.

a a los cuatro años de licenciarse
b para poder entrar en ellas
c en estas ramas profesionales
d en algo adecuado a su nivel
e pero mantienen tasas de paro disparadas
f con mayor tasa de paro
g ante la empresa
h por este orden
i al acabar sus estudios
j a su altura

B 📱 Los sustantivos y adjetivos de la tabla se encuentran en el texto. Copia la tabla y rellena cada espacio en blanco con la forma que falta.

C 👥 Trabaja en pareja. La persona A escoge uno de los sustantivos que acaba de escribir, y la persona B escoge uno de los adjetivos. Haced juntos una frase, de al menos diez palabras, que contenga las dos palabras. ¿Cuántas frases apropiadas podéis construir en diez minutos?

Sustantivo	Adjetivo
empleo	1
2	inflada
precariedad	3
4	cotizada
altura	5
6	profesionales
paro	7
8	ocupado

3.6 Estudiar – ¿para terminar en paro?

¿Para qué pasar muchos años estudiando si al final no hay trabajo?

A 🎧 En la grabación ¿cómo se dice cada una de las frases siguientes?

1 no se ve claramente su porvenir
2 no tiene ningún efecto sobre los jóvenes
3 generación de mujeres
4 que no conducen al éxito
5 no se encuentran muchas
6 33% de las mujeres que ganan un sueldo
7 para siempre
8 no están seguros de conseguir un puesto permanente

B 📄 En cada una de las frases siguientes, que hacen el resumen de la grabación, faltan varias palabras. Escoge el grupo de palabras adecuado (a–h) para rellenar cada espacio en blanco.

1 Aunque las mujeres actuales están mejor educadas que nunca _____ un trabajo permanente.
2 Sin embargo, entre los jóvenes _____ es mucho más baja.
3 Las mujeres jóvenes _____ si siguen estudiando ciertas carreras.
4 Hay pocas mujeres _____ en empresas industriales.
5 La tercera parte _____ no tienen un puesto permanente.
6 Todavía se dice a las mujeres que _____ se ausentarán del trabajo.
7 No es verdad que _____ significa seguridad laboral.
8 Sólo el 20% de los vascos _____ , lo que es superior a la situación de sus compatriotas.

a que obtienen puestos
b al ser madre
c experimentarán problemas
d no tienen un contrato permanente
e les resulta difícil encontrar
f trabajar para el Estado
g la tasa de desempleo masculino
h de las mujeres que trabajan

C 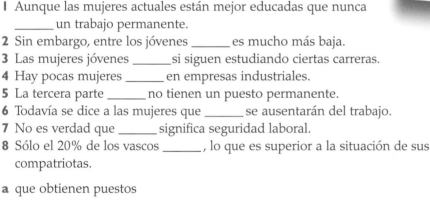 Y tú, ¿escogiste las asignaturas que estás estudiando porque te gustan o porque te ayudarán más tarde a obtener un empleo? Escribe entre 230 y 250 palabras en español para explicar tu elección.

3.7 "Hotel mamá"

La independencia económica no es posible para muchos españoles.

Al igual que la esperanza de vida se alarga en España, la edad a la que las autoridades consideran que termina la juventud se ha atrasado hasta los 34 años. Parece lógico si tenemos en cuenta que tanto la maternidad como la emancipación ya han superado la edad de los 30 años.

El último informe del Observatorio Joven de la Vivienda (Objovi), difundido por el Consejo de la Juventud de España, indica que la proporción de personas emancipadas ha pasado del 38,9% al 41,7% en un año.

Pero no es extraño que los jóvenes tengan que esperar casi una segunda vida para irse de casa desde que alcanzan la

mayoría de edad, ya que para comprar una vivienda libre deberían usar el 53,7% de sus salarios para pagar el piso.

Los últimos datos del Instituto Nacional de Estadística (INE) sobre cambios en la composición de los hogares

españoles indican que de los jóvenes entre los 25 y los 34 años, ganan por goleada los que siguen en casa con sus padres.

De hecho, si hay 346,290 jóvenes que viven solos, existen otros 2,5 millones que aún siguen haciéndolo en el hogar paterno. Asimismo, dentro de esta franja de edad de jóvenes que viven solos, existe una proporción de dos hombres independizados por cada mujer.

Según Carmen, una madre que nos ha hablado sobre este tema, son los precios y la precariedad laboral que impiden que los jóvenes se vayan de casa. Para ella, no vale la pena pagar un alquiler que cuesta lo mismo que una mensualidad de hipoteca. Carmen opina que los jóvenes deberían echarse a la calle para protestar.

A Las frases siguientes hacen el resumen del artículo, pero están mal ordenadas. Ponlas en orden.

1 Aunque hayan alcanzado la mayoría de edad hace veinte años, todavía tienen que vivir con sus padres.
2 Casi seis de cada siete jóvenes viven con sus padres.
3 El número de jóvenes que ya no viven con sus padres ha aumentado un poco.
4 De los jóvenes de 25 a 34 años que no viven con sus padres, hay el doble de hombres que de mujeres.
5 Se dice que esta situación es intolerable.
6 Para los jóvenes de 25 a 34 años, resulta ventajoso no buscar vivienda alternativa.
7 Los españoles viven más años que antes.
8 Una persona entrevistada ha dado razones para explicar este fenómeno.
9 Si quieren ser independientes, tendrán que invertir más de la mitad de lo que ganan.
10 No es solamente a los adolescentes a quienes se considera como jóvenes.

B Traduce al español este párrafo. Muchas de las palabras que vas a necesitar se encuentran en el artículo.

Many young Spaniards, even though they are officially independent, find that they are obliged to continue living in the family home because they don't have enough money to buy their own property. Often they will have to wait until they are over 30 before they are earning enough to afford a mortgage or even rent a flat. In addition, young people are unwilling to leave home because of the uncertainty of the employment market and the cost of living alone.

C ¿Cuáles son las ventajas y desventajas, para una persona que ya ha cumplido su mayoría de edad, de seguir viviendo en la casa familiar? Escribe, en español, una conversación de unas 250 palabras entre la persona y su padre/madre.

3.8 Esperanza para los jóvenes sin trabajo

Si no tienes trabajo no hay que desesperar.

A 🎧 📱 **Each of the following sentences, which summarise the recording, contains errors. Write out the sentences correctly.**

1 A new initiative will enable 20,000 young women to find a job.
2 Each participating company will receive 60,000 euros.
3 On the first day of the scheme, many young people enquired about it.
4 Those who are interested can collect a form from the local authority offices.
5 To qualify, one must have been unemployed for six months.
6 Applicants will be interviewed in groups.
7 The young person will collect her/his cheque after twelve weeks, provided certain conditions are met.
8 If a company does not take on a young person permanently, it will have to return 50% of the grant.

B 📱 **En esta versión alternativa de la noticia hay ciertas palabras que faltan. Escribe una palabra apropiada para rellenar cada uno de los espacios en blanco.**

El Presidente de la Región **(1)** _____ de anunciar una nueva iniciativa que **(2)** _____ en vigor desde mañana. "**(3)** _____ ayudar a los jóvenes en **(4)** _____ a encontrar un puesto de trabajo", declaró. "**(5)** _____ que esto sea más fácil, las empresas **(6)** _____ una beca si ofrecen un contrato permanente a una persona joven, si ésta reúne ciertas **(7)** _____. Por ejemplo, **(8)** _____ que él o ella esté **(9)** _____ por un periodo determinado. Sin embargo, si no se cumplen las **(10)** _____, será preciso que la empresa reembolse la beca."

C 🖋 **Translate the completed text from exercise B into English.**

D 👥 **Trabaja en pareja. Persona A: Haz tres preguntas a persona B, que representa el gobierno, sobre esta iniciativa – persona B debe contestar. Entonces, cambiad de papel. Para cada pregunta, hay que utilizar una forma interrogativa diferente.**

3.9 Los gitanos y el desempleo

El paro toca a ciertos grupos más que a otros.

A 📱 **Lee el artículo de la página 33. Para cada una de las frases, apunta "V" (verdadero), "F" (falso) o "NSD" (no se dice).**

1 El número de gitanos en la región está en aumento.
2 La tasa de paro nacional de gitanos es menos del 50% de la región.
3 Muchos gitanos no se interesan por la educación.
4 Un 30% de los gitanos no saben ni leer ni escribir.
5 La organización gitana ya se ha esforzado a cambiar esta tendencia.
6 Los gitanos no se interesan por tener un trabajo permanente.
7 Al aumentar la tasa de paro en algún lugar, los gitanos buscan trabajo por otra parte.
8 Los gitanos sufren discriminación después de obtener un puesto de trabajo.
9 No faltan ideas para mejorar la suerte de los gitanos.
10 Muchos gitanos no se han acostumbrado a los ordenadores.

B 🖋 **Translate the third paragraph of the article into English, from "Para cambiar" to "explica el secretario."**

C 🗣 **El día en que Jaime, un joven gitano, fue a buscar trabajo, le sucedieron varias cosas. Tu profesor va a darte la información para que puedas hacer este ejercicio.**

Los gitanos lo tienen crudo para encontrar un trabajo y que éste sea estable. La tasa de paro en este colectivo en la región alcanza el 18% (frente a un 7,3% entre toda la población) y la temporalidad es alarmante: el 70% no tienen un contrato fijo.

Pero buena culpa de que el paro y la precariedad se disparen entre los 24.000 gitanos que viven en la región hay que buscarla en el alto abandono escolar. Siete de cada diez gitanos son analfabetos.

Para cambiar esta situación, el secretariado gitano ha tomado medidas directas para trabajar con las familias, con los centros y con los propios alumnos. "Hay que ser optimista, aunque es cierto que la escasa preparación supone que les cuesta mucho encontrar un empleo, y además, cuando hay una desaceleración económica son los primeros en perder su empleo", explica el secretario.

Muchos se han sentido discriminados alguna vez en el mundo laboral, en la mayoría de los casos a la hora de pedir trabajo.

Las soluciones: avanzar en la formación; reducir la tasa de abandono escolar; intentar que más gitanos lleguen a la universidad; tomar medidas para promocionar el acceso de los gitanos al mundo laboral; y combatir el analfabetismo informático.

3.10 Manolo, el mendigo

Si no te gusta tu vida, puedes cambiarla.

A 🎧 Vas a escuchar una entrevista a Manolo, un mendigo de la capital, pero no se han grabado las preguntas. En vez de cada una de ellas oirás un "¡ping!". Escucha la grabación y pon las siguientes preguntas en el orden correcto. ¡Cuidado! – hay dos preguntas que sobran.

a ¿Por qué tomaste la decisión de abandonar a tu mujer?

b ¿Te importa lo que piensan los demás de ti?

c ¿Cómo te ganas el dinero?

d ¿Cuál era tu situación familiar?

e ¿Has visto a tu mujer desde que la dejaste?

f ¿No te apetece conseguir un trabajo otra vez?

g ¿Cómo has llegado a ser mendigo?

h ¿Cuál será tu situación en diez años?

i ¿Y cómo encuentras tu vida ahora?

j ¿Y qué pasó con tu mujer cuando te fuiste?

B 🎧 Escucha otra vez. ¿Cómo se dice en español … ?

1 I worked in an office for a big company
2 I can't take it any more
3 she became increasingly obsessed with her work
4 she earned a very good living
5 (they) meant nothing to me
6 I manage to find somewhere
7 which are very inexpensive
8 the people I used to work with
9 not at all!
10 whatever I like

C ✍️ Y tú – ¿qué opinas de Manolo? ¿Es egoísta, o ha descubierto el secreto de una vida feliz? ¿Qué será de su futuro? Escribe entre 230 y 250 palabras en español.

Prácticas

1 Preterite tense
2 Familiar imperatives
3 Direct and indirect object pronouns
4 Comparative and superlative adjectives
5 What's that word?

1 **A** Listen again to 3.10, "Manolo, el mendigo" and write down all the instances of the **preterite tense**, including any repetitions, used by Manolo.

B In this version of the story, by Manolo's wife, the verbs are missing. For each gap in the text, write the appropriate form of the preterite from the list of infinitives given below. One verb is used twice.

Manolo y yo **(1)** _____ jóvenes. Manolo **(2)** _____ durante muchos años en una oficina. Un día mi marido me **(3)** _____, "No puedo más". **(4)** _____ su puesto y **(5)** _____ durante una semana. No sé cómo **(6)** _____ vivir o dónde **(7)** _____ las noches. Además, a esa época yo estaba embarazada y el estrés que me **(8)** _____ esta situación **(9)** _____ que **(10)** _____ el bebé. Cuando Manolo **(11)** _____ a casa y me **(12)** _____, **(13)** _____ culpable. Los dos **(14)** _____ mucho. Dos meses más tarde **(15)** _____ a mi trabajo, pero Manolo no **(16)** _____ encontrar otro empleo. **(17)** _____ un año después.

> abandonar casarse decir desaparecer divorciarse hacer lograr ocasionar pasar perder querer sentirse sufrir trabajar ver volver

C Translate the completed text into English.

2 Revise the grammar section on **familiar imperatives** on page 171.

A Copy and complete the table with the appropriate form of the familiar imperative for each verb listed.

Infinitive	Singular	Plural
hablar		
beber		
decidir		
comer		
conducir		
dar		
decir		
hacer		
ir		
poner		
tener		
venir		

B Complete each of these sentences with an appropriate familiar imperative from the list above, then translate the completed sentences into English.

1 _____ más despacio, María. Hay mucha circulación.
2 _____ menos, amigos, si no queréis engordar.
3 ¡No _____ tanto, Pablo! Esta cerveza es muy fuerte.
4 Merche, _____ a Roberto que me gusta.
5 Juan y Amparo, _____ al cine esta tarde.

3 Revise the grammar section on **direct and indirect object pronouns** on page 156.

A Rewrite these sentences, replacing the words underlined with the appropriate direct object pronoun.

1 Quiero <u>este empleo</u>.
2 He buscado <u>la oficina del INEM</u>.
3 Consultan <u>las ofertas de trabajo</u>.
4 ¿Has terminado <u>tus estudios</u>?
5 Hemos notado <u>la precariedad laboral</u>.
6 No puedo pagar <u>el alquiler</u>.
7 El gobierno ayuda <u>a los jóvenes en paro</u>.

B Rewrite these sentences, replacing the words underlined with the appropriate indirect object pronoun.

1 He telefoneado <u>a la empresa</u>.
2 Su madre ha hablado <u>a mí y a su hija</u>.
3 Muestra los documentos <u>al jefe</u>.
4 ¿Ha mandado un correo electrónico <u>a ti y a tu pareja</u>?
5 Señora, he escrito una carta <u>para usted</u>.
6 He dado dos euros <u>al mendigo</u>.
7 Hay que devolver el cheque <u>al gobierno</u>.

C Replace both the direct and indirect objects in these sentences with the appropriate pronouns.

1 Voy a mandar los documentos a la empresa.
2 ¿Has escrito la carta a tus abuelos?
3 No van a ofrecer el puesto a mi amigo.
4 Dio el regalo a sus padres.
5 El jefe ha dado un contrato a mis hermanas.
6 Quiero explicar la situación a ustedes.
7 Los obreros han expresado sus objeciones al ministro.

4 Revise the grammar sections on **comparatives and superlatives of adjectives** on pages 153–154.

A Write the Spanish for the following.

1 Spain is bigger than England.
2 There is less unemployment than in many other countries.
3 Her attitude is more positive.
4 Intelligence is less important than money.
5 My mother is older than my father.
6 Manchester City is richer …
7 … but Manchester United will always have better players.

B Write the Spanish for the following.

1 Barcelona is an extremely beautiful city, isn't it?
2 April is the cruellest month.
3 Nadal is the most famous tennis player.
4 The unemployment figure is the worst.
5 Have you seen Almodóvar's most famous film?
6 The best book is ¡Sigue!, isn't it?

5 **What's that word?** In each of the following words, which are essential to the topics covered in this unit, several letters are missing. Each dash represents one missing letter. Write out the words in full and give their English meanings.

1 desem __ __ __ __ dos
2 s __ __ __ do
3 hab __ __ __ __ __ des
4 pob __ __ __ __ ón a __ __ __ va
5 tra __ __ __ __ __ ores
6 car __ __ __ as
7 prec __ __ __ __ dad
8 incer __ __ __ __ __ __ re
9 sol __ __ __ __ ud
10 ent __ __ __ __ __ __ ta
11 con __ __ __ to
12 cur __ __ __ __ lo
13 empr __ __ __ __ __ o
14 for __ __ __ __ __ n
15 an __ __ __ __ __ __ __ ismo

Unidad 4

El reciclaje

4.1 Términos de reciclaje

A 📄 ¿Cuánto sabes tú en lo que se refiere al reciclaje? Empareja cada uno de los términos siguientes con la definición adecuada. ¡Cuidado! – hay dos definiciones que sobran.

1	abono	**a**	técnica de administración de desperdicios sólidos
2	aeróbico	**b**	material de envoltura
3	biodegradable	**c**	producto hecho al derretir arena silícea, ceniza de sosa y piedra caliza
4	chatarra	**d**	basura tirada indebidamente en el medio ambiente
5	combustible fósil	**e**	con oxígeno presente
6	compostación	**f**	materiales desechados sin ningún valor
7	desechados	**g**	lugar en que los reciclables se recolectan en preparación para el mercado
8	embalaje	**h**	restos de vida vegetal y animal que se usan para suministrar energía
9	hongo	**i**	productos que han caducado
10	indeseables	**j**	materia orgánica que se descompone y que suministra elementos nutritivos
		k	vegetales que funcionan como descomponedores
		l	proceso por el cual las moléculas orgánicas se descomponen mediante la acción de microorganismos

B 🖊 Traduce al español el párrafo siguiente.

One of the most important issues of our age is what should be done with the enormous quantities of waste produced by the impact of industrialised society. Until only a few years ago, recycling what we no longer needed was not considered important. Today, however, many products which used to be thrown away can be given a new life. For example, by means of modern technology, packaging materials can be changed into newspapers. Almost nothing is considered to be useless.

4.2 Preguntas sobre reciclaje

A 📄 Hoy en día reciclar es más fácil que nunca, pero no obstante hay ciertas preguntas, como las siguientes, que requieren una respuesta. Empareja las preguntas y las respuestas (en la próxima página). ¡Cuidado! – hay dos preguntas que sobran.

1 ¿Quién debe reciclar?
2 ¿Y si vivo en un apartamento?
3 ¿Qué se puede reciclar?
4 ¿Tengo que separar los objetos reciclables?
5 ¿Hay requisitos especiales para periódicos?
6 ¿Tengo que enjuagar mi recipiente?
7 ¿Cuánto costará este servicio de reciclaje?
8 Mi recipiente de reciclaje no es lo suficientemente grande para todos mis objetos reciclables. ¿Qué debo hacer?
9 ¿Cuándo y dónde debo poner mi recipiente de reciclaje?
10 ¿Puedo dar mis materiales reciclables a otra persona?

a La mayoría de los acarreadores de basura piden que se pongan en una bolsa de papel a fin de que el papel de prensa no se moje o contamine.

b Puede pedir un contenedor adicional.

c Comúníquese con el administrador del edificio.

d Si saca el recipiente de reciclaje por la mañana del día de recolección, en vez de la noche anterior, podría impedir el robo de basura.

e Todos tenemos que hacerlo.

f Estos materiales son suyos y puede donarlos, por ejemplo, a una institución de caridad.

g Su acarreador de basura puede imponer un cargo razonable.

h No se exige, pero podría prevenir insectos, olores y residuos pegajosos en sus recipientes de reciclaje.

B 📄 En el párrafo siguiente hay varias palabras que faltan. Rellena cada espacio en blanco con una de las palabras del cuadro.

Hoy en día **(1)** _____ es más fácil que **(2)** _____, ya

que los fabricantes **(3)** _____ en sus productos símbolos de **(4)** _____ fáciles de **(5)** _____. Asimismo, es fácil obtener **(6)** _____ para reciclaje de quienes **(7)** _____ basura. Éstos son apenas **(8)** _____ de los **(9)** _____ para su **(10)** _____ y el medio ambiente, cuando usted recicla.

| acarrean algunos beneficios comunidad dinero |
| identificar nunca ponen reciclaje reciben reciclar |
| recipientes siempre tareas utilizar |

4.3 Las seis Rs

Las seis Rs son principios que nos ayudarán a decir no a tendencias consumistas, que provocan daños en nuestro entorno más inmediato y en el planeta. Las seis Rs nos enseñan a:

a reciclar **b** redistribuir **c** reutilizar **d** revalorizar **e** reducir **f** reestructurar

A 📄 ¿Cuál de estas Rs conviene más a cada una de las definiciones siguientes?

(1) _____ nuestras necesidades básicas, para poder diferenciarlas de los productos de lujo y así independizarnos de la manipulación publicitaria; ejercitar nuestra reflexión ética frente a un producto o servicio y tomar decisiones coherentes con el medio ambiente, nuestra cultura y el beneficio colectivo. Por ejemplo, caminar o viajar en bicicleta, siempre que sea posible, o utilizar el transporte público.

(2) _____ el sistema económico para que, en lugar de producir bienes básicos para pocos, se concentre en la satisfacción de las necesidades básicas de todos; crear o participar con Cooperativas que obtengan y distribuyan bienes con bajo coste ambiental.

(3) _____ nuestros consumos cotidianos de recursos (energía, agua) y de productos nocivos. En las grandes ciudades, sobre todo, pugnar por un uso eficiente y equitativo de los servicios y por un rechazo colectivo de productos prohibidos en países industriales.

(4) _____ los productos lo más posible. Se trata de usar los productos al grado máximo y con un mínimo impacto sobre el ambiente. Por ejemplo, comprar preferiblemente productos con envases retornables, recoger agua de lluvia para regar las plantas, y pensar antes de tirar la hoja de papel: utilicémosla de ambos lados.

(5) _____ es la obtención de materias primas, no a partir directamente de los recursos naturales, sino de los residuos, introduciéndolos nuevamente en el ciclo productivo. Por ejemplo, separar nuestros residuos orgánicos e inorgánicos.

(6) _____ bajo el concepto de aprovechar el espacio ambiental. Todos tenemos el derecho a proporciones equitativas de los recursos, dentro de la capacidad sustentable de la Tierra.

B 📱 Las palabras en las casillas siguientes se encuentran en el texto. Copia la tabla y rellena cada espacio en blanco con la forma adecuada.

C 👥 Cara a cara. Trabaja en pareja. Por turnos, escoge una palabra de cada de las tres columnas. Tu pareja debe construir una frase de al menos diez palabras que contenga esas palabras – ¡y tú debes traducirla al inglés! ¿Cuántas frases apropiadas podéis hacer en diez minutos?

Sustantivo	Verbo	Adjetivo
necesidad	1	2
3	diferenciar	4
5	independizar	6
manipulación	7	8
9	10	publicitaria
beneficio	11	12
13	utilizar	14
15	16	básico
17	crear	18
19	distribuir	20
costo	21	22
uso	23	24
25	26	prohibido
obtención	27	28
satisfacción	29	30

4.4 Consumo responsable

Debemos empezar a plantearnos de forma responsable, comprando de una manera inteligente y organizando un programa de reciclaje para nuestra basura.

A 🎧 Escucha algunos consejos útiles y escribe en la categoría adecuada el número del consejo.

a En casa
b En vacaciones
c En tu coche
d En el trabajo
e En la compra

B 🎧 Escucha otra vez. ¿Cómo se dice en español … ?

I disposable items
2 other people's rubbish
3 on both sides
4 whenever you can
5 attempt to persuade
6 low-energy light bulbs

C 👥 Después de verificar tus respuestas del ejercicio A, escoge de cada una de las cinco categorías el consejo que piensas el más útil. Compara tu lista con la de tu pareja. ¿Estáis de acuerdo? Si no, discutidlo entre vosotros.

4.5 Calcula tu huella ecológica

Lee esta introducción de una página web que te invita a descubrir el impacto que tus acciones tienen sobre el medio ambiente.

Te encuentras en la montaña y se pone a llover. La tierra cede **(1)** _____ y compruebas que la huella **(2)** _____ se ha vuelto más profunda. Deja de llover y las marcas de tus pasos son más leves.

De la misma forma **(3)** _____, nuestro modo de vida deja una huella ecológica, es decir, provoca un impacto ambiental determinado. En la actualidad nadie pone en duda la responsabilidad del hombre **(4)** _____ y en el agotamiento constante y progresivo de los recursos naturales. Puesto que urgen soluciones **(5)** _____, es necesario crear una conciencia ecológica individual que nos haga adoptar acciones sostenibles **(6)** _____.

En este sitio, **(7)** _____, podrás calcular tu huella ecológica y saber si la capacidad ecológica del planeta es suficiente para que sigas adelante con tus hábitos y tus "necesidades". Respondiendo a las cuestiones que se plantean sobre tu alimentación, **(8)** _____, el tipo de vivienda que habitas, el uso del transporte público o el automóvil, obtendrás la cifra que corresponde a tu impacto ambiental. Y, además, la huella ecológica en tu país.

Si estos datos han disparado una alarma en tu conciencia ecológica **(9)** _____, también encontrarás información sobre cómo afecta todo eso a las demás especies, **(10)** _____, y al resto de la población mundial.

A 📱 En el texto faltan varios grupos de palabras. Escoge el grupo adecuado de la lista siguiente.

a en la contaminación del planeta
b en nuestra vida cotidiana
c que imprimes en el suelo mojado
d porque no estamos solos en este planeta
e ante la presión de tu peso
f los residuos que generas
g y deseas saber más al respecto
h donde tú eliges tu país y tu idioma
i que al caminar dejamos nuestra huella
j que ofrezcan un poco de luz a tan oscuro problema

B 🔁 After checking your answers to the previous exercise, translate the second paragraph of the text into English.

C 🔁 Escribe unas 200 palabras en español explicando lo que tú harás para reducir tu huella ecológica.

4.6 ¡Viva la tecnobasura!

Nuestra afición por la informática y los gadgets se está cobrando un alto precio: un enorme volumen de desperdicios electrónicos. ¿Es el reciclado la solución, o sólo sirve para paliar el problema?

>>>>>>>>>>>>>>>>>>>>>>>>>>>>>>>

La tecnología es cambiante y barata. Cada vez más. Inventados a finales del siglo pasado, los primeros televisores de plasma costaban una fortuna. Ahora, pueden comprarse por 1.200 euros. Reducciones similares se han dado en DVDs, ordenadores o cámaras digitales. Y los teléfonos móviles se regalan directamente, o se ofrecen con enormes descuentos con sólo cambiar de operador. Son productos cuya tecnología madura enseguida porque surgen otros nuevos que los sustituyen. Esto da lugar a que haya un plazo de reposición de equipos relativamente corto. Tan corto, que no es raro que la gente se deshaga de ellos incluso antes que dejen de funcionar. Se calcula que se tiran a la basura millones de ordenadores personales, el 90% de los cuales están en perfecto estado.

Durante muchos años, no ha habido excesiva conciencia colectiva sobre dónde iban a parar los aparatos de los que nos deshacíamos tan alegremente. Muchos cogían polvo en los basureros, pero otros eran enviados a zonas del mundo donde podían aprovechar lo que los occidentales no querían. India, Pakistán y muy especialmente China fueron acogiendo en su terreno todo tipo de aparatos. Algunas de estas acumulaciones de basura han acabado engullendo a las poblaciones que las albergan, como es el caso de Guiyu, en China, considerada

la principal "ciudad tóxica" del mundo, donde las infraviviendas y las pilas de tecnodesperdicios se han mezclado hasta hacerse indistinguibles. Se calcula que un millón de toneladas de basura electrónica se recicla aquí cada año, al margen de controles sanitarios o legales, pues ninguno de sus 100.000 trabajadores lleva protección cuando queman cables de PVC para extraer el cobre que contienen, y nadie impide que el ácido empleado para deshacer las placas base en busca de metales preciosos se vierta en los ríos una vez utilizado. Como consecuencia, los casos de afecciones cutáneas, mareos, úlceras o gastritis se multiplican en la población, además de casos de elevados niveles de plomo en la sangre de los que no se libran en los niños, pues no queda una sola fuente de agua sin contaminar.

A 📖 **Para cada una de las frases siguientes, apunta "V" (verdadero), "F" (falso) o "NSD" (no se dice).**

1 La tecnología es cada vez más fácil de utilizar.
2 Los nuevos clientes son tentados por las ofertas de móviles baratos.
3 Al comprar un aparato electrónico, se espera que vaya a durar mucho tiempo.
4 Aunque estas máquinas no estén defectuosas, la gente se deshace de ellas.
5 Poca gente se ha concienciado respecto a lo que pasa con los tecnodesperdicios.
6 Los orientales no se aprovechan de los desperdicios del oeste.
7 Varios países asiáticos siguen aceptando aparatos usados.
8 La gente que los está recibiendo se ha enriquecido.
9 La población de Guiyu vive en casas construidas de aparatos usados.

10 Los obreros no aceptan llevar ropa protectora.

11 Hay una gran variedad de enfermedades causadas por el tratamiento de la basura electrónica.

B 📋 En este párrafo rellena cada uno de los espacios en blanco con una palabra apropiada.

Guiyu es el caso **(1)** _____ espectacular, **(2)** _____ no el único: el **(3)** _____ otoño, el **(4)** _____ oficial *Diario del Pueblo* declaró a China "el **(5)** _____ vertedero de basura electrónica **(6)** _____ mundo", y citó un informe **(7)** _____ el cual el país **(8)** _____ ser el receptor de **(9)** _____ el 70% de la tecnobasura que se **(10)** _____ en el planeta.

C 🖊 Sin copiar directamente las palabras del artículo, escribe en español unas 250 palabras que contengan los puntos siguientes.

- tecnología cambiante
- precios baratos
- productos tirados
- problemas de deshecho
- papel de países asiáticos
- desperdicios tóxicos
- problemas de salud

4.7 El e-waste

La sociedad de consumo causa problemas tanto en los individuos como en la sociedad en general.

Cada año, millón y medio de ordenadores viejos se entierran en cementerios tecnológicos. Por una parte, se incita a la reutilización y posterior reciclaje, pero el mercado de la informática y de las nuevas tecnologías invita a la constante renovación.

Entre particulares y empresas, en el Reino Unido se adquieren aproximadamente 6.5 millones de ordenadores al año. Actualmente, sólo el 33% de los ordenadores son tratados de forma ética y responsable en lo que al medio ambiente y ecología se refiere.

Los equipos informáticos viejos se llevan hasta Asia, donde vierten materiales tóxicos al entorno. Hay un conjunto de pueblos en el sudeste de China donde los aparatos se destrozan y son esparcidos por ríos y campos. Para poder sacar los metales valiosos, los trabajadores, que carecen de protección contra los materiales que pudieran significar un riesgo, queman plástico y circuitos o vierten ácidos.

Como consecuencia, se liberan sustancias cancerígenas en el aire y se contamina el agua. Tanto Pakistán como India están recibiendo y procesando los desechos electrónicos de países occidentales.

El crecimiento de este nuevo tipo de basuras se está convirtiendo en un problema en continuo aumento, con millones de dispositivos que se quedan obsoletos cada año. Todo el mundo sabe que la industria de la tecnología produce bienes más rápidos, mejores y más baratos.

Aunque hay programas de reciclado en los países desarrollados, la mayoría de estos ordenadores encuentran una gran salida en los países en vías de desarrollo. Se sabe lo que está pasando pero nadie sabe cómo afrontarlo y se prefiere hacer la vista gorda respecto al problema.

A 📋 The following phrases, which summarise the key points of the article, are in the wrong order. Put them in the correct sequence.

1 Harmful substances released into the atmosphere
2 Rise of fatal disease in Asia
3 Problem getting worse
4 Planned obsolescence makes recycling more problematical

5 From trash to treasure
6 Western waste goes east
7 IT equipment goes to landfill
8 Turning a blind eye
9 Absence of health and safety measures
10 Only one computer in three disposed of appropriately

B 📱 Rellena cada uno de los espacios en blanco en este texto con una palabra apropiada.

La **(1)** _____ enorme de electrodomésticos que se **(2)** _____ cada año causa un problema **(3)** _____ el medio ambiente. La **(4)** _____ de estos productos termina en países lejanos **(5)** _____ se cuida **(6)** _____ del peligro causado por las sustancias **(7)** _____ que **(8)** _____. Por eso, mucha gente sufre **(9)** _____ graves, que son a menudo **(10)** _____.

C 🎙️ Prepara y graba tus propias ideas para reducir el problema del e-waste. Debes hablar durante unos dos minutos.

4.8 Convertir basura en energía

¿Cuánto sabes del proceso de descomposición de la basura?

1 Son en su mayoría envases de un solo uso. Si se entierran en un vertedero, ocupan mucho espacio y requieren décadas y hasta siglos para degradarse. Si se opta por incinerarlos, originan emisiones de CO_2 y otros contaminantes atmosféricos.

2 Se utilizan para envasar refrescos, zumos u otros líquidos. Su peso y forma facilitan el almacenaje y transporte. Para elaborarlos se requieren materias primas no renovables y consumidoras de energía.

3 Se fabrican de hierro y, sobre todo, de aluminio, que se elabora a partir de la bauxita, un recurso no renovable. Se han convertido en un auténtico problema al generalizarse su empleo como envase de un solo uso.

4 Su dureza y estabilidad han favorecido que se empleen para la conservación de líquidos o sólidos. No necesita incorporar aditivos, por lo que no se alteran las sustancias que envasan. Se pueden reciclar al 100%, pero este proceso también gasta energía y contamina.

5 Presentan un elevado potencial contaminante, debido sobre todo a los metales que contienen. Uno solo de estos objetos puede contaminar hasta 600.000 litros de agua.

6 Aunque se reciclan fácilmente, la creciente demanda provoca la tala indiscriminada de millones de árboles. Además, se han impulsado las plantaciones de especies de crecimiento rápido, en detrimento de los bosques autóctonos.

A 📱 Lee los detalles que se refieren a varios materiales y emparéjalos con el producto adecuado de la lista siguiente.

a latas
b plásticos
c papel y cartón
d pilas
e vidrios
f Briks

B 📱 Busca en el texto las frases equivalentes a las siguientes.

1 es posible realizar completamente
2 materiales que ensucian el aire
3 destrucción incontrolada
4 que no se pueden utilizar más de una vez
5 se libera de ellos mucha polución
6 algo natural que no es reemplazable

4.9 La compostación es necesaria para la supervivencia del planeta

¡La naturaleza tiene su propia manera de reciclar!

(1) Es un proceso microbiológico y bioquímico en el que diferentes especies de microorganismos aeróbicos procesan la biomasa residual y la convierten en una masa similar al humus y apta de ser asimilada por las plantas. ¿El resultado? ¡El abono!

(2) Las frutas y las legumbres producidas con semejante abono son resistentes a la invasión de las distintas plagas que afectan los cultivos. Por otro lado, los productos ecológicamente puros ayudan a establecer la salud de los niños y de los hombres en general.

(3) Como resultado de la quimización de los suelos, las frutas y las hortalizas pierden no sólo su sabor original, sino también buena parte de las vitaminas y los minerales de su contenido. Estos últimos son de importancia vital para el organismo humano.

(4) Pero ése no es el único mal: la contaminación del suelo con fertilizantes químicos causa cataclismos naturales, por lo cual deberíamos practicar la compostación para restablecer el equilibrio de los suelos.

(5) Los cambios climáticos y los desastres naturales nos forzarán a que tomemos nuestra opción: o salvamos nuestro planeta, o desaparecemos juntos. La nueva tendencia a nivel mundial es devolver las sustancias orgánicas a los suelos a través de la compostación.

(6) Los suelos en los que se hayan agotado las sustancias orgánicas se desertifican. Esto genera cambios microclimáticos que acaban en cambios climáticos globales. Al devolver las sustancias orgánicas al suelo, salvamos el clima.

A Cada una de las frases siguientes, que hacen un resumen del texto, está dividida en dos partes. Empareja las partes y después empareja cada frase completa con el párrafo adecuado.

1 Hay también consecuencias medioambientales
2 Tenemos que decidir si vamos a ignorar estos problemas
3 La definición parece complicada
4 Los productos ayudan a resistir
5 La falta de abono natural
6 El uso de los fertilizantes artificiales es dañino

a tanto a las plantas como a la gente.
b pero en verdad es muy sencilla.
c a toda clase de enfermedades.
d causará la muerte del planeta.
e que desequilibran la tierra.
f o hacer algo para resolverlos.

B Translate the last two paragraphs into English.

4.10 ¿Qué puedes hacer tú contra el cambio climático?

Ante un problema tan enorme, ¿qué puede hacer el individuo?

A 🎧 Escucha la grabación y pon en orden las frases siguientes que se relacionan con las medidas propuestas.

1 El año pasado los españoles reciclamos más de 4.637.700 de toneladas de papel y cartón.
2 El tráfico de vehículos es el culpable del 14% del total de las emisiones de efecto invernadero.
3 Muchos de los productos que consumimos proceden del extranjero.
4 Si tienes que coger el coche para ir a trabajar, ¿por qué no invitar a alguien a acompañarte?
5 No nos engañemos: los salvapantallas no ahorran energía.
6 Disminuye tu gasto de papel pagando los recibos online.
7 La ganadería es responsable del 18% de las emisiones de gases de efecto invernadero.
8 No hace falta vivir en una casa enorme.
9 Tienen una alta probabilidad de acabar tiradas en el campo o en el mar, y su impacto medioambiental es enorme.

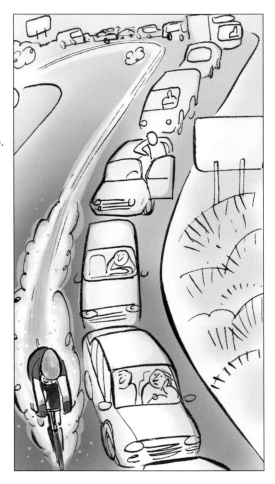

B 🎧 Escucha otra vez; ¿cómo se dice en la grabación … ?

1 40% of people
2 its effect on the environment
3 fuel consumption
4 a great deal of fuel is required
5 a saving in landfill area
6 the same thing happens
7 as well as prolonging the life

Prácticas

1 What's that word?
2 Polite imperative
3 Future tense
4 Pronouns
5 Adverbs

1 What's that word? The following words all appear in Unidad 4, but in each one several letters are missing. Each dash represents a missing letter. Write out the words in full and give their English meanings.

1 chat __ __ ra
2 ho __ __ o
3 embal __ __ e

4 envol __ __ __ a
5 sumin __ __ __ ra
6 cont __ __ __ __ or
7 dese __ __ __ __ le
8 hu __ __ __ a
9 conc __ __ __ __ iar
10 bas __ __ __ __ os
11 occ __ __ __ __ __ ales
12 au __ __ __ __ __ nos
13 ab __ __ o
14 com __ __ __ __ __ __ ión
15 bo __ __ __ __ las

2 Revise the grammar section on the **polite imperative** on page 171.

A Change the infinitive shown into the polite imperative form and match it with the most appropriate piece of advice.

1 Reutilizar …
2 Mantener …
3 Compartir …
4 Averiguar …
5 Apagar …
6 Hacer …

a si existen centros de reciclaje en tu vecindario.
b abierta la nevera el mínimo tiempo posible.
c una prioridad que su coche nuevo sea de bajo consumo.
d su coche con los amigos o compañeros de trabajo.
e las bolsas de papel de las tiendas o supermercados en vez de tirarlas.
f los aparatos eléctricos cuando no estés en casa.

B Translate the completed sentences into English.

3 Revise the grammar section on the **future tense** on page 167.

A Copy out and complete the table with the appropriate form of the future tense.

Infinitive		
hablar	yo	ellos
vivir	tú	nosotros
leer	ella	Vds.
decir	nosotros	yo
estar	vosotros	tú
hacer	yo	nosotros
ir	Vds.	vosotros
poder	nosotros	ella
salir	yo	nosotros
ser	vosotros	yo
tener	yo	ellos
venir	yo	Vds.
poner	ellos	yo
ver	tú	nosotros

B Use the future tense of the most appropriate verb from the table to fill each gap in these sentences.

1 El año que viene _____ mi propio coche.
2 Mis amigos y yo _____ de vacaciones a España.
3 Mañana, mi abuelo _____ setenta años.
4 Por desgracia Manuel y tú no _____ acompañarme.
5 Mis padres _____ cansados después del viaje.
6 ¿Qué tal con tus amigos? ¿ _____ todos al cine?
7 ¿ _____ a verme, querido/a?
8 No sé. Ya lo _____ .
9 Juan _____ el primero de mis amigos en casarse.

C Translate the completed sentences into English.

4 Revise all the grammar sections on **pronouns** on pages 155–159.

A Fill in each gap in the following text with an appropriate pronoun.

Mi mujer y **(1)** _____ discutimos a menudo, porque **(2)** _____ queja siempre de todo **(3)** _____ hago. Hay siempre **(4)** _____ que no le gusta. Ayer, por ejemplo, **(5)** _____ dijo que nunca **(6)** _____ había comprado un regalo para su cumpleaños y que **(7)** _____ **(8)** _____ dolía mucho. "**(9)** ¡_____ odio!", gritó. "¡Creo que ya no **(10)** _____ interés en **(11)** _____!" **(12)** _____ respondí que **(13)** _____ no era verdad y que **(14)** _____ gustaba más que todas las mujeres con **(15)** _____ había salido hasta el día **(16)** _____ nos casamos. "No son **(17)** _____ de **(18)** _____ **(19)** _____ preocupo", contestó. "Es **(20)** _____ más importante que **(21)** _____. **(22)** _____ trata de **(23)** _____ que has conocido después, **(24)** _____ es mucho más grave."

B Translate the completed paragraph into English.

5 Revise the grammar section on **adverbs** on pages 154–155.

A Complete each of these sentences with a suitable adverb.

1 ¿Cómo estás? Muy_____, gracias.
2 Camina muy _____ porque se ha roto la pierna.
3 ¿Vives cerca de aquí? ¡Hombre, no! Muy _____.
4 El avión se ha retrasado; no voy a llegar hasta _____.
5 Muchos estudiantes son perezosos; hacen _____ para mejorar.

B Match each of these sentences to the most appropriate adverbial phrase. There are two adverbial phrases that are not needed.

1 ¿Han bajado todos los pasajeros? No, hay algunos que todavía están …

2 No quiere aceptar que se ha equivocado; sólo lo hace …

3 ¿Tardará mucho en llegar? No, estará aquí …

4 ¿Se permite sacar fotos? Sí, …

5 ¿Fue un accidente? No, lo hizo …

6 El futbolista no quería revelar su identidad. Salió del club …

7 Puede que esto te parezca aburrido pero … será útil.

8 No hay ningún problema. Todo está …

9 Se dice que más vale viajar … que llegar.

10 No debes tomarlo en serio. Lo dijo …

a regañadientes
b por consiguiente
c a la larga
d a escondidas
e con esperanza
f de nuevo
g a bordo
h en broma
i por supuesto
j bajo control
k dentro de poco
l a sabiendas

C Translate the complete sentences into English.

Unidad 5

Las energías

5.1 El gran reto de las energías renovables

Los combustibles fósiles se están agotando. ¿Cómo sustituirlos?

Uno de los grandes problemas de la humanidad es su dependencia de los combustibles fósiles, ya que provocan un fuerte impacto ambiental **(1)** _____. El reto está en conseguir que las energías alternativas y renovables vayan sustituyendo paulatinamente a esos combustibles. La principal ventaja de las energías renovables es la de su menor impacto ambiental **(2)** _____ pero además su distribución territorial es más dispersa y menos concentrada.

La generación de energías tradicionales **(3)** _____ produce un impacto ambiental 31 veces superior a las energías limpias. El uso continuo de las llamadas energías sucias ha contribuido al cambio climático **(4)** _____ con el consiguiente perjuicio económico. Esto por sí solo sería suficiente argumento para buscar una alternativa menos destructiva, pero además el simple recuerdo de alguna de las mareas negras que se han provocado **(5)** _____ nos obliga a

que se busque de forma urgente una solución al problema, y que se invierta en investigación y desarrollo de energías limpias.

Algunas de las ventajas de estas energías son que no emiten CO_2 a la atmósfera y evitan así el proceso de calentamiento terrestre **(6)** _____. Además, no contribuyen a la formación de lluvia ácida ni a la de NO_x. Otra ventaja es que no necesitan medidas de seguridad **(7)** _____.

A 📄 En el texto hay varios grupos de palabras que faltan. Para cada espacio en blanco escoge el grupo más apropiado.

a que provoca inundaciones, fuertes temporales, graves periodos de sequía, etc.
b como consecuencia del efecto invernadero
c ya que reducen el número de contaminantes a la atmósfera
d porque no producen residuos tóxicos
e como el carbón, petróleo, gas natural o combustibles radiactivos
f y su posterior poder devastador
g además de diversos trastornos económicos

B 🗨 After checking your answers to exercise A, translate the second paragraph into English, starting at "La generación de energías tradicionales" as far as "desarrollo de energías limpias".

5.2 Las energías renovables: ¿qué son?

A 🎧 Escucha la grabación. ¿Cómo dicen las frases siguientes?

1 renewable energy sources
2 due to the low price of oil
3 fossil fuels
4 are constantly being generated
5 source of wind energy
6 they are significantly less
7 waste which is hard to process
8 a threat to the environment
9 supplies from abroad
10 massively lacking in

B 📄 Las frases siguientes hacen un resumen de la grabación pero las segundas partes de cada frase están en desorden. Haz corresponder correctamente las dos partes.

1 Ya hace muchos siglos que se utilizan alternativas …
2 El uso de las energías renovables se paró …
3 Hay más interés en las energías solar, eólica e hidráulica …
4 Una definición de fuentes alternativas …
5 Todas las energías renovables tienen …
6 Las energías renovables no provocan …
7 Las fuentes alternativas no contaminan …
8 Los impactos ambientales de las fuentes alternativas …
9 No hay petróleo, gas y carbón en todas partes, …
10 La mayoría de los países de la UE …

a una fuente común.
b porque el carbón y el petróleo se han hecho demasiado caros.
c por eso tenemos que contar con otros países.
d al descubrir otras fuentes de energía más baratas.
e son siempre reversibles.
f puede ser que no carecen de suministro.
g carecen de combustibles fósiles.
h tanto como el petróleo, el gas y el carbón.
i a los combustibles fósiles.
j tanto daño como las fuentes tradicionales.

5.3 Medidas "verdes" para frenar el cambio climático

España se esfuerza por reducir el impacto de gases de efecto invernadero.

A 🎧 Listen to the recording and then answer the following questions in English.

1 What is the Minister for the Environment proposing?
2 How will most of the population of Spain benefit from the new rail network?
3 What alternative to road haulage is proposed?
4 What will provide 10% of fuel use by 2020?
5 What measures are proposed to discourage over-consumption of energy?
6 What two other measures are proposed?
7 What is the view of Manuel Toharia regarding the problem of climate change?
8 Why are these measures deemed necessary?
9 Why are the measures taken by Spain likely to be insufficient by themselves?

B 🎧 En el resumen siguiente de la grabación hay varias palabras que faltan. Escúchala otra vez para ayudarte a rellenar, con una sola palabra, cada uno de los espacios en blanco.

Ayer, la Ministra de Medio Ambiente desveló su **(1)** _____ para un sistema de transportes **(2)** _____ sólo energías renovables. Su objetivo es la **(3)** _____ de emisiones **(4)** _____ a la atmósfera.

La (5) _____ de los españoles podrá (6) _____ más fácilmente en tren (7) _____ a una red mejorada y las mercancías serían (8) _____ en barco.

(9) _____ persuadir a la gente de (10) _____ menos (11) _____, se (12) _____ diferentes tarifas.

La (13) _____ del cambio climático existe (14) _____ mucho tiempo. Hay que admitir que España no ha (15) _____ con sus obligaciones con (16) _____ a las emisiones de CO_2.

El (17) _____ es que nuestro (18) _____ ha tardado en (19) _____ estas medidas. Otros tendrán (20) _____ hacer como España.

C After checking your answers to exercise B, translate the whole text into English.

5.4 La biomasa

La Tierra misma puede ser una fuente de energía.

1 La utilización de la biomasa es tan antigua como el descubrimiento y el empleo del fuego para calentarse y preparar alimentos, utilizando la leña. La biomasa es la fuente de energía para uso doméstico usada por millones de personas del Tercer Mundo.

2 La vegetación empleada para energía puede llegar a ser uno de los combustibles más importantes en el futuro. En los próximos veinte años podría suministrar un octavo del presupuesto energético mundial.

3 Una gran variedad de desechos agrícolas y madereros y de cultivos energéticos pueden transformarse para suministrar una gama de combustibles para el transporte, o pueden ser quemados para generar electricidad.

4 Un ejemplo de esto es la conversión de las astillas de madera en metano. Al igual que los combustibles fósiles, éste puede quemarse en centrales eléctricas eficientes que maximicen el contenido energético del combustible, generando electricidad al mismo tiempo que utilizan el calor sobrante.

5 La combustión de la biomasa es contaminante. En el caso de la incineración de basuras, la combustión emite a la atmósfera contaminantes, algunos de ellos cancerígenos. El reciclaje y la reutilización de los residuos permitirán el ahorro de importantes cantidades de energía y de materias primas.

6 La producción de biocombustibles y un uso energético excesivo de los residuos forestales y agrícolas no es deseable, dadas sus repercusiones sobre la diversidad biológica, los suelos y el ciclo hidrológico, sin olvidar que lo más importante es producir alimentos, y no biocombustibles para los automóviles privados.

A Empareja cada título con el párrafo del texto que más convenga. ¡Cuidado! – hay dos títulos que sobran.

a Riesgos
b Usos multiples
c Que recordemos
d Sostenibilidad
e No hay nada de nuevo
f Gas versátil
g Desastre ecológico
h Posibilidades

B 📄 Busca en el texto las palabras que tienen el sentido *contrario* a las siguientes. ¡Cuidado! – estas palabras no siguen el orden del texto.

1 gasto **2** retirar **3** a la diferencia de **4** saludables
5 moderna **6** los países desarrollados **7** ineficaces
8 insuficiente **9** enfriarse

C 👥 Trabaja en pareja. Escoge tres números entre 1 y 9 del ejercicio B. Tienes que escribir una frase de al menos diez palabras, y luego tienes que traducir la frase de tu pareja.

5.5 Parques eólicos

La percepción social de la energía eólica preocupa cada vez más.

Por un lado, fabricantes, promotores y convencidos en general de que sólo de este modo se pueden atajar problemas ambientales como el cambio climático, al mismo tiempo que se explota un recurso autóctono. Por otro, conservacionistas y defensores del paisaje, convencidos en este caso de que los aerogeneradores son un peligro, sobre todo por su elevado número.

Desde hace unos años los parques eólicos se han hecho familiares en muchas zonas de España. Tenían razón quienes pronosticaban un crecimiento espectacular de esta energía. Entre ellos estaban las organizaciones ecologistas que planteaban la necesidad urgente de cambiar el modelo energético basado en los combustibles fósiles, porque el medio ambiente lo acabaría pagando caro.

En poco tiempo, el desarrollo tecnológico experimentado por la energía eólica ha sido de tal calibre que esta fuente está preparada para implantarse de forma importante y producir electricidad sirviéndose de la fuerza del viento. Es energía limpia para los nuevos tiempos, como dicen los que esperaban su despegue. Pero ese despegue ha sido recibido con pavor por la gente que ve en la energía eólica un cúmulo de males. Son, en general, personas con inquietudes por la conservación de la naturaleza. Éstos son ecologistas con otra visión de la ecología, distinta de los primeros, que claman para que las aspas de los molinos no acaben ni con las aves ni con los paisajes.

A 📄 Empareja las dos partes de cada frase. ¡Cuidado! – hay una segunda parte que sobra.

1 Hay muchos a quienes les interesa el recurso energético …
2 Están los que piensan …
3 Sin embargo no se puede decir …
4 No se habían equivocado los …
5 Sociedades "verdes" avisaban …
6 El progreso de la energía eólica ha sido tan rápido …
7 No obstante están los que temen …
8 A este grupo le inquieta …

a que habían previsto un aumento significativo de este recurso.

b que representan los aerogeneradores.

c que los aerogeneradores amenacen los pájaros y el campo.

d que habría catástrofes naturales.

e que la naturaleza sea estropeada.

f que todo el mundo está de acuerdo.

g que sería preciso abandonar el uso de energías no renovables.

h que esta fuente energética puede matar dos pájaros de un tiro.

i que está al punto de reemplazar energías convencionales.

Sustantivo	Verbo
fabricante	1
defensor	2
crecimiento	3
organización	4
necesidad	5
desarrollo	6
fuerza	7
despegue	8
inquietud	9
conservación	10

B Las palabras de la tabla se utilizan en el texto. Copia la tabla y rellena los espacios en blanco con los verbos adecuados.

C Escribe un párrafo en español utilizando todos los verbos del ejercicio B. Puedes cambiar el orden, el tiempo y las personas de los verbos, ¡pero no se permite utilizar el infinitivo! Subraya cada verbo. Escribe unas 100–120 palabras en total.

D Debate dirigido. Trabaja en pareja.

Persona A: Estás a favor de la energía eólica.

Persona B: Estás en contra de la energía eólica.

Cada persona debe utilizar lo que ha aprendido en el artículo, y de otras fuentes de información, para defender su punto de vista.

5.6 Preguntas sobre la energía solar

Cuando calienta el sol mucha gente está contenta, pero hay otras razones para estarlo.

A Lee las respuestas a–h, luego empareja cada respuesta con la pregunta adecuada de la lista en la página 52. ¡Cuidado! – hay una pregunta que sobra.

a Cualquier persona, bien sea particular o empresa, puede aprovecharla, y con la cual reducir los gastos energéticos y los residuos tóxicos producidos por los sistemas convencionales.

b Se obtiene el calentamiento del agua y la generación de electricidad. Los colectores solares captan los rayos y calientan el agua. A medida que los rayos generan electricidad, ésta se almacena en baterías para su posterior uso.

c Puede ser utilizada de manera directa (sacar agua de un pozo, generar luz, regar, etc.) o bien puede ser almacenada en acumuladores para su posterior uso (generar luz durante la noche).

d Para evitar la necesidad de grandes costes en la acumulación del agua y la electricidad, la energía solar debe ser apoyada por otras fuentes de energía convencionales.

e En el caso de la energía solar térmica, se consigue más agua caliente. Para las instalaciones solares fotovoltaicas, el tener más temperatura no siempre significa tener mejores rendimientos.

f Ambas aplicaciones se pueden obtener mediante energía solar pero son dos tecnologías diferentes compuestas por elementos distintos.

g Los colectores solares no sólo captan los rayos del sol durante los días despejados; la radiación difusa existente durante los días nublados también es aprovechada. Durante los períodos de clima adverso, el sistema se encarga de mantener el agua a temperatura constante sin apenas producirse pérdidas de temperatura.

h Largos periodos sin sol imposibilitan la independencia total del usuario, pero en este caso, los combustibles fósiles se utilizarán como apoyo del sistema solar.

1 ¿Puedo independizarme completamente de las energías convencionales?

2 ¿Qué tiempo de vida útil poseen los equipos solares?

3 ¿Quién puede aprovechar la energía solar?

4 ¿Puedo independizarme completamente del gas o de la electricidad?

5 ¿Qué podemos conseguir con la energía solar?

6 ¿Puedo tener agua caliente y luz simultáneamente?

7 ¿Me quedaré sin agua caliente cuando no haya sol?

8 ¿Cuánto más sol hay, consigo mayor rendimiento?

9 ¿Qué se puede hacer con la electricidad generada?

B 📄 Copia y rellena la tabla con las palabras apropiadas.

C 🖐️ Traduce este texto al español. Algunas de las palabras que vas a necesitar se encontrarán en la tabla que acabas de rellenar.

In the past it was impossible to heat one's house without using fossil fuels, which were expensive and produced poisonous waste. Nowadays any individual can heat a house by means of solar energy. The sun's rays generate electricity, which produces hot water and costs much less than energy obtained from conventional sources.

In the future it is probable that as traditional resources become increasingly rare and expensive, we will all use solar power, even on a cold, foggy day.

Sustantivo	Verbo	Adjetivo
calentamiento	1	2
3	realizar	4
5	6	producido
generación	7	8
9	obtener	10
11	12	utilizado
acumulación	13	14
15	reducir	16
17	18	almacenado
rendimiento	19	20
21	mantener	22
23	24	compuesto
pérdida	25	26
27	imposibilitar	28
29	30	difuso

5.7 Propuestas ecologistas en Internet

¿Cómo saber más sobre las energías renovables?

A 🎧 Escucha la noticia y busca palabras o frases equivalentes a cada una de las siguientes.

1 individuos
2 las medidas que se pueden tomar
3 todos los días
4 te interesa
5 habitantes de América del Norte
6 los que buscan en la Red
7 lo que hace falta saber
8 simultáneamente

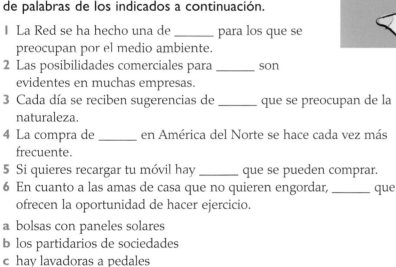

B 📄 Las frases siguientes resumen lo que se dice en la noticia, pero en cada una faltan varias palabras. Rellena los espacios en blanco, escogiendo un grupo de palabras de los indicados a continuación.

1 La Red se ha hecho una de _____ para los que se preocupan por el medio ambiente.
2 Las posibilidades comerciales para _____ son evidentes en muchas empresas.
3 Cada día se reciben sugerencias de _____ que se preocupan de la naturaleza.
4 La compra de _____ en América del Norte se hace cada vez más frecuente.
5 Si quieres recargar tu móvil hay _____ que se pueden comprar.
6 En cuanto a las amas de casa que no quieren engordar, _____ que ofrecen la oportunidad de hacer ejercicio.

a bolsas con paneles solares
b los partidarios de sociedades
c hay lavadoras a pedales
d las principales fuentes de información
e paneles solares en la Red
f para los trucos y productos ecológicos

C ✍️ "Las medidas 'verdes' son una pérdida de tiempo. Nuestro planeta va a morir. Hay que aceptarlo." ¿Qué opinas tú? Escribe unas 250 palabras en español para explicar tu opinión.

5.8 La energía nuclear: puntos de vista

A 📋 🎧 Listen to the recording of a radio programme in the series "Nuestro planeta en peligro". To which speaker does each sentence refer? Write "P" (Possebon), "B" (Benítez) o "N" (neither). Listen as many times as necessary.

1 _____ is dismissive of a group of people.
2 _____ points out an anomaly between the public perception of nuclear power and some of the realities.
3 _____ refers to predicted oil reserves.
4 _____ refers to the building of a nuclear power plant.
5 _____ is speaking on behalf of the government.
6 _____ refers to the funding of research.
7 _____ refers to reluctance on the part of a government.
8 _____ refers to a means of reducing our dependency on an oil-producing cartel.
9 _____ gives talks on energy issues to schools.
10 _____ gives an historical overview.
11 _____ highlights the impact of the raw material on health.
12 _____ gives details of the amount of electricity produced by nuclear power.
13 _____ refers to the attention given to nuclear power.
14 _____ recalls a particular historical event.

B ✍ Escribe tres preguntas para cada uno de los participantes en el debate. Luego, pregúntalas a cada uno de tus compañeros. Para cada pregunta utiliza una forma interrogativa diferente.

¿Quién(es)?   ¿Qué?   ¿Dónde?   ¿Cuál(es)?

¿Por qué?   ¿Cómo?   ¿Cuándo?

C 👥 Debate dirigido. Trabaja en pareja.

Persona A: Estás a favor de la energía nuclear.

Persona B: Estás en contra de la energía nuclear.

D ✍ Escribe unas 250 palabras en español sobre el reto de la energía nuclear.

- la importancia del reto
- los argumentos a favor
- los argumentos en contra
- tus conclusiones personales

5.9 Vehículos de gas natural

A medida que se agota el petróleo se desarrollan otras formas de energía para impulsar los vehículos.

La atmósfera y la calidad del aire agradecen el uso de vehículos impulsados por gas natural, ya que se reducen las emisiones contaminantes. El uso de gas natural garantiza también un menor nivel de otras emisiones tóxicas que cualquier otro combustible fósil.

Asimismo, se generan menores niveles de emisión sonora y vibraciones que los motores diesel.

En el aspecto económico, el gas natural permite un ahorro medio de más del 28% en euro/km respecto al gasoil. Por otra parte, el motor de gas natural consigue ahorros adicionales al requerir un menor mantenimiento y ofrecer una mayor vida útil.

Sus defensores afirman que el "gas natural vehicular" (GNV) es el combustible que más ayudará a mejorar la calidad del aire en las ciudades. Diversas instituciones promueven la utilización de estos vehículos para reducir la contaminación urbana.

Sin embargo, la utilización de este combustible en España es bastante escasa y se reduce casi exclusivamente a autobuses y camiones de recogida de residuos urbanos.

El Instituto de Ahorro y Diversificación Energética (IDAE), y

la mayor parte de las comunidades autónomas, ofrecen subvenciones para la compra de vehículos (2.000 euros como ayuda máxima a turismos y 12.000 euros para vehículos pesados).

Los expertos consideran que para un desarrollo real del GNV, son imprescindibles acciones coordinadas entre todos los actores implicados, para contar así con un marco legal y fiscal que lo hagan económicamente atractivo; ayudas para la adquisición de estos vehículos y unas infraestructuras mínimas para repostar.

A ¿Cuáles de las frases no son verdaderas con respecto al texto?

1 El GNV no contribuye a la disminución de residuos dañinos.
2 Los vehículos GNV son menos ruidosos.
3 El 28% de conductores prefieren los motores diesel.
4 El motor GNV favorece revisiones menos frecuentes.
5 Hay muchos que están en contra del GNV.
6 En los colegios se enseña que es preferible proteger el medio ambiente usando el GNV.
7 No se puede encontrar el GNV por todas partes de España.
8 La mayoría de los vehículos en España puede aprovecharse del GNV.
9 El gobierno apoya la compra de vehículos GNV mediante ayuda financiera.
10 No se realizará el objetivo gubernamental hasta que todos los interesados se organicen mejor.

B Lee esta versión alternativa del artículo y rellena con una sola palabra cada uno de los espacios en blanco.

El uso del GNV ayudará a **(1)** _____ la **(2)** _____ atmosférica. El GNV tiene muchas **(3)** _____. No sólo **(4)** _____ menos que el petróleo normal **(5)** _____ también es **(6)** _____ dañino para el medio ambiente. El gran **(7)** _____ al momento es que no se **(8)** _____ comprar fácilmente por todas **(9)** _____. El uso del GNV se **(10)** _____ a ciertas clases de vehículo que **(11)** _____ un nivel de ayuda financiera **(12)** _____ favorable. Para que la **(13)** _____ de los vehículos GNV por los particulares **(14)** _____ más atractiva, se debería **(15)** _____ más.

C After checking your answers to exercise B, translate the whole text into English.

D Cara a cara. Persona A está a favor de los vehículos "verdes"; persona B está en contra. Cada pareja debe preparar en casa sus argumentos para estos dos puntos de vista antes de hacer la presentación en clase. Después de cinco minutos, cambiad de papel.

5.10 ¿Cuánto sabes ahora sobre la energía?

Ahora sabes mucho más sobre el tema de las energías, ¿verdad?

A Empareja cada grupo de respuestas con la pregunta o frase adecuada. Después de verificar tus respuestas con tu profesor, haz el test. Tu profesor te dará la puntuación.

1 ¿Qué niño consume más energía al año?
2 De los siguientes gases, ¿cuáles provocan el efecto invernadero?
3 La capa de ozono disminuye su tamaño cuando emitimos a la atmósfera …
4 El colector solar plano cuando aprovecha la energía solar térmica produce …
5 La energía solar térmica cuando se usa para calentar agua …
6 Cuando usamos la energía solar fotovoltaica para obtener electricidad …
7 Los aerogeneradores o grandes molinos de viento que producen electricidad …
8 Los pelets son …
9 De forma indirecta, la energía hidráulica tiene como origen …

a **(i)** el dióxido de carbono (CO_2) y el metano / **(ii)** los clorofluocarbonados / **(iii)** todos los gases
b **(i)** emite dióxido de carbono / **(ii)** no emite dióxido de carbono / **(iii)** produce residuos radiactivos
c **(i)** colectores solares que captan la energía solar / **(ii)** coches que se mueven con energía solar / **(iii)** una especie de cigarrillos hechos con biomasa compactada
d **(i)** dióxido de azufre /**(ii)** dióxido de carbono y metano / **(iii)** compuestos clorofluocarbonados
e **(i)** el calor del sol / **(ii)** el movimiento rotatorio de la Tierra / **(iii)** el agua de los ríos
f **(i)** se incluyen en la llamada energía hidroeléctrica / **(ii)** funcionan de día y de noche / **(iii)** se colocan sólo donde hay red eléctrica
g **(i)** energía nuclear / **(ii)** agua caliente / **(iii)** electricidad
h **(i)** producimos energía eléctrica por el día y por la noche / **(ii)** empleamos paneles que tienen células fotoeléctricas / **(iii)** producimos residuos radiactivos
i **(i)** un chino / **(ii)** un americano / **(iii)** un español

Prácticas

1 Demonstrative adjectives and pronouns
2 Conditional tense
3 Numbers
4 Odd one out
5 What's that word?

1 Revise the grammar section on **demonstrative adjectives and pronouns** on page 158.

A Fill each gap with an appropriate demonstrative pronoun.

1 Se considera _____ contaminación.
2 ¿Quieres comprar este libro? No, prefiero _____, allí sobre la mesa.
3 Ronaldo juega esta tarde; _____ es una ventaja para el equipo.

B Translate these terms into Spanish.

1 those (remote) sources of energy
2 that problem
3 this advantage
4 these security measures
5 these levels are difficult to achieve

2 Revise the grammar section on the **conditional tense** on pages 167–168. Write ten sentences, each of at least fifteen words, starting each sentence with the conditional tense of one of the following verbs, describing what you would do – and why – if you won the lottery.

| dar estar hacer ir jugar poder querer salir |
| tener ver |

3 Revise the grammar section on **numbers** on pages 175–176.

A Listen to the recording and write in figures each of the numbers.

Primera parte:

1 _____   5 _____
2 _____   6 _____
3 _____   7 _____
4 _____   8 _____

B Listen to the series of numbers and write, in figures, the next number in the sequence.

Segunda parte:

1 _____
2 _____
3 _____

C Add up these numbers and write the total in figures.

Tercera parte:

1 _____
2 _____
3 _____

4 **Odd one out.** Discuss with a partner, in Spanish, which of each set is the odd one out and explain why.

1 sol electricidad viento agua
2 madera vegetación metano carbono
3 residuos basurero desechos basura
4 lavadora a pedales bolso de energía solar ordenador radio de cuerda

5 **What's that word?** The following words all appear in Unidad 5, but in each one several letters are missing. Each dash represents a missing letter. Write out the words in full and give their English meanings.

1 pe _ _ _ _ _ o
2 com _ _ _ _ _ _ les
3 med _ _ _ _ _ _ _ _ ales
4 inag _ _ _ _ _ _ es
5 am _ _ _ _ a
6 ren _ _ _ _ _ e
7 cale _ _ _ _ _ _ nto
8 in _ _ _ _ _ _ _ ro
9 se _ _ _ a
10 bioc _ _ _ _ _ _ tes
11 uti _ _ _ _ _ _ _ ón
12 el _ _ _ _ _ _ _ ad
13 ca _ _ _ _ _ _ nos
14 e _ _ _ ca
15 ra _ _ _ _ _ _ _ ad

La contaminación

6.1 ¿Qué hacemos con la basura?

Tanta basura, ¡qué locura!

La locura de la basura

La basura representa un problema en todo el mundo. Las ciudades grandes y los países desarrollados tienen organizada la recolección de basura. En las zonas rurales de la mayoría de los países, esta organización no existe. Donde sea que vaya, la gente deja basura – ¡hasta en la luna!

Hace varios años, la basura no era un problema tan grande. Los alimentos y bienes venían envueltos en materiales naturales – hojas de plátano y otros – a veces en periódicos. En lugar de botellas, se usaban calabazas y ollas de barro. Estos materiales se pudrían rápidamente y la tierra las absorbía.

Hoy, sin embargo, muchas de las cosas que tenemos a nuestra disposición vienen envueltas, en latas o botellas de plástico. Estos materiales son fuertes, livianos y fáciles de fabricar. Pero tardan mucho tiempo en descomponerse – en algunos casos, un tiempo extremamente prolongado.

Mucha de nuestra basura puede ser reciclada y

reutilizada. Hay muchas personas que se ganan la vida reciclando basura en los basurales de las grandes ciudades. Pero siempre queda material que no se puede usar. ¿Cuánto tiempo tarda nuestra basura en descomponerse y desaparecer? Algunas respuestas le asustarán. Esta información quizá sirva para ayudar a las personas a considerar con más cuidado el problema de la basura.

A ▣ Las frases siguientes, divididas en tres partes, hacen el resumen del artículo. Sólo las primeras partes están en orden – escoge la segunda y la tercera parte para reconstruir cada frase.

1 En todas partes	a envolturas artificiales	h descubrir la duración de vida
2 Resulta más problemático	b inútil	i hay dificultades
3 En el pasado	c con los desperdicios	j que fueron más biodegradables
4 Se utilizan	d de ciertos productos artificiales	k no es por eso
5 El plástico	e tiene muchas ventajas	l recoger basura
6 Lo que se tira	f en el campo	m pero no se descompone fácilmente
7 Es una sorpresa	g productos naturales	n no existían

B 📱 👥 Make up your own sentences by using each time the three words to make a complete sentence of at least ten words. You can change the order, but not the form of the words. Then in pairs, take turns to read your sentences to your partner, who should translate them into English.

1 usado – países – tienen
2 dejan – ciudad – difícilmente
3 naturales – absorbe – tierra
4 tardar – plástico – descomponerse
5 debe – botellas – peligroso

6.2 ¿Multar a quienes tiren basura?

¿Castigarlos o educarlos?

A 🎧 Escucha a estas cuatro personas que dan su opinión sobre el problema de la basura en las calles. ¿Quién(es) opina(n) que …

1 hay que educar a la gente desde muy pequeña?
2 es menos preferible encarcelar a los que tiran basura?
3 es demasiado tarde para resolver el problema?
4 no hay suficientes papeleras?
5 tirar basura puede provocar enfermedades?
6 se debe imponer una multa a los que dejan desperdicios en la calle?
7 todos son responsables de la limpieza de su entorno?

María

Miguel

Beatriz

Jaime

B 🎧 Los cuatro entrevistados utilizan las palabras en la tabla. Copia la tabla y rellena cada espacio en blanco con la forma que falta.

Sustantivo	Verbo
1	castigar
sanción	2
3	recoger
privación	4
5	convertir
conciencia	6
7	tirar
información	8
9	aplicar
contaminación	10

C 📱 **(i)** Rellena cada uno de los espacios en blanco de las frases siguientes. Escoge cada vez una de las palabras que acabas de escribir para el ejercicio B.

1 La basura _____ el medio ambiente.
2 Hay que señalar un _____ de acuerdo con el crimen.
3 Lo más útil sería _____ a la gente.
4 La _____ de la ley contra la basura no es bastante severa.
5 Las autoridades deberían _____ a los que tiran basura.
6 La _____ de los desperdicios es responsabilidad de todos.

(ii) Translate the completed sentences into English.

6.3 Las calles inundadas de colillas

Madrid ha tomado nuevas medidas para reducir este problema.

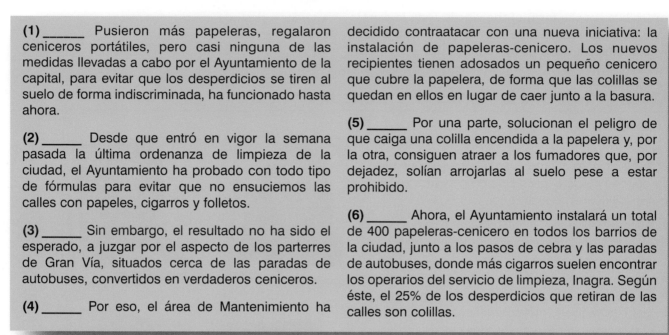

(1) _____ Pusieron más papeleras, regalaron ceniceros portátiles, pero casi ninguna de las medidas llevadas a cabo por el Ayuntamiento de la capital, para evitar que los desperdicios se tiren al suelo de forma indiscriminada, ha funcionado hasta ahora.

(2) _____ Desde que entró en vigor la semana pasada la última ordenanza de limpieza de la ciudad, el Ayuntamiento ha probado con todo tipo de fórmulas para evitar que no ensuciemos las calles con papeles, cigarros y folletos.

(3) _____ Sin embargo, el resultado no ha sido el esperado, a juzgar por el aspecto de los parterres de Gran Vía, situados cerca de las paradas de autobuses, convertidos en verdaderos ceniceros.

(4) _____ Por eso, el área de Mantenimiento ha decidido contraatacar con una nueva iniciativa: la instalación de papeleras-cenicero. Los nuevos recipientes tienen adosados un pequeño cenicero que cubre la papelera, de forma que las colillas se quedan en ellos en lugar de caer junto a la basura.

(5) _____ Por una parte, solucionan el peligro de que caiga una colilla encendida a la papelera y, por la otra, consiguen atraer a los fumadores que, por dejadez, solían arrojarlas al suelo pese a estar prohibido.

(6) _____ Ahora, el Ayuntamiento instalará un total de 400 papeleras-cenicero en todos los barrios de la ciudad, junto a los pasos de cebra y las paradas de autobuses, donde más cigarros suelen encontrar los operarios del servicio de limpieza, Inagra. Según éste, el 25% de los desperdicios que retiran de las calles son colillas.

A Match up each of these headings with the appropriate paragraph in the article. There are two headings you will not need.

a Innovative solution
b Recycling measures
c Disappointment
d Specific measures not working
e Two birds with one stone
f Health warnings
g New law introduced
h Widespread coverage

C Antes de tu próximo curso de español, haz una lista de los tipos de basura que ves en la calle, camino al colegio. Utiliza la hoja que te dará tu profesor. Describe en unas 150 palabras, en español, cómo llegaron allí algunos de estos objetos. ¡Utiliza toda tu imaginación!

B Traduce al español el texto siguiente. Muchas de las palabras que vas a necesitar se encuentran en el artículo.

We have decided to take measures against those who foul the streets of our city with all sorts of litter. For example, we have installed ashtrays at each bus stop in every district. It is hoped that this measure will help to solve the problem caused by those smokers who, through laziness, are in the habit of throwing their cigarette ends on the ground. Despite the law on cleanliness coming into effect last week, we cannot say that the results have been positive. However, we remain optimistic.

6.4 La contaminación del tráfico mata tres veces más que los accidentes

¡Vivir en la ciudad puede ser mortal!

Si las 4.442 muertes en la carretera el año pasado en España le hacen temblar, no se debe quedar más tranquilo con las consecuencias de los gases de escape.

Según datos del Ministerio de Medio Ambiente, 15.000 personas fallecen cada año por causas asociadas a la contaminación originada por los vehículos.

Dicho de otra manera, la contaminación a cuenta de las emisiones de los vehículos mata 3,38 veces más que los propios siniestros. El cálculo se hace a partir de los 225.000 fallecidos en Europa por ese motivo.

Madrid y Barcelona son las urbes en que la situación es más grave. Cada año la contaminación acelera la muerte de unas 3.000 ó 4.000 personas en cada una de ellas, según el presidente del Transporte Público de Barcelona.

Lógicamente, respirar el humo de un coche no mata, pero sí desencadena enfermedades

respiratorias o las agrava, causando muerte prematura. Primero, las partículas que se respiran, expulsadas por los motores de gasoil, van directamente a los pulmones. Y segundo, porque los gases irritan las mucosas.

Los expertos piden limitar la entrada de coches al centro de las ciudades, pacificar el tráfico y crear verdaderas redes de transporte público.

A 📄 Lee el artículo y completa cada uno de los espacios en blanco de las frases siguientes con el grupo de palabras más apropiado de la lista de la derecha. ¡Cuidado! – hay dos grupos que no vas a utilizar.

1 Más de 4.000 personas _____ durante los doce meses pasados.
2 La contaminación causada por vehículos _____ todos los años.
3 Para cada persona que fallece en un accidente _____ a causa de la contaminación vehicular.
4 Se calculan estas cifras _____ por toda la UE.
5 Todos los años en Madrid y Barcelona _____ se puede atribuir a esta forma de contaminación.
6 Aunque la muerte no es consecuencia directa _____ , es verdad que hacen deteriorar la salud.
7 Se proponen varias medidas _____ de este problema.

a que son distintas
b sobre los datos de muertes semejantes
c de inhalar gases de escape
d fallecieron en accidentes de carretera
e la muerte temprana de unas 7.000 personas
f murieron debido al cáncer
g es responsable de unas 15.000 muertes
h para reducir la gravedad
i hay más de tres que mueren

B 🗣 Translate into English the last two paragraphs of the article.

C 🗨 En tu región, ¿qué medidas ya se han introducido – o se deberían introducir – para reducir la contaminación del tráfico?

6.5 Consejos sobre cómo ayudar a reducir la contaminación

A 🎧 Cerca de la mitad de la contaminación del aire proviene de los coches y camiones. Escucha estos consejos para ayudar a reducir la contaminación ambiental. Aquí abajo los encontrarás de otra manera, y no en el orden en que los vas a oír. Ponlos en orden. ¡Cuidado! – hay dos consejos que no necesitas utilizar.

1 Camine o monte en bicicleta, o use el transporte público.
2 Combine sus mandatos.
3 Trabaje desde su casa.
4 Mantenga su coche en buen estado.
5 Compre por teléfono o por correo electrónico.
6 Acelere gradualmente y obedezca el límite de velocidad.
7 Comparta un coche con otros pasajeros.

B 👥 Después de averiguar las respuestas del ejercicio A, lee otra vez los consejos. En tu opinión, ¿cuál es el más útil? ¿Tu pareja está de acuerdo? Si no – ¡discutid! Si estáis de acuerdo, decidid qué consejo es el menos útil, y por qué.

6.6 ¡Este ruido es insoportable!

El ruido también puede ser considerado como una forma de contaminación.

A 📄 En el artículo que sigue faltan varios grupos de palabras. Escoge el grupo más apropiado para rellenar cada espacio en blanco.

a en el indicador que ha medido a la población afectada
b fuente habitual de quejas ciudadanas
c aunque sólo el 3% estarían afectados por el llamado "nivel de alarma"
d ya que fue fruto de un estudio anterior

e ya que sufren la influencia de las vías colindantes
f y para una franja estrecha situada a ambos lados de la misma
g siempre vinculado al tráfico
h ya que la contaminación sonora de las carreteras se localiza
i para que el tráfico deje de ser el foco dominante
j pero sólo para aquellas viviendas que constituyen la primera línea frente al trazado

El 40% de la población donostiarra está sometida a niveles de ruido superiores a los que fijan los indicadores europeos como ideales, **(1)** _____ .

Es el tráfico de las calles el que genera la mayor cantidad de población afectada, **(2)** _____ , sobre todo, en los barrios cercanos a la A-8 **(3)** _____ .

En las calles, se destaca que la ampliación de las peatonalizaciones contribuirá a una mejora sustancial de la calidad acústica. En cuanto al ferrocarril, el impacto se centra en la vía de Renfe, **(4)** _____ .

El ruido de origen industrial tiene una escasa influencia **(5)** _____ . El ruido nocturno, **(6)** _____ , no ha sido incluido en este informe, **(7)** _____ .

El mapa de calles identifica cuáles son aquellas en las que el ruido que se genera, **(8)** _____ , es más elevado. Las calles anchas permiten aumentar el camino de propagación del sonido, lo que hace que vías muy ruidosas tengan poca incidencia en la contaminación acústica de las viviendas.

En las más estrechas ocurre el efecto contrario. Se recomienda extender las peatonalizaciones **(9)** _____ , incluso en calles en las que los coches tienen el acceso restringido, **(10)** _____ .

B Explica en tus propias palabras, en español, lo que significan las frases siguientes.

1 las peatonalizaciones
2 Renfe
3 quejas ciudadanas
4 contaminación acústica

C Trabaja en pareja. ¿Cuántas otras formas de contaminación acústica podéis apuntar? ¿Dónde se encuentran? ¿Qué se debería hacer para controlarla?

6.7 Después de la fiesta …

Las playas acumulan toneladas de basura.

A Listen to the recording and answer in English the following questions.

1 What does the verbena de Sant Joan celebrate?
2 Where exactly did the festival take place?
3 What types of litter are mentioned?
4 How much solid waste was recovered from the sea?
5 What percentage of this was plastic?
6 What is the total amount of rubbish recovered from the sea equivalent to?

B En este párrafo sobre el mismo asunto, hay varias palabras que faltan. Escribe una palabra para rellenar cada uno de los espacios en blanco.

Cada **(1)** _____ , la verbena de Sant Joan **(2)** _____ el día más **(3)** _____ del año. Sin **(4)** _____ , al día siguiente de la **(5)** _____ , nuestras playas se revelan muy **(6)** _____ . El litoral resulta lleno de **(7)** _____ tanto desagradables como **(8)** _____ sobre todo para los animales. La **(9)** _____ de esta basura es un gran **(10)** _____ para la Municipalidad.

C Responde al texto del ejercicio B, escribiendo 150 palabras en español desde el punto de vista de: un(a) joven que asistió aquel día y que lo pasó bomba, o de alguien que vive cerca de una playa afectada por la contaminación.

6.8 Cómo la limpieza crea la contaminación

Las costas son doradas pero están contaminadas.

Científicos españoles han encontrado que la mitad de la costa mediterránea ha sido contaminada – irónicamente – por restos de jabones domésticos.

En el 47% de las aguas de la costa mediterránea española y en el 77% de sus sedimentos se han descubierto, en diferentes temporadas del año, sustancias químicas utilizadas en productos habituales de higiene y de limpieza doméstica, cuya contaminación puede afectar el sistema hormonal y a la reproducción de la fauna marina.

Los científicos se han centrado en el análisis de compuestos químicos habituales en el champú,

en detergentes domésticos o industriales y en otros presentes en jabones para lavar vajillas.

El Mediterráneo recibirá este año más de 50 millones de toneladas de vertidos. España, Italia y Francia han recibido una advertencia de las autoridades comunitarias, de que sus costas se convertirán en áreas ecológicamente dañadas.

Se les exige tres medidas principales: un control de desechos sólidos y peligrosos; la prevención de la contaminación marina debida al petróleo y a los productos químicos; y el desarrollo de zonas costeras en las cuales se tomarán medidas para impedir la contaminación de las playas. El 40% de las quejas europeas respecto al medio ambiente corresponden a España.

Por el Mediterráneo transitan el 50% del tráfico marítimo mundial. La limpieza salvaje de los tanques en alta mar y las descargas involuntarias aportan el 45% de la contaminación por hidrocarburos. Los accidentes, en concreto el naufragio de superpetroleros, a pesar de ser localmente muy graves, no aportan más del 20% de la contaminación por hidrocarburos. El resto procede de las operaciones de carga y descarga en puertos marítimos.

A 📖 Read the article and write "T" (true), "F" (false) or "NS" (not stated) for each of the following statements.

1 Over 50% of the Mediterranean coast is polluted by household cleaning products.
2 Pollution reaches a particularly high level in summer.
3 Marine life is being destroyed.
4 Scientists have focused exclusively on chemicals present in haircare products.
5 Several European countries have been warned that their coastlines are in danger of becoming environmentally unsound.

6 These countries have responded positively to this warning.
7 They have been told to impose limits on building in coastal areas.
8 Illegal cleaning of ships' tanks at sea and accidental spillage account for nearly half the pollution in the Mediterranean.
9 Spillages from oil tanker disasters are not a significant factor in marine pollution.
10 Approximately 80% of marine pollution does not occur at sea.

B 📄 Los adjetivos de la tabla se utilizan en el texto. Copia y rellena la tabla.

Adjetivo	Sustantivo
españoles	1
mediterránea	2
diferentes	3
habituales	4
marina	5
industriales	6
comunitarias	7
europeas	8
peligrosos	9
costeras	10

C 📄 Después de verificar tus respuestas del ejercicio anterior, escoge el sustantivo más apropiado para rellenar cada espacio en blanco de las frases siguientes.

Los malos **(1)** _____ de la **(2)** _____ son responsables de la contaminación del **(3)** _____, cuyas **(4)** _____, incluso las de **(5)** _____, están afectadas. El **(6)** _____ sucio representa un gran **(7)** _____ para la salud y la economía de la **(8)** _____ europea.

D ✂️ Traduce al español estos párrafos.

Supertankers that discharge oil into the water are not the main cause of pollution in the Mediterranean. It is certain household products that are more dangerous for the environment because the chemicals they contain affect all types of marine life.

Although Italy and France are two of the European countries that experience environmental problems as far as their coastlines are concerned, it is Spain that generates the most complaints from the European Union authorities. It is ironic that it is the desire for cleanliness that has caused so much pollution.

6.9 Nadie quiere basura atómica

Mucha gente aprueba la energía nuclear pero, ¡no en su patio!

¿Qué es la basura atómica?

La descarga anual de un reactor nuclear típico es de unas 30 toneladas de combustible irradiado. Cada tonelada produce 180 millones de curios de radiactividad. Las bombas atómicas lanzadas por Estados Unidos en 1945 sobre las ciudades japonesas de Hiroshima y Nagasaki liberaron un millón de curios.

¿Cuál es su origen?

Son desechos que se generan durante todo el ciclo nuclear, el cual se inicia en la extracción del uranio que alimenta a las centrales nucleares.

¿Por qué es peligroso?

Es energía sucia. De la energía nuclear sale el 23% de la electricidad española, pero deja unos peligrosos residuos, que tardan hasta 250.000 años en desactivarse.

¿Quién tendrá la responsabilidad de deshacerse de ellas?

Es Enresa, es decir, la Empresa Nacional de Residuos Radiactivos. Esta empresa se encargará de fabricar y gestionar el cementerio atómico.

¿De cuánta basura se trata?

Es la opción del gobierno para enterrar la basura atómica de nueve centrales. El basurero albergará, enterrados, más de 12 millones de litros de residuos altamente contaminantes, parte de los cuales permanecerán activos hasta 250.000 años.

¿Existe un calendario para el desarrollo del cementerio nuclear?

En estos momentos son las propias centrales nucleares las que hacen de cementerio para sus residuos. Sólo los deshechos de una de las centrales están en un almacén francés. Dentro de cinco años, según el acuerdo firmado por ambos gobiernos, los residuos deberán volver a España. En caso de incumplimiento del acuerdo, el Estado tendrá que pagar 57.000 euros anuales. España sólo tiene un cementerio, ubicado en Córdoba, pero sólo para basura de baja y media actividad.

Un hombre utiliza un detector de radiación.

A 📖 Lee el artículo y, para cada una de las frases siguientes, apunta "V" (verdadero), "F" (falso) o "NSD" (no se dice).

1 Las bombas atómicas del fin de la Segunda Guerra Mundial liberaron más curios de radiactividad que un centro nuclear típico.
2 La basura atómica no se produce en un momento específico del proceso.
3 En cuanto a la producción de la electricidad, las ventajas del poder nuclear valen más que las desventajas.
4 Enresa será la compañía más importante en la producción de energía en España.
5 Había otras posibilidades para deshacerse de los residuos radiactivos.
6 Una de las centrales acaba de enviar sus deshechos al extranjero.
7 Se firmó el acuerdo entre España y Francia sin ninguna obligación por parte de España.
8 El único almacén español no es adecuado para todo tipo de basura atómica.

B 📖 Los sustantivos y los verbos de la tabla se encuentran en el artículo.
Copia la tabla y rellena cada espacio en blanco con la forma que falta.

Sustantivo	Verbo
descarga	1
2	generar
extracción	3
4	fabricar
almacén	5
6	gestionar
acuerdo	7
8	enterrar
gobierno	9
10	producir
incumplimiento	11
12	iniciar

C 📖 En las frases siguientes, rellena cada uno de los espacios en blanco con una de las palabras que acabas de anotar.

1 España va a _____ sus _____ atómicos.
2 La _____ de residuos radiactivos empieza al _____ del ciclo nuclear.
3 Se _____ el uranio durante la _____ de energía.
4 Enresa será responsable de la _____ del _____ de los deshechos.
5 Si España _____ el acuerdo para _____ sus residuos, pagará una multa.

D 🖎 After checking your answers to exercise C, translate the completed sentences into English.

6.10 Conversación sobre la basura nuclear

Las asociaciones ecologistas y Enresa no están de acuerdo.

A 🎧 Escucha el debate. ¿Cómo se dice en español … ?

1 it could be located
2 we have to fight
3 major drawbacks
4 a major investment
5 a precise timetable
6 a highly charged topic

B 🎧 Eight of the ten phrases below refer to the recording. They are not, however, in the correct order. Listen to the debate again and put them into the correct order.

1 potential dangers
2 interested parties
3 health concerns
4 demands
5 bribery
6 job creation
7 public protest
8 financial benefits
9 no going back
10 unjustified demonisation

C 🖊 Se propone construir un almacén de residuos activos cerca de donde vives tú. Escribe, en español, dos correos electrónicos al editor de un periódico. En uno de los correos explica por qué estás en contra de esta proposición. En el otro habla de las ventajas para la economía local. En cada correo debes escribir unas 150 palabras.

Prácticas

1 Imperfect tense
2 Possessive adjectives and pronouns
3 Negatives
4 Which tense: imperfect or preterite?
5 What's that word?

1 Revise the grammar section on the **imperfect tense** on pages 165–166.

A Copy and complete the table below with the appropriate parts of the imperfect tense.

Infinitive			
dar	yo	nosotros	Vds.
comer	ella	tú	vosotros
vivir	nosotros	ellas	yo
decir	tú	yo	ellos
estar	vosotros	Vd.	él
hacer	ellos	vosotros	tú
ir	yo	nosotros	ellas
poder	nosotros	Vds.	yo
poner	tú	ella	nosotros
querer	él	yo	Vd.
saber	Vd.	él	Vds.
ser	yo	ellos	nosotros
tener	tú	Vd.	yo
venir	ella	ellas	vosotros

B Fill each gap in the following text with the appropriate form of the imperfect tense, choosing from the list of infinitives that follows.

En el pasado, cuando la gente que (1) _____ en la ciudad (2) _____ deshacerse de su basura, la (3) _____ en la calle, sin pensar en las consecuencias de lo que (4) _____. Se (5) _____ normal dejar en la calle comida podrida, que (6) _____ comer los perros salvajes. Además, la basura (7) _____ insectos que (8) _____ dañinos para la salud y muchos (9) _____ enfermedades graves. Todavía no (10) _____ la idea de llevar lejos de los centros de población lo que ya no se (11) _____ usar.

> considerar existir hacer poder querer ser soler
> sufrir tirar traer vivir

2 Revise the grammar sections on **possessive adjectives and pronouns** on page 157.

Translate these sentences into Spanish.

1 Her parents are younger than yours.
2 Our house is older than his.
3 Do you think that her brother is less lazy than mine?
4 Ladies, your children are almost as intelligent as ours.
5 My car is a Seat; hers is less luxurious.
6 What's theirs is mine.
7 My house is yours.

3 Revise the grammar section on **negatives** on page 161.

Translate these sentences into Spanish.

1 There aren't many people who are not aware of pollution.
2 My wife never throws away her old books.
3 This bottle can no longer be used.
4 No-one has mentioned this problem.
5 None of my neighbours is interested in noise pollution.
6 There is nowhere that is really clean.
7 She has no interest in politics.
8 Do you like this? Nor do I!
9 Neither Maria nor her mother is very happy.

4 A Fill each gap in this paragraph, using the preterite or imperfect, as appropriate, of one of the verbs in the box below.

Cuando **(1)** _____ a Santander, en el norte de España, durante los años 60, **(2)** _____ 18 años, casi 19. **(3)** _____ un curso de verano, que **(4)** _____ un mes en la Universidad de Menéndez y Pelayo. **(5)** _____ estudiantes de muchos países.

¡No me **(6)** _____ ni un duro el curso! Todo – viaje, pensión completa – **(7)** _____ pagado. Pero **(8)** _____ una gran sorpresa, el día que **(9)** _____ hacia España, **(10)** _____ por correo un cheque por treinta libras esterlinas. En aquella época, **(11)** _____ una fortuna para un estudiante pobre.

Por la mañana **(12)** _____ clases sobre varios aspectos de la cultura española. Hay que confesar que nadie **(13)** _____ mucho en ellas porque **(14)** _____ muy aburridas.

Cada noche, sin embargo, **(15)** _____ a la playa donde **(16)** _____ hasta la madrugada. La arena **(17)** _____ muy limpia, no se **(18)** _____ ninguna basura por ninguna parte, y no **(19)** _____ botellas de plástico en el agua.

La vida **(20)** _____ sencilla, inocente, y no **(21)** _____ por el dinero. No olvidaré nunca el tiempo que **(22)** _____ allí.

> acudir charlar costar durar estar flotar haber
> interesarse ir parecer pasar preocuparse
> quedar recibir seguir ser tener ver

B Translate the complete story into English.

5 What's that word? In each of the following words, which feature in the topics covered in this unit, several letters are missing. Each dash represents one missing letter. Write out the words in full and give their English meanings.

1 reco __ __ __ __ __ ón
2 des __ __ __ __ __ nerse
3 desp __ __ __ __ __ ios
4 lim __ __ __ za
5 co __ __ __ __ as
6 pa __ __ __ era
7 co __ __ __ __ __ __ __ __ ión
8 cos __ __ ras
9 peaton __ __ __ __ __ ciones
10 su __ __ __ __ ad
11 li __ __ __ al
12 verti __ __ s
13 s __ __ __ __ __ tradas
14 re __ __ __ __ os
15 arri __ __ __ ar

Unidad 7

La conservación

7.1 El desafío para Europa

Ante la amenaza de contaminación, la UE debe tomar medidas decisivas.

1 Hoy corremos una carrera contrarreloj. La necesidad de una política decidida para proteger el medio ambiente está universalmente reconocida, tanto en Europa como fuera de ella.

2 La prosperidad económica se ha basado en actividades que contaminan y agotan los servicios del planeta. Los productos que necesitamos y los servicios vitales que utilizamos usan estos recursos y, como subproductos, crean residuos y contaminación.

3 La notable capacidad regeneradora de nuestro planeta ha sido capaz hasta ahora de absorber el impacto ambiental de la actividad humana. Pero hoy esta capacidad está siendo desbordada y es necesario restablecer el equilibrio lo antes posible.

4 Nuestro medio ambiente está amenazado de muchas formas, a veces interrelacionadas, para las que no existen respuestas parciales. Para reflejar esta realidad, la UE ha preparado una estrategia global e integrada.

5 El calentamiento global, y los consiguientes cambios climáticos, son una de las perspectivas de degradación ambiental que se ciernen sobre la humanidad. El medio ambiente está también amenazado por la lluvia ácida, la destrucción de las selvas tropicales y la extinción de muchas especies vegetales y animales.

6 La calidad del agua, tanto potable como de baño, es otro de los problemas que están agravándose. A la vez, el abastecimiento de agua dulce está causando problemas en algunas zonas de la UE.

7 Eliminar las enormes cantidades de residuos que produce nuestra sociedad de consumo es otro gran reto. Sólo en la UE, hay que tratar anualmente con más de 21 millones de toneladas de residuos tóxicos.

A Cada uno de los títulos siguientes resume uno de los siete párrafos del artículo. Empareja cada título con el párrafo adecuado. ¡Cuidado! – hay un título que sobra.

a Falta de un recurso esencial
b Queda poco tiempo
c Energía renovable
d La Tierra no puede más
e Montones de desperdicios
f El precio del progreso
g Problemas múltiples
h Países trabajan juntos

B 📄 Los sustantivos y los verbos de la tabla se encuentran en el texto. Copia la tabla y rellena cada espacio en blanco con la forma apropiada.

C 👥 Trabaja en pareja. La persona A escoge uno de los sustantivos que ha anotado. La persona B escoge uno de los verbos. En diez minutos, haced juntos tantas frases como posibles, escogiendo cada vez un sustantivo y un verbo diferente.

Sustantivo	Verbo
equilibrio	1
2	proteger
respuesta	3
4	agotar
calentamiento	5
6	utilizar
degradación	7
8	absorber
lluvia	9
10	restablecer
destrucción	11
12	eliminar
extinción	13
14	producir
abastecimiento	15
16	tratar

7.2 El calentamiento global y los españoles

Una encuesta reciente ha revelado que los españoles se han concienciado de este problema.

A 🎧 Escucha la noticia sobre el calentamiento global. Anota en español lo equivalente en la grabación a cada una de las frases siguientes.

1 90%
2 ahora se pueden ver
3 hay menos lluvia
4 debido a
5 cuando luchan contra
6 reducir las consecuencias

B 🎧 Listen to the recording again. The sentences summarise what is said, but they are in the wrong order. Put them in the correct sequence.

1 Retired people are the least aware.
2 Most people believe the problem to be man-made.
3 Almost half have noticed climate change in Spain.
4 People in early middle-age are the most aware.
5 Most Spaniards have heard of global warming.
6 Spaniards realise what each of them can do to resist climate change.
7 Two-thirds have noted a decrease in rainfall.
8 Public awareness has increased considerably in recent years.
9 Almost three-quarters are prepared to change their habits.
10 There is some confusion between environmental issues.

7.3 En el nombre del planeta

La conservación del mundo natural, un asunto que nos concierne a todos.

Alteraciones aparentemente insignificantes **(1)** _____ ya están teniendo consecuencias alarmantes. Hay que actuar inmediatamente, porque una pequeña decisión ahora sería mucho más efectiva que una gran decisión más adelante, **(2)** _____.

En numerosas ocasiones las grandes potencias se han escudado en la falta de pruebas absolutas sobre el cambio climático **(3)** _____. Los científicos proclaman que hay ya "numerosas evidencias de **(4)** _____ un significativo calentamiento global".

Señalan las mediaciones en la superficie terrestre y los océanos que están provocando fenómenos como **(5)** _____ el retraimiento de los glaciares. Los científicos puntualizan que la ausencia de una "certidumbre absoluta" **(6)** _____ no es una razón para retrasar la puesta en marcha de medias preventivas "con un coste razonable".

El cambio climático tendrá tantos efectos negativos como positivos **(7)** _____, en lo que se refiere a los recursos acuáticos, los ecosistemas naturales y la salud humana. Un aumento de las temperaturas "incrementará la frecuencia e intensidad de fenómenos meteorológicos como

(8) _____ las lluvias torrenciales", y llevará a largo plazo al deshielo de gran parte de los polos, elevando el nivel del mar **(9)** _____, lo que bastará para hacer desaparecer países como Bangladesh. Son los países más pobres los que más sufrirán el cambio climático **(10)** _____.

A 🗐 En el artículo hay diez grupos de palabras que faltan. Escoge de la lista siguiente el grupo más adecuado para cada espacio en blanco.

a que está ocurriendo
b sobre algunos aspectos del cambio climático
c entre 10 y 90 centímetros
d cuando el problema sea gigantesco
e las olas de calor y
f porque carecen de infraestructuras para atenuar su impacto
g para no tomar decisiones
h a nivel regional
i en la temperatura global de la Tierra
j un incremento del nivel del mar y

B 🗐 After checking your answers to exercise A, translate the final paragraph of the text, starting at "El cambio climático …".

C 🗐 ¿Qué deberían hacer los países desarrollados para paliar los efectos del cambio climático en los países pobres? Escribe unas 250 palabras en español.

7.4 La conservación de la naturaleza en el Perú

La conservación de la naturaleza se justifica por varias razones: económicas, científicas, culturales, morales, sociales y legales.

A Escucha lo que dicen dos científicos en cuanto a cada una de estas razones y ponlas en el orden en que se mencionan.

B En el siguiente resumen, hay ciertas palabras que faltan. Para cada espacio en blanco, escoge una palabra diferente del cuadro de la derecha.

El **(1)** _____ humano, en su avance, está **(2)** _____ las últimas áreas **(3)** _____ o naturales; está extinguiendo especies de plantas y animales; está contaminando el mar, el **(4)** _____, el suelo y las aguas, y el medio **(5)** _____ en general.

De seguir este proceso, las generaciones futuras no **(6)** _____ ver ya muchas **(7)** _____ que hoy tenemos el **(8)** _____ de ver. Es más, no sólo estamos empobreciendo nuestro **(9)** _____ sino que estamos comprometiendo nuestra propia **(10)** _____ como especie.

A fin de **(11)** _____, las graves alteraciones **(12)** _____ en el ambiente **(13)** _____ a la humanidad misma, que parece haber perdido la **(14)** _____ de que forma parte y que sólo podrá sobrevivir si éstos se **(15)** _____.

Conservar la naturaleza y los recursos **(16)** _____ es, en consecuencia, una de las **(17)** _____ urgentes para la supervivencia de la **(18)** _____.

aire ambiente comprometen conciencia cosas
cuentas destruyendo entorno humanidad
mantienen naturales necesidades negativas
placer podrán salvajes ser supervivencia

C Entre las razones dadas arriba, ¿cuál te parece la más importante? Explica tu opinión en unas 200 palabras, en español.

7.5 Participación ciudadana

¿Qué pueden hacer los individuos para proteger el medio ambiente? En Cuautitlán Izcalli, en México, una gran parte de la ciudadanía colabora en jornadas de limpieza.

Restaurar el equilibrio ecológico o ayudar a mantenerlo es una prioridad en nuestros días, ya que todos dependemos de la naturaleza. Ante esta preocupación, en el municipio de Cuautitlán Izcalli se han desarrollado una serie de actividades en beneficio de la naturaleza, principalmente el proyecto de limpiar el Lago de Guadalupe.

Una de las jornadas más significativas fue de la limpieza de las playas y la extracción del lirio acuático que cubría una gran parte del lugar. En ella participaron cerca de cinco mil habitantes convocados por los Consejos de Participación Ciudadana y por las organizaciones sociales. Según comentó el señor García Cuevas, presidente municipal, "el resultado fue muy positivo, puesto que en tan sólo ocho horas se limpiaron cerca de diez kilómetros."

Pero los esfuerzos no sólo se han enfocado a este sector, sino que también se han desarrollado actividades de forestación. En la Sierra de Guadalupe, por ejemplo, se plantaron diez mil arbolitos en dos horas con la participación de ocho mil personas. También en los alrededores del Lago de los Lirios se plantaron cinco mil más y el lago se repobló con cincuenta mil carpas plateadas. Cada semana se efectúa la limpieza de las colonias.

Con respecto a la colaboración ciudadana, el presidente municipal explicó: "La gente está ávida por participar; lo que necesita es encontrar el espacio adecuado, y que se organice, para poder de esta forma canalizar la energía y la fuerza de esa comunidad … nuestra mayor fuerza como Gobierno municipal es la gente."

A En cada una de las preguntas siguientes falta la forma interrogativa. Complétalas con la palabra apropiada y después ponlas en orden, según el texto.

1 ¿ _____ personas fueron involucradas?
2 ¿ _____ se hizo mucho en poco tiempo?
3 ¿ _____ se hizo para mejorar el lago?
4 ¿ _____ sentimiento mostró el presidente municipal en cuanto a la gente?
5 ¿ _____ pescas se pusieron en el lago?
6 ¿ _____ reaccionó el presidente municipal?
7 ¿ _____ se limpian las colonias?
8 ¿ _____ es tan importante preocuparse de la naturaleza?
9 ¿ _____ se declaró satisfecho?

B Aquí tienes la continuación del artículo, pero faltan algunas palabras. Rellena cada uno de los espacios en blanco con una de las palabras del cuadro abajo.

(1) _____ de que concluyera la charla, Fernando Alberto García **(2)** _____ un elocuente mensaje a la ciudadanía: "No **(3)** _____ la oportunidad **(4)** _____ maravillosa que tenemos **(5)** _____ dirigirnos a la naturaleza con **(6)** _____ porque el **(7)** _____ que la humanidad **(8)** _____ ocasionar es irreparable. Si **(9)** _____ contaminando el medio ambiente, **(10)** _____ cada vez más las posibilidades de un **(11)** _____ para las generaciones que nos **(12)** _____ ."

antes aumentamos daño de después dirigió disminuimos futuro
hizo mundo perdamos puede que quiere respeto seguimos seguirán
si tan tenemos

C You are working as a volunteer for an environmental organisation. Your colleagues are interested in what people do in this region of Mexico. Summarise the article in English.

7.6 España combate la escasez de agua

El 70% de la superficie del planeta está cubierta por agua, pero es un bien escaso en España.

La escasez de lluvia de los últimos años está provocando una situación que preocupa cada vez más a los consumidores.

Los problemas podrían evitarse con la concienciación de los consumidores y el impulso de una gestión más eficaz y ecológica de los recursos.

El agua del planeta es mayoritariamente salada: tan sólo el 3% es agua dulce, de la que únicamente el 1%, contenida en ríos, lagos y acuíferos (aguas subterráneas), sirve para el uso humano.

Por ello, las desaladoras se presentan como una tecnología que puede garantizar el suministro de este preciado elemento a millones de personas en todo el mundo.

Actualmente España tiene en marcha el programa de desalación de agua marina por ósmosis inversa más importante del mundo, y se coloca a la vanguardia mundial de este tipo de instalación.

Diversos expertos explican las ventajas y los inconvenientes de este sistema, y si bien las desaladoras se consideran útiles en ciertos casos, también se aconseja limitar su uso sólo para cuando es estrictamente necesario.

Los responsables de esta organización calculan además que la cifra de entre dos y tres millones de personas que consumen actualmente agua desalinizada en España se triplicará en los próximos tres o cuatro años.

A 📄 Las primeras partes de las frases que resumen el artículo están en orden, pero las segundas partes están mezcladas. Empareja las dos partes de las frases.

1 La sequía se está agravando e ...
2 Sería posible encontrar una solución a la escasez de agua ...
3 Casi toda el agua que existe en el mundo ...
4 Esta medida ofrece a los indígenas de muchos países ...
5 España es el líder en una tecnología que hace ...
6 Todos no están de acuerdo en lo que se refiere a ...
7 Habrá, dentro de poco, mucha más gente que ...

a no es potable.
b posible la consumición de agua salina.
c mediante métodos que protegen el medio ambiente.
d dependerá de esta tecnología.
e la utilidad de esta tecnología.
f inquieta a los que consumen el agua.
g una solución eficaz al problema.

B 📋 Copia y rellena la tabla de la derecha con la forma adecuada.

C 👥 Work in pairs and take turns in choosing a noun and a verb from the table in exercise B. Your partner should make a sentence of at least ten words which refers to the theme of the article. How many sentnences can you make in ten minutes?

Sustantivo	Verbo
gestión	1
2	inquietar
lluvia	3
4	preocupar
solución	5
6	ofrecer
instalación	7
8	garantizar
situación	9
10	limitar

7.7 El mundo natural en peligro

Cada día desaparecen varias especies debido al cambio climático. Se ven también otras consecuencias en España.

A 🎧 Escucha la grabación y busca una frase o una palabra en español que signifique …

1 is continuing relentlessly
2 discouraging
3 heatwaves
4 is already being observed
5 consequently
6 on the other hand
7 the native species
8 have multiplied

B 🎧 Escucha la grabación otra vez. Utilizando la información, rellena los espacios en blanco de las frases siguientes con una palabra apropiada.

1 En el _____ veintiuno las _____ aumentarán y habrá menos _____, lo que provocará _____.
2 Porque habrá _____ lluvia, el aire no será _____ y resultará que cada vez más _____ esté _____.
3 A causa de la _____ de los mosquitos _____ al cambio climático se _____ los casos de _____ tropicales.
4 _____ crees que los científicos _____, se predice que _____ aún más especies dentro de _____ cuarenta años.

C 🗨️ ¿Crees que los científicos exageran el problema? ¿Qué evidencia has visto de que el mundo natural esté en peligro? Escribe unas 250 palabras en español.

7.8 Los incendios forestales

Con nada menos que 20.000 casos de media anual, España se ha colocado a la delantera de los países europeos en cuanto al número de incendios forestales se refiere.

Todos contra el fuego

En verano, una plaga, que por repetidas veces casi se ve como normal, vuelve a asolar a la ya maltratada naturaleza. Se trata de los incendios forestales, una auténtica tragedia para nuestros montes y zonas arboladas.

Nada menos que 20.000 siniestros se han registrado de media anual en los bosques españoles durante los últimos años. España es el país europeo con mayor número de incendios forestales.

Organizaciones oficiales anuncian nuevos sistemas de detección y extinción para esta temporada de verano, pero todos nosotros, cuando vamos al monte, podríamos poner nuestro granito de arena si conociéramos las causas que los provocan.

Así, a pesar de que las autoridades desconocen las causas que originan casi la mitad de los incendios veraniegos, se sabe que un 35% son intencionados, un 16% se achacan a diversas negligencias, un 4% a basureros incontrolados y otro tanto a causas naturales. Del 45% restante no se tiene noticia.

Causas naturales de los fuegos pueden ser el rayo de una tormenta y también la concentración de rayos de sol en un cristal en el suelo. Sin embargo, si nos acostumbramos a no abandonar desperdicios en el campo, y mucho menos si no son biodegradables a corto plazo – como ocurre con el cristal – se reducirán las posibilidades de que comience un incendio.

Por otra parte, a la hora de hacer una lumbre para la paella o el asado, una simple chispa puede causar un tremendo desastre ecológico. De igual forma puede ocurrir con un cigarrillo mal apagado. Ya que intentamos respirar aire puro, lo mejor sería no fumar en el monte y dejar esta actividad para la ciudad.

A 📱 Las siguientes frases destacan la información más importante del artículo, pero en cada frase faltan varias palabras. Completa las frases correctamente siguiendo el sentido del texto.

1 Se ven casi como normales los incendios forestales porque _____ durante los últimos años.
2 Ningún otro país europeo _____ como España.
3 Todo el mundo podría hacer _____ si supiera cómo se provocan estos incendios.
4 Las autoridades no conocen _____ ciento de los incendios que ocurren en verano.
5 Dos actividades que pueden provocar incendios son _____ en el campo.

B 📱 ¿Qué palabras en el artículo tienen el mismo significado que las siguientes expresiones y frases?

1 hace daño otra vez
2 verdadera
3 desastres
4 hacer algo para ayudar
5 el cincuenta por ciento
6 no se sabe nada
7 residuos
8 los riesgos
9 de la misma manera
10 más valdría

C 👥 Cara a cara

Persona A: Eres un(a) habitante de una región continuamente amenazada por los incendios forestales. Ves a un(a) turista que está a punto de encender una barbacoa. Le adviertes del peligro de lo que está haciendo.

Persona B: Eres el/la turista. No crees que haya ningún peligro y no aceptas los argumentos de A.

7.9 20.000 siniestros por año

A ⊙ Escucha esta historia personal acerca de un incendio forestal. ¿Cuáles de las siguientes frases se relacionan con lo que cuenta Jordi en la primera parte de la grabación, y cuáles no? Escribe "sí" o "no".

1 Estuvo a punto de morir.
2 Vive en un bosque.
3 Su familia siempre ha vivido bajo la amenaza de los incendios forestales.
4 Muchos árboles han sido destruidos.
5 El medio ambiente le importa casi tanto como su novio.

B ⊙ En la misma parte de la grabación, ¿cómo dice Jordi las siguientes frases y palabras?

1 You can say that again!
2 it's very hard for me
3 since we were children
4 unprecedented
5 or rather

C ⊙ ✍ Ahora escucha la segunda parte de la grabación y haz un resumen en inglés de unas 80 palabras sobre lo que dice Jordi con respecto a …

1 la diferencia entre los incendios forestales del pasado verano y los de éste
2 lo que hizo su novia y lo que le sucedió
3 las consecuencias del incendio para la economía local
4 las consecuencias para el medio ambiente de la región
5 las autoridades

D ✍ "Son sobre todo los turistas los que son responsables de los incendios forestales." Según lo que has leído y escuchado, ¿estás de acuerdo o no? Escribe unas 250 palabras en español.

7.10 La sobrepesca

Mucha gente, sobre todo en los países menos desarrollados, depende del pescado para sobrevivir. Su existencia se ve seriamente amenazada.

A 🗎 Each of the following headlines refers to one of the paragraphs of the article on the next page, but they are in the wrong order. Sequence them correctly but be careful – there is one headline too many.

a The way forward
b Balance disturbed
c Waste
d Indiscriminate trawling
e Financial impact
f Species extinct
g Fish stock crisis
h Role models
i New methods to blame
j Effect of overfishing

B 🗎 Las palabras en la tabla de la derecha se utilizan en el artículo. Rellena cada uno de los espacios en blanco con la forma adecuada.

Sustantivo	Adjetivo
agotamiento	1
2	devastador
problema	3
4	mundial
capacidad	5
6	enorme
pérdida	7
8	ecológico
inversión	9
10	diverso

C Trabaja en pareja. Preparad otra versión del artículo, utilizando tantos sustantivos y adjetivos como sean posibles de los que habéis anotado. Escoged un título apropiado para vuestra versión.

1 El agotamiento de los recursos pesqueros en los principales caladeros mundiales se perfila como uno de los problemas más acuciantes que padecen mares y océanos.

2 Las flotas pesqueras exceden la capacidad productiva de los océanos, provocando un impacto devastador sobre los ecosistemas marinos.

3 Están alterando la intricada red que conforma la biodiversidad marina y que es responsable del papel vital de los océanos en la dinámica ecológica del planeta.

4 Las repercusiones económicas tanto para los pescadores como para muchos pueblos son ya estremecedoras, aunque sólo represente un 1% de la economía mundial.

5 El declive de la pesca se debe sobre todo al espectacular crecimiento, entre 1970 y 1990, de la flota global y, especialmente, a la tecnificación del sector.

6 Una de las pérdidas más importantes de especies es a través de lo que se denomina la mortaja; es decir, el pez que se desestima por falta de interés comercial en una redada. Para pescar 1 kg. de gambas se destruyen alrededor de 30 kg. de pescados diversos que se vierten como residuo.

7 Otra causa indirecta de alteración de los ecosistemas marinos son las famosas redes de deriva en alta mar. Se trata de enormes redes, que pueden tener varios kilómetros, y que atrapan fauna marina de forma no selectiva.

8 Para que la pesca pueda entrar en una vía de uso sostenible se deberá reducir la captura en los principales caladeros para que se recuperen.

9 Esto supondrá cuantiosas inversiones para reconvertir las flotas y el número de pescadores que existen en la actualidad. Éste es el camino que han emprendido países como Islandia, Taiwan, Canadá o Estados Unidos.

Prácticas

1 Irregular past participles
2 Prepositions before verbs (including personal *a*)
3 The passive
4 Revision of tenses
5 What's that word?

1 Revise the grammar section on **irregular past participles** on pages 166 and 182–189.

A Complete the following sentences using the past participle of one of the verbs in the box below. You may use each verb only once.

1 Por desgracia, el niño ha _____ la ventana con su pelota.
2 Después de cenar he _____ un libro durante una hora.
3 ¿Has _____ un correo electrónico a tu amigo?
4 El contrato cumple con todas las condiciones que ha _____.
5 Tu hermana llora. ¿Qué le has _____?
6 Lo siento, pero han _____ a España.
7 ¿Qué le has _____ a tu amiga para su cumpleaños?
8 No sé si han _____ la última película de Almodóvar.
9 ¡Mamá! ¿Dónde has _____ mi camisa?
10 Estoy contento porque he _____ todo mi trabajo.

> dar   decir   escribir   hacer   imponer   leer   poner
>   romper   ver   volver

B Translate the completed sentences into English.

2 Revise the grammar sections on the **personal *a*** on page 174, **verbs followed directly by an infinitive** on page 161, and **verbs used with prepositions** on page 162.

A Copy out these sentences, adding the appropriate preposition where necessary.

1 Los padres no deberían encargarse enseñar sus hijos leer y escribir.
2 Duda telefonear la chica que conoció anoche.
3 Los jóvenes tienden olvidarse decir gracias.
4 Estoy tratando persuadir mis amigos no fumar.
5 Me alegro decirte que acabo ganar la lotería.
6 La madre se esfuerza disuadir su hija hablar con personas desconocidas.
7 El profesor amenazó chico perezoso escribir sus padres si persistía tardar hacer sus deberes.

B Translate the full sentences into English.

3 Revise the grammar section on **the passive** on page 172.

A Rewrite the following sentences, using the passive.

1 El desastre causó la muerte de mucha gente.
2 La lluvia ácida está amenazando el planeta.
3 La prosperidad económica agotará los recursos naturales.
4 Estas medidas de conservación podrán proteger el medio ambiente.
5 La población de la aldea limpió la playa.
6 Un científico explicó los problemas.
7 Pocos turistas hablan español.

B Translate the new version of each sentence into English.

4 Copy and complete the table.

Infinitive	Present	Preterite	Future	Imperfect	Conditional	Perfect
andar	nosotros	yo	ella	tú	Vds.	vosotros
comer	yo	él	vosotros	ellos	tú	nosotros
decir	nosotros	ellos	yo	vosotros	Vd.	tú
estar	vosotros	Vd.	ella	nosotros	yo	Vds.
hablar	tú	Vds.	ellos	yo	él	vosotros
ir	yo	nosotros	Vd.	vosotros	Vds.	tú
poder	yo	tú	nosotros	vosotros	Vd.	yo
poner	yo	yo	tú	ella	nosotros	Vds.
querer	vosotros	ella	nosotros	yo	yo	Vd.
ser	vosotros	tú	vosotros	nosotros	vosotros	ella
tener	ella	yo	él	ellos	tú	vosotros
venir	nosotros	vosotros	yo	tú	ellos	yo
vivir	vosotros	ella	nosotros	vosotros	yo	tú
volver	yo	nosotros	tú	vosotros	ella	Vds.

5 **What's that word?** The following words all appear in Unidad 7, but the two parts of each word are jumbled up. Write out the words in full and give their English meanings.

1	desa	a	sez
2	abaste	b	monio
3	des	c	sastre
4	desap	d	table
5	patri	e	cimiento
6	ren	f	able
7	natur	g	arecer
8	esca	h	midores
9	consu	i	fío
10	ince	j	ndios
11	de	k	tenible
12	agot	l	hielo
13	rec	m	ursos
14	sos	n	amiento
15	pot	o	aleza

Unidad 8

La medicina

8.1 El Instituto Nacional de Gestión Sanitaria en España

¿Cómo funciona? ¿Para qué sirve?

El Instituto Nacional de Gestión Sanitaria se basa en el principio de que toda persona tiene derecho a la salud. El Estado se responsabiliza de garantizar este derecho, gestionando y financiando un servicio sanitario que integra, ordena y normaliza todas las funciones sanitarias, lo cual debe permitir el paso de una concepción presidida por la enfermedad a una práctica sanitaria basada en la salud igual para todos.

Las principales características del modelo español son:

(a) Cubre al 100% de la población española independientemente de su situación económica y su afiliación a la seguridad social.

(b) Para garantizar la equidad en el acceso a los servicios se ha instrumentalizado la regionalización sanitaria, basada en situar los diferentes servicios sanitarios lo más cerca posible de donde vive y trabaja la población. Se trata así de reducir la concentración de centros sanitarios en los núcleos urbanos.

(c) En la actualidad se tiende a desconcentrar la gestión de los recursos sanitarios. Se tiende a implicar a la comunidad en la toma de decisiones sobre la gestión del gasto y en el modo de utilización de los servicios.

(d) Según la definición aceptada universalmente, ésta es la asistencia sanitaria esencial, basada en métodos y tecnologías prácticas, científicamente fundadas y socialmente aceptables, puesta al alcance de todos los individuos y familias de la comunidad mediante su plena participación y a un coste que la comunidad y el país puedan aportar, en todas y en cada una de las etapas de su desarrollo, con un espíritu de autodeterminación.

(e) Los ciudadanos juegan un papel en la orientación y el control del funcionamiento del sistema nacional de salud, a través de los órganos de gestión locales y regionales.

A 📱 ¿Cómo se dice en español … ?

1 right to health
2 takes responsibility
3 social security membership
4 health centres
5 town centres
6 the management of health resources
7 in reach of all the individuals
8 a cost that the community and the country can afford
9 the stages of its development

B 📄 Empareja cada título con el párrafo apropiado del artículo.

1 Descentralización
2 Participación de la comunidad
3 Accesibilidad
4 Universalización de la atención
5 Atención primaria

C 🗨 Translate paragraph (d) into English.

8.2 Opuestos: a favor y en contra de la medicina convencional

Un debate sobre las ventajas y los inconvenientes de la medicina alternativa y la medicina convencional.

A 📄 Antes de escuchar la grabación, busca en el diccionario una palabra española que signifique ...

1 pharmacist
2 bachelor
3 owner
4 effective
5 code
6 herbalist's shop
7 harmful
8 to opt for
9 surgery
10 behind the times

B 🎧 Contesta Daniel, Dante o ambos. ¿Cuál de los entrevistados ...

1 es soltero?
2 trabaja en el centro de Madrid?
3 es tendero?
4 es más joven que el otro?
5 está a favor de la medicina alternativa?
6 es el tercer miembro de su familia en trabajar en el mismo sector?
7 cree que su medicina preferida no se ha desarrollado tanto en España como en otros países?
8 cree que algunas terapias alternativas pueden evitar la necesidad de una intervención quirúrgica?
9 cree que hay más reparos para el público en lo que se refiere a la medicina tradicional?

C 👥 Debate dirigido. Trabaja en pareja.

Persona A: Estás a favor de la medicina tradicional. Presenta tu punto de vista a tu pareja.

Persona B: Estás a favor de la medicina alternativa. Estás en desacuerdo con tu pareja. Presenta tu punto de vista, rebatiendo el de tu pareja.

8.3 La elección del sexo de los embriones

Algunos ginecólogos abogan por un cambio legislativo para que sea posible elegir el sexo del niño.

El responsable del Instituto Extremeño de Reproducción Asistida (IERA), Ernesto González Carrera, ha abogado hoy por un cambio normativo para incluir la capacidad de elegir el sexo del embrión y el sistema de útero de alquiler en el conjunto de técnicas de fertilidad.

El ginecólogo ha presentado hoy en Badajoz, junto a uno de los principales especialistas en reproducción asistida del mundo, el doctor Yves Menezo, la fundación que lleva su nombre y que se dedicará a investigar y formar en técnicas de fertilidad para

convertir a Extremadura en un lugar de referencia en esta materia.

El centro de nueva construcción, que será una realidad en los próximos meses en Badajoz, integrará la última tecnología y las mejores técnicas disponibles para el ejercicio de la reproducción asistida y de la investigación embrionaria.

En este sentido, González Carrera se ha mostrado partidario de todo lo que se considere "avance" en la materia, y algunas de las más interesantes son, a su juicio, la elección del sexo por parte de los padres o el sistema de útero de alquiler, que permitiría utilizar el útero de una mujer voluntaria para hacer efectivo la fecundación del óvulo y el espermatozoide de otra pareja.

También ha señalado que "actualmente la ley no permite realizar este tipo de prácticas, pero creo que, a diferencia de otros países como China, aquí no habría problemas porque no se va a desequilibrar la proporción entre hombres y mujeres de la sociedad."

El precio de cada intento de embarazo asistido oscila entre tres mil y seis mil euros, según el centro en el que se efectúe, y la tasa de éxito se sitúa en la media internacional, en torno al cuarenta por ciento.

A 📖 **Read the text and make notes on the following in English.**

1 the rule change requested by González Carrera
2 what his foundation aims to do
3 what the new centre will contain
4 what are the most interesting advances in the technology
5 the current legal position
6 the difference between Spain and China
7 the average cost of a procedure
8 the average success rate

B 📖 **Empareja las dos partes de cada frase. ¡Cuidado! – hay una segunda parte que sobra.**

1 González Carrera quiere cambiar las reglas …
2 Quiere convertir a Extremadura …
3 El nuevo centro dispondrá …
4 El centro estará a la vanguardia …
5 Los avances recientes permitirían …
6 En este momento se prohiben …
7 En China hay …
8 El sesenta por ciento de …

a de la tecnología más moderna.
b oscilan entre tres mil y seis mil euros.
c los intentos de embarazo no tienen éxito.
d para incluir la capacidad de escoger el sexo del bebé.
e un desequilibrio entre sexos.
f en fecundación in vitro.
g en un lugar de referencia.
h estos procesos porque no son legales.
i el uso del útero de otra mujer para facilitar la fecundación.

C ✍️ **Now translate the completed sentences in exercise B into English.**

D ✍️ ¿Qué opinas tú sobre la elección del sexo de los embriones? ¿Estás de acuerdo o no? Escribe unas 250 palabras en español.

8.4 Los embriones híbridos

Algunos científicos proponen un estudio para poder avanzar en las técnicas de reproducción asistida.

1 Antes de que nadie se lleve a engaño, el científico español Eduardo Roldán aclara de manera muy gráfica un elemento crucial de su investigación: no se trata de crear híbridos entre linces y gatos.

2 El trabajo de este científico y su equipo, en colaboración con el Ministerio del Medio Ambiente y la Junta de Andalucía, pasa exclusivamente por congelar el semen de los machos de la especie amenazada, lo que hasta ahora no se había conseguido, para fecundar con ellos óvulos de gatas domésticas.

3 Una tarea que *a priori* puede parecer sencilla, pero que supone una gran dificultad. "Congelar el semen y descongelarlo con éxito lleva tiempo. Es un método complejo, en el que hemos trabajado más de dos años", señala Roldán.

4 El siguiente paso es el que supone un auténtico hito: fecundar con los espermatozoides los óvulos de gatas domésticas.

5 Roldán explica las aplicaciones del logro: "Con ello vamos a poder estudiar en el laboratorio la calidad del semen de los machos, y supone la base para, en un futuro, poder avanzar en las técnicas de reproducción asistida, como la fecundación *in vitro* o la inseminación artificial".

6 Las preguntas surgen de inmediato: ¿Qué sería de esos óvulos fecundados si se desarrollasen? ¿Podría colocarse el embrión en una gata … ?

7 Roldán se muestra tajante: "Es muy improbable que esos óvulos siguieran adelante. Solemos interrumpir el cultivo a los dos o tres días. Alguna vez los hemos dejado algún día más, y empiezan a degenerar".

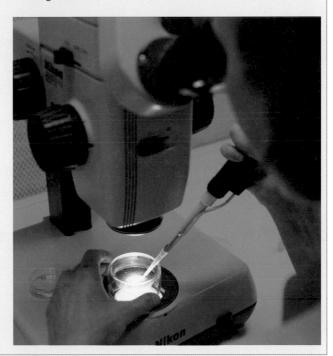

A 📱 Lee el artículo y empareja las frases con el párrafo correspondiente. ¡Cuidado! – hay una frase que sobra. ¿En qué párrafo …

a se plantean dos cuestiones importantes?

b se describe lo que el equipo de científicos no quiere hacer?

c se resumen los usos potenciales de la investigación?

d se asegura que no hay que inquietarse por los resultados del trabajo?

e se describe el objetivo final de la investigación?

f se encuentran los detalles del presupuesto de la investigación?

g se resume de que trata la investigación?

h se describe la complejidad del trabajo?

B 🔧 Translate paragraphs 4–7 into English.

C 👥 Debate dirigido. Prepara un debate en pareja.

Persona A: Estás a favor de los embriones híbridos por los potenciales beneficios terapéuticos que ello emplica.

Persona B: Estás en contra de los embriones híbridos porque son un ataque a los derechos humanos.

8.5 La nueva ley española de reproducción asistida

La ley permitirá la manipulación genética de embriones pero, ¿es una buena idea?

A 📖 Antes de escuchar la grabación, busca en el diccionario una palabra española que signifique ...

1 regulation	**6** to come into effect
2 spare	**7** likewise
3 eggs	**8** third parties
4 embryo	**9** to submit themselves
5 frozen	

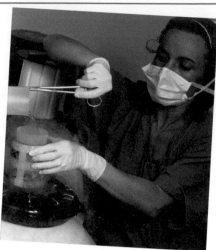

B 🎧 ☎ Now listen to the recording and note down the following details in English.

1 The three objectives of the new law.
2 Two things that the new law eliminates.
3 What the old law allowed.
4 What the new law permits.
5 What the implications of this are.
6 What 50–100 Spanish families every year feel obliged to do.
7 When the new law will come into effect.

C 👥 Debate dirigido. Trabaja en pareja.
"Las parejas puedan concebir un hijo sano para salvar a un hermano enfermo." ¿Es una buena idea?

Persona A: Estás a favor de las investigaciones para la implantación de óvulos.

Persona B: Estás en contra.

8.6 Eutanasia – bajo la perspectiva española

La visión de una familia que vive esta difícil situación.

Mi padre Aurelio padece una enfermedad degenerativa desde hace 37 años y (**1**) _____ lo recuerdo siempre enfermo. El avance de la enfermedad ha sido progresivo. Tras cinco años de sufrimiento tuvo que abandonar su trabajo como gerente de una fábrica de coches en Barcelona. Lleva sufriendo todo este tiempo y puedo decir que aún le queda lo peor, primero a él y luego a nosotros, los que le cuidamos. Lo mejor que le podría pasar (**2**) _____ sería no ver un día más.

Puede que a alguien le escandalice ésto (**3**) _____ . Sólo decirle que qué fácil es opinar sobre las desgracias ajenas. Qué fácil es pensar sobre la crueldad de considerar que alguien muera ¿sin sufrir? Qué fácil es estar dando un paseo (**4**) _____ y no pensar sobre ello. Qué fácil es negarse a darle a alguien la autoridad para decidir sobre su propio dolor. Qué fácil es disfrutar de una bocanada de aire fresco mientras obligas a alguien a respirar forzadamente una bocanada de aire de una bombona, una bombona que no desea volver a ver. Qué fácil es ver a alguien llorando, pidiendo morir (**5**) _____ porque está cansado/a de sufrir.

Qué fácil es disfrutar de la vida mientras hay gente que sufre (**6**) _____. Qué fácil lo tienen algunos por tener salud y qué difícil lo tienen otros (**7**) _____, y difícil por culpa de los que lo tienen fácil. Qué fácil, ¿verdad?

A 📖 Lee el texto y escoge la frase más apropiada para rellenar cada uno de los espacios en blanco. ¡Cuidado! – hay una frase que sobra.

a mientras otros agonizan
b por no tenerla
c porque a otros les da la gana de que sea así
d de cara al sufrimiento que le espera
e de una manera sin dignidad
f que acabo de escribir
g y pensar que no está en su sano juicio
h desde que tengo uso de razón

B 📖 Las palabras de la tabla se encuentran en el texto. Copia la tabla y rellena cada espacio en blanco con la forma adecuada.

Sustantivo	Verbo	Adjetivo
1	2	degenerativo
desgracia	3	4
5	morir	6
7	8	cansado
autoridad	9	10
11	sufrir	12
13	14	progresivo
dolor	15	16
17	cuidar	18
19	escandalizar	20
21	22	difícil
culpa	23	24

C 👥 Cara a cara. Después de verificar vuestras respuestas para el ejercicio B, escoged por turnos uno de los sustantivos, verbos y adjetivos que habéis anotado. Tu pareja tiene que construir una frase de al menos doce palabras incluyendo estas tres palabras sobre el tema del artículo. Entonces debe leerte la frase – ¡y tú debes traducirla! ¿Cuántas frases podéis hacer en quince minutos?

8.7 La eutanasia en España – un asunto polémico

Existen varias opiniones sobre la eutanasia. Así, por ejemplo, la Iglesia tiene un punto de vista muy divergente al de algunos médicos.

A 🎧 Escucha la grabación ¿Quién dice …

1 que la eutanasia es un acto criminal?
2 que la eutanasia debe ser permitida para los pacientes que no pueden tomar la decisión por ellos mismos?
3 que la eutanasia es aceptable en los casos en que es una máquina la que prolonga la vida?
4 que prefiere la eutanasia a ser dependiente de otras personas?
5 que la eutanasia es aceptable para las personas con condiciones irreversibles?
6 que el acto de eutanasia no debe ser penalizado?

B 🎧 Escucha otra vez. ¿Cómo se dice en español … ?

1 the right to die in peace
2 artificial help
3 dependent on third persons
4 the legal framework
5 not criminal
6 those who carry it out or sponsor it
7 to suppress life intentionally

C 🎧 Traduce al español el párrafo siguiente.

Of all the difficult issues of the 21st century euthanasia is perhaps the most contentious. There are those who believe that we all have the right to die with dignity, especially if we are dependent on machines to keep us alive. On the other hand, there are those who believe that euthanasia is a criminal act because it is against the will of God. This is especially significant in a predominantly Catholic country such as Spain.

Médica

Paciente

Viuda

Cura

8.8 Medicina privada vs medicina pública

Actualmente se habla mucho en España sobre la salud y su papel en el sector privado. Lee aquí las opiniones de un médico español que, obviamente, no quiere revelar su identidad.

El arte de la medicina requiere paciencia, entusiasmo, comprensión, atención y amor hacia nuestros semejantes, además de conocimientos, destreza y frialdad en algunos casos.

La medicina pública tiene a su favor la destreza, pero también deja fatiga, cansancio, aburrimiento y esto crea apatía, desgano, desmotivación, conformismo, cambios de humor y pérdida de sensibilidad hacia el enfermo.

La medicina privada, por el menor número de pacientes, da pauta a una atención más relajada, más en confianza, da tiempo a escuchar a los pacientes, da pie a una mejor relación entre el médico y el paciente. El paciente siempre conoce a su médico, dando lugar a que entren en confianza; a que puede platicar sus problemas en varias sesiones, ya que es el mismo médico, el médico de familia, en algunos casos todavía es el médico de cabecera, el que los reconforta, el que los alivia, el que los sana.

Por otra parte, en la medicina pública, los pacientes van a que los regañen, a que los humillen, a que los agredan, pero no van a que les enseñen sobre su enfermedad, a que les orienten sobre hábitos

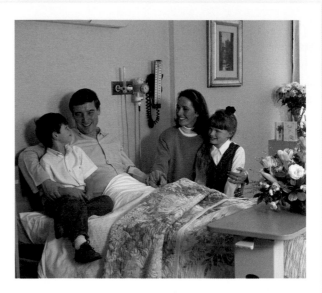

saludables; o porque el médico da por hecho de que el paciente ya los sepa o los debiera de saber, o porque el médico no tiene tiempo a causa de la gran cantidad de pacientes que tiene que ver para cubrir su productividad, o simplemente porque no quiere y se los envía a otros servicios para que ellos resuelvan sus dudas.

Anónimo

A ✍ Draw two columns on a sheet of paper and then make notes in English about the characteristics of each type of medicine.

Medicina privada	Medicina pública

C 👥 Work with a partner. Choose an infinitive and an adjective from the table you have just filled in. Your partner has to write a sentence in Spanish of at least ten words using the words you give. You have to translate the sentence into English.

B 📱 Copia y rellena la tabla con las palabras adecuadas.

Sustantivo	Infinitivo	Adjetivo
entusiasmo	1	2
comprensión	3	4
atención	5	6
frialdad	7	8
cansancio	9	10
aburrimiento	11	12
confianza	13	14
enfermedad	15	16

8.9 Los menores y la cirugía estética

El cuerpo perfecto, ¿ha sido impuesto por los medios de comunicación? Y si así es, ¿qué peligros supone para la salud tanto mental como física el hecho de conseguirlo?

A 📖 Antes de escuchar la grabación, busca en el diccionario las palabras españolas que significan …

1 a report	**7** operating theatre
2 a statistic	**8** beauty
3 a decree	**9** to penetrate, to soak in
4 addicted, "hooked"	**10** a whim
5 figure (number)	**11** maturity
6 surgeon	**12** ethics

B 🎧 ✍ Ahora escucha la grabación y haz apuntes en español sobre …

1 el número de menores que se operan al año
2 las únicas circunstancias en que se debería operar
3 los dos grupos de personas a quienes los expertos piden responsabilidad
4 la posición de España en la "liga mundial" de cirugía estética
5 lo que han hecho algunas autoridades regionales
6 el porcentaje de intervenciones representado por la cirugía estética en España
7 las influencias en las chicas para que se operen
8 lo que los adolescentes ansían para poder lucirse
9 las dos cosas que no tienen claras los adolescentes en cuanto a la cirugía estética
10 lo que debe hacer cualquier médico antes de operar a un adolescente

C ✍ Traduce este párrafo al español.

Spanish adolescents are almost addicted to cosmetic surgery. Girls in particular have no fear of the operating theatre as they obsess about showing off a perfect body. This desire to imitate personalities in the media has its origins in social pressure and fashion. There are potentially serious consequences, however, because as far as adolescents are concerned their bodies have not developed and they lack emotional stability. Doctors should evaluate the patient's maturity and should not operate if the young person has arrived at the consulting room on a whim.

D 🗣 ¿Qué opinas tú? ¿Es la cirugía estética una buena idea? Prepara una presentación oral de unos dos minutos para explicar tu punto de vista.

8.10 Los menores y el tratamiento psicológico

Estadísticas bastante alarmantes sobre el número de menores que acuden al psicólogo.

El número de niños que acuden al psicólogo ha aumentado ligeramente en los últimos años. La hiperactividad es el principal motivo de consulta en los centros de salud mental, sin embargo, este trastorno no siempre acaba siendo el diagnóstico final.

El año pasado, diez mil setecientos menores de quince años recibieron asistencia psicológica en alguno de los treinta y siete centros de la red pública regional. Para seis mil de ellos, una media de dieciséis al día, era la primera vez. Según la persona responsable de la salud mental infantil, Inmaculada Palanca, "han pasado de representar el ocho por ciento a ser el diez por ciento del total de asistencias de salud mental".

Palanca piensa que "hay, claramente, una mayor sensibilidad

social y el estigma de visitar al psicólogo o psiquiatra, aunque sigue existiendo, es cada vez menor".

A los centros de salud mental acuden bebés con trastornos de alimentación o sueño y, sobre todo, niños a partir de dos años con problemas de ansiedad – fobias y temores –, depresión o trastornos de conducta.

Hasta la adolescencia, los que solicitan ayuda son más niños que niñas. Después se invierte esta proporción.

La mayoría recibe asistencia ambulatoria. El tratamiento con psicofármacos es necesario en algunos de los trastornos mentales infantiles, pero cabe la duda de si se abusa de la medicación.

Un estudio reciente alertaba del crecimiento del uso pediátrico de antidepresivos sin tener en cuenta los efectos a largo plazo. En la Comunidad de Madrid explican que se procura "incidir más en la psicoterapia y la terapia familiar que en la medicación".

A Answer the following questions in English.

1 What is the main reason why children are referred to mental health centres?
2 Explain what these numbers represent:
   (a) 10,700 (b) 37 (c) 6,000 (d) 16
3 What does the article say about the social stigma of visiting a psychologist or a psychiatrist?
4 Name some other reasons why children are referred to mental health centres.
5 What does the article say about the way in which the different genders receive treatment?
6 What reservations have been expressed about drug treatments?
7 To what did a recent report alert the authorities?
8 What are they trying to do in Madrid?

B Busca en el texto una palabra española que signifique …

1 asisten a
2 ha incrementado
3 enfermedad
4 preocupación
5 aprensiones
6 se vuelca
7 drogas psiquiátricas
8 durante muchos años

C Rellena cada uno de los espacios en blanco de este párrafo con una palabra adecuada.

Hay más niños que **(1)** _____ a los centros de salud mental que antes. Muchos de ellos son **(2)** _____ pero a menudo resulta que tienen otros problemas, por ejemplo problemas de **(3)** _____ o de preocupaciones como **(4)** _____. Los niños necesitan más ayuda que las niñas, pero después de la **(5)** _____ la proporción es diferente. Se ha **(6)** _____ el uso de **(7)** _____, pero se teme que los médicos no **(8)** _____ en cuenta los efectos a largo **(9)** _____ .

D Now translate the whole paragraph into English.

Prácticas

1 The conditional perfect tense
2 The preterite and the imperfect
3 The future perfect
4 Conjunctions requiring the subjunctive
5 What's that word?

b I wonder if he's taken enough money?
c Will he have missed his connection in Toledo?
d Will he have found his flat?
e Will he have packed his dressing gown?
f I wonder if he's got there yet?

1 Read the grammar section on the **conditional perfect tense** on page 168, then read these statements about what people did in certain circumstances. What would you have done in their place? Write a sentence in Spanish for each statement below.

a Alan fue a una corrida de toros por primera vez y se sentó al sol.
b Los chicos pidieron pizza en un restaurante español.
c Mis padres fueron a las Islas Galápagos y no me mandaron ni una postal.
d Mi hermano emigró a Australia hace treinta años y nunca regresó.
e Mis amigos fueron a Magaluf para las vacaciones de verano.
f Pepe dice que el Barça es el mejor equipo de La Liga.

2 Read the grammar sections on the **preterite** and the **imperfect** on pages 164–166, then rewrite this passage, choosing the appropriate tense of the verb in brackets.

En la Tierra Media, el Señor Oscuro Saurón (creó; creaba) los Grandes Anillos de Poder, forjados por los herreros Elfos. Tres para los reyes Elfos, siete para los señores Enanos, y nueve para los Hombres Mortales. Secretamente, Saurón también (forjaba; forjó) un anillo maestro, el Anillo Único, que (contuvo; contenía) en sí el poder para esclavizar a toda la Tierra Media. Frodo Baggins (fue; era) un Hobbit. (Vivía; Vivió) en The Shire. Con la ayuda de un grupo de amigos y de valientes aliados, Frodo (emprendió; emprendía) un peligroso viaje con la misión de destruir el Anillo Único. Pero el Señor Oscuro Saurón (envió; enviaba) a sus servidores para perseguir al grupo. Si Saurón lograra recuperar el Anillo, sería el final de la Tierra Media …

3 Read the grammar section on the **future perfect** on page 167. Quique has just left home this morning to go to university, and his mother is worrying already. Translate her worries into Spanish.

a Will he have remembered to take his inhaler?

4 Read the grammar section on **conjunctions requiring the subjunctive** on page 170, then match up the sentence halves, putting the verb in the second half into the correct form of the subjunctive. There is one extra second half.

a Le dio al chico cincuenta euros …
b Puedes usar el coche …
c Te prestaré el CD …
d Puedes hacerlo …
e Lleva este abrigo …
f Tenemos que terminar …

1 en caso de que (nevar).
2 con tal de que me lo (devolver) mañana.
3 para que (comprar) unas zapatillas.
4 antes de que ella (llegar).
5 para que no (deteriorar).
6 a condición de que no (conducir).
7 sin que nadie (enterarse).

5 **What's that word?** All of these words have been used in this unit, but some letters are missing. Each dash represents a missing letter. Write out the words in full and give their English meanings.

1 af _ _ _ _ _ _ ón
2 san _ _ _ _ io
3 asi _ _ _ _ _ ia
4 me _ _ _ _ _ _ _ _ os
5 e _ _ _ _ _ n
6 h _ _ _ _ _ o
7 ó _ _ _ o
8 exc _ _ _ _ _ _ _ _ ad
9 alm _ _ _ _ _ _ o
10 su _ _ _ _ _ _ _ _ o
11 é _ _ _ o
12 ge _ _ _ _ _ ía
13 e _ _ _ _ _ _ ia
14 en _ _ _ _ _ do
15 p _ _ _ _ _ _ _ co
16 hi _ _ _ _ _ _ _ _ _ _ ad
17 pa _ _ _ _ e
18 es _ _ _ _ _ a

Unidad 9

Las ciencias

9.1 Grandes y pequeños mitos de la ciencia

¿Es verdad que los pollos pueden vivir sin cabeza? Ésta y otras muchas preguntas son muy conocidas, pero no sabemos a ciencia cierta cuál es la respuesta correcta. Haz este cuestionario que apareció en una revista chilena para adolescentes.

a

1 Es cierto, aunque es peor cuanto menor es la altura. ☐

2 Es una de sus cualidades. ☐

3 Si la altura es demasiado elevada no lo hacen. ☐

b

1 Sí, aunque durante unos segundos. ☐

2 Obviamente no. ☐

3 Sí, en un caso hasta 18 meses. ☐

c

1 No, por eso los astronautas parecen ingrávidos. ☐

2 No, porque es un vacío. ☐

3 Sí, existe en todas partes. ☐

d

1 No, esa es la cifra que se estima para los roedores. ☐

2 Afortunadamente no es cierto. ☐

3 Así de triste, y así de cierto. ☐

e

1 Falso, el edificio Empire State recibe unos 25 al año. ☐

2 Verdadero, aunque sólo en zonas altas. ☐

3 En este caso la creencia popular es verdadera. ☐

f

1 Cierto, sobre todo las criaturas salvajes. ☐

2 Depende del tipo de catástrofe que se avecine. ☐

3 Verdadero, pero sólo los marinos. ☐

g

1 Total y rotundamente cierto. ☐

2 Depende de cómo haya fallecido la persona. ☐

3 No es verdad, lo que sucede es que la piel se contrae. ☐

h

a Por supuesto, es una cuestión fisiológica. ☐

b Que lo sean o no, sólo es una cuestión de casualidad. ☐

c Sí, pero sólo entre ciertas personas. ☐

i

1 Cierto, a partir de los 30 años sólo se va cuesta abajo. ☐

2 Verdadero, las neuronas dejan de crecer cuando se alcanza la mayoría de edad. ☐

3 No hay ningún estudio científico que lo demuestre. ☐

A 📱 Empareja cada pregunta con la serie de respuestas adecuada de la página anterior.

1 ¿Los humanos sólo utilizamos un 10% de nuestro cerebro?

2 ¿Los adultos no regeneran las células de su cerebro?

3 ¿Los gatos siempre caen de pie?

4 ¿Las uñas continúan creciendo después de la muerte?

5 ¿Los pollos pueden vivir sin cabeza?

6 ¿Hay gravedad en el espacio?

7 ¿Un rayo nunca cae dos veces en el mismo sitio?

8 ¿Los bostezos son contagiosos?

9 ¿Pueden los animales predecir los desastres naturales?

B 📱 Ahora, ¡haz el test!

C 🎧 Ahora escucha la grabación para verificar tus respuestas del ejercicio B.

9.2 Lo que necesitas saber sobre el LHC, según la prensa española

España despertó hoy al renacer de una nueva era en la investigación científica. La prensa española informa al público en términos bastante positivos, pero hay preocupaciones …

EL GRAN COLISIONADOR DE HADRONES, UNA MARAVILLA TECNOLÓGICA

Los investigadores que trabajan en el Laboratorio Europeo de Física de Partículas (CERN), situado en Ginebra (Suiza), han realizado su primera prueba, y no ha habido problemas. Éstas son las claves de esta gran iniciativa científica y tecnológica.

1 El Gran Colisionador de Hadrones (LHC por sus siglas en inglés) es la máquina más potente construida por físicos para llegar a sondear la materia. En teoría permitirá provocar colisiones de haces de protones a velocidades próximas a la de la luz y recreará las condiciones que existían justo después del Big Bang.

2 Se ha construido, a lo largo de un complejo proceso que ha durado cerca de veinte años, en un túnel circular de veintisiete km de largo, bajo la frontera suizo-francesa, a una profundidad de entre cincuenta y ciento veinte metros.

3 Para lograr que comience a circular el haz de millones de protones, el acelerador cuenta con una cadena de inyectores, que son aceleradores más pequeños, los cuales uno tras otro, van pasando estos protones hasta que llegan al LHC – aunque los expertos no saben muy bien cómo evolucionará la jornada.

4 Tras esta primera prueba se sabrá si funciona y si lo hace de forma correcta. Dentro de unos meses tendrán lugar los primeros choques de protones y se iniciará la obtención de datos.

5 Uno de los grandes objetivos es descubrir el hipotético bosón de Higgs, llamado por algunos "la partícula de Dios". En el caso de que exista, permitiría explicar por qué las partículas elementales tienen masa y por qué las masas son tan diferentes entre ellas.

6 Muchos temen que pueda provocar el fin del mundo. En todo caso, los expertos niegan que sea probable causar un agujero negro que acabe con todo. Dicen además que el único riesgo sería causar daños en la máquina.

A Empareja cada pregunta al párrafo adecuado del artículo. ¡Cuidado! – hay una pregunta que sobra.

a ¿Cómo se ha realizado su arranque?
b ¿Qué riesgos hay?
c ¿Cuánto costó construir el LHC?
d ¿Qué es el LHC?
e ¿Y a partir de ahora?
f ¿Dónde está?
g ¿Cuál es el objetivo del LHC?

B Answer the following questions in English.

1 Where is the Laboratorio Europeo de Física de Partículas?
2 What does the LHC do?
3 What is the objective of the experiment?
4 How long did it take to build?

5 What does it consist of?
6 How does it work?
7 What will happen in a few months' time?
8 What is the Higgs particle?
9 What do people fear?
10 What is the experts' response?

C Traduce este párrafo al español.

The LHC was built in Geneva so that physicists can investigate matter. It consists of a circular tunnel built below ground. During the experiments bundles of protons will collide at nearly the speed of light and scientists will gather data about conditions just after the Big Bang. Many are of the opinion that it will cause the end of the world, but scientists deny that there is any risk.

9.3 Viajes espaciales – el futuro

¿Cómo enterarse de las posibilidades de viajar al espacio si eres un niño español? Thinkquest es un sitio web en español que da mucha información.

1 Los transbordadores que actualmente son lanzados al espacio utilizan combustibles químicos. Son muy caros y poco eficientes y por lo tanto el rendimiento de la nave espacial es muy pobre. Uno de los problemas es cómo crear combustible más eficiente.

2 Es una idea que actualmente se está convirtiendo en realidad. Hechos de un material reflectante que utiliza fotones emitidos del sol para impulsarlos y navegar a través del sistema solar, son mucho más eficientes que los cohetes convencionales. Pueden ser casi diez veces más rápidos que un transbordador espacial.

3 Se cargan eléctricamente. Trabajan por medio de la

eyección de iones positivos desde la parte trasera del cohete e impulsando así a la nave espacial. Aún cuando la explosión es muy pequeña, es extremadamente eficiente, porque el combustible dura por más tiempo, y por lo tanto el

coste de lanzamiento es mucho menor.

4 Los cohetes que utilizan la fisión de los átomos pueden viajar al doble de velocidad que un cohete convencional. Podrían ser 10 millones de veces más eficientes que los cohetes convencionales. Sin embargo este tipo de cohetes tuvieran que ser utilizados fuera del alcance de la Tierra debido al peligro de contaminación durante la ignición.

5 La teoría de una nueva energía se basa en que existe una partícula y una antipartícula en cada átomo. Si estas dos partículas chocan toda la masa será transformada en energía. Se ha calculado que la cantidad de partículas que se encuentran en una aspirina sería lo suficientemente para viajar años luz. El problema es que, para crearla, se necesita mucha más fuerza que la que emite. Otro problema es el sistema de almacenamiento.

6 Con esto se espera recortar gastos en el uso de combustibles que se llevan a cabo en las misiones de la Tierra al espacio. Contendrá carros magnéticos en rieles con lo que serán capaces de desplazarse hacia arriba y abajo. No se espera construirlo hasta el final de este siglo.

A Empareja cada título con el párrafo adecuado del texto.

a Fuerza nuclear
b Elevador espacial
c Naves espaciales antimateria
d Problemas corrientes
e Motores iónicos
f Navegadores solares

4 los dos tipos de fuerza nuclear
5 el inconveniente de la fusión
6 los dos problemas con la antimateria
7 cómo funcionará el elevador espacial

C Translate paragraph 5 into English.

D Escoge una de las ideas indicadas anteriormente y haz una presentación oral en español de dos minutos para promoverla. ¿Cuáles serán las ventajas principales de la idea, y cómo será beneficiosa para los seres humanos?

B Explica lo siguiente en español.

1 los problemas con los transbordadores
2 cómo funcionan los navegadores solares
3 la ventaja principal de los motores iónicos

9.4 Cómo vivir fuera de la Tierra

A los españoles, tanto como a otros, les preocupa el aumento de la población de la Tierra. Este reportaje de una cadena de radio española considera la posibilidad de vivir en otros planetas.

A Escucha, y pon estos títulos en el orden correcto según la grabación.

1 Una colonia experimental en la Tierra
2 La biosfera – el pronóstico
3 El experimento comienza
4 ¿Vacaciones lunares?
5 ¿Experimento científico o reality show?
6 Sueños no realizados
7 Colonia espacial – una definición
8 Problemas de convivencia
9 Estaciones espaciales – ¿verdaderas comunidades?

B Contesta a las preguntas en español.

1 ¿Qué anunció la cadena hotelera Hilton en 1969?
2 ¿Qué consiguió hacer los Estados Unidos en la Luna?
3 ¿Por qué las estaciones orbitales no pueden ser definidas propiamente como colonias?
4 ¿Cómo se define una verdadera colonia?
5 ¿En qué consistía "Biosfera 2"?
6 ¿Con qué se compara el experimento de "Biosfera 2"?
7 ¿Por qué no fue un experimento verdadero?
8 ¿Qué problemas encontraron en la Biosfera?
9 ¿Qué pasa con la Biosfera ahora?
10 ¿Para qué servirá en el futuro?

C ☞ **(i)** Estás preparando una expedición a un planeta lejano. Tienes que escoger cinco personas para ir en la nave. ¿Cuáles de estas personas vas a escoger, y por qué?

un cura	un policía
un médico	un pescador
un carpintero	un ingeniero
un granjero	un piloto
un profesor	un conductor de camión
un bombero	un soldado

☞ **(ii)** Acabas de llegar al planeta, y tienes que construir los primeros edificios de la nueva comunidad. Escoge cinco de estos edificios, y da tus razones.

un ayuntamiento	un hotel
un hospital	una comisaría
un garaje	un restaurante
un instituto	una granja
una oficina de turismo	un laboratorio
una iglesia	una tienda de comestibles

☞ **(iii)** Ahora has establecido los primeros edificios. Recibes unos fondos suplementarios de la Tierra. ¿Qué vas a añadir a la comunidad? ¿Cómo vas a mejorar la vida de los habitantes?

☞ **(iv)** ¿Qué reglas vas a introducir para que la comunidad funcione sin problemas de convivencia? A continuación tienes unos ejemplares para considerar.

1 Amarás a Dios sobre todas las cosas.
2 No tomarás el Nombre de Dios en vano.
3 Santificarás las fiestas.
4 Honrarás a tu padre y a tu madre.
5 No matarás.
6 No cometerás actos impuros.
7 No robarás.
8 No darás falso testimonio ni mentirás.
9 No consentirás pensamientos ni deseos impuros.
10 No codiciarás los bienes ajenos.

¿Hay reglas más apropiadas a la vida del siglo XXI?
¿Cuál(es) de los Mandamientos cambiarías y por qué?

D 😇 Cuando hayas terminado, comparad en pareja, y entre los dos, preparad una presentación oral en español de unos tres minutos para dar al resto del grupo.

9.5 El biorritmo – ¿es diferente en España?

¿A qué hora sueles levantarte, cenar y acostarte? Es probable que no compartas los hábitos de los españoles en lo que se refiere al día a día. Pero el asunto es más complicado …

A 📄 Empareja cada ciclo con la definición adecuada, (a), (b) o (c), en la página 97.

1 El ciclo emocional
2 El ciclo físico
3 El ciclo intelectual

B ☞ Haz tres columnas en un papel: físico, emocional, intelectual. Pon el número de cada frase siguiente (aquí abajo) en la columna correcta.

1 Haga trabajos rutinarios en los días negativos, nada que le haga pensar demasiado. No trate de ganar ningún torneo de ajedrez, o algo parecido, en los días negativos.

2 No haga caso de los sentimientos negativos, desesperanzadores, en los días negativos de este ciclo. Estos sentimientos probablemente cambiarán en los días positivos.

3 Programe los eventos que demanden de pensamiento rápido para los días positivos. Dar discursos, responder entrevistas, hacer exámenes, resolver problemas abstractos – todo esto lo debe hacer en los días positivos del ciclo.

La teoría del Biorritmo afirma que cada uno de nosotros está influido por tres ciclos biológicos que comienzan al nacer y continúan a lo largo de nuestras vidas.

(a) Este ciclo es de 23 días e influencia los factores tales como la coordinación ojo-mano, la fortaleza y la resistencia.

(b) Este ciclo es de 28 días e influencia los estados como amor/odio, optimismo/pesimismo, pasión/frialdad, depresión/entusiasmo.

(c) Este ciclo es de 33 días e influencia entre otras cosas nuestra memoria, vigilancia, velocidad de aprender, capacidad de razonamiento, exactitud de cómputo.

Al momento de nacer, según la teoría del Biorritmo, cada ciclo comienza desde cero y empieza a subir en una fase positiva, durante la cual las energías y las capacidades son altas.

Después de alcanzar un pico positivo, cada ciclo comienza entonces a declinar gradualmente, cruzando su punto cero a medio camino de su período, siendo entonces 11,5 días para el ciclo físico, 14 días para el ciclo emocional, y 16,5 días para el intelectual. El resto de cada ciclo es una fase negativa, durante la cual nuestras energías y capacidades están reducidas. Los momentos más inestables son los "días críticos" en cada ciclo, cuando el ciclo cruza su punto cero, cambiando de positivo a negativo o de negativo a positivo. Durante estos días críticos, las capacidades varían ampliamente, desde muy altas a muy bajas. Usted podría hacer brillantes descubrimientos, o cometer trágicos errores lógicos en los días críticos del ciclo intelectual. Podría ganar la supercopa o perder 10 partidos en un día crítico de su ciclo físico. En un día crítico de su ciclo emocional podría proponer impulsivamente matrimonio o impulsivamente renunciar a su trabajo.

4 No se opere en días críticos. El riesgo es demasiado grande. Si usted es doctor, no haga operaciones quirúrgicas en los días críticos.

5 No confíe en sus sentimientos en los días críticos. Y mejor aún no actúe dejándose llevar por esos sentimientos. En los días críticos de este ciclo, nunca renuncie a su trabajo, ni inicie trámites de divorcio, ni tome ninguna decisión importante. Es posible que después se arrepienta.

6 En los días críticos, su desempeño mental puede ser brillante y también puede ser terrible.

7 En los días críticos, no espere mucho de usted mismo. Trate de no trasnochar. No beba demasiado. No trate de ganar ningún evento atlético.

8 Trate de programar los eventos que requieran gran esfuerzo tales como viajes largos, o caminatas largas o grandes fiestas para los días positivos. Entonces usted tendrá más energía.

9 Si usted necesita una explosión de energía positiva para hacer una gran venta o dar un gran discurso, trate de programar el evento para un día positivo de este ciclo. Evite los días críticos en estos casos.

C Empareja las dos partes de cada frase. ¡Cuidado! – hay una segunda parte que sobra.

I Los ciclos empiezan desde cero …
2 Durante los días positivos …
3 El ciclo intelectual …
4 Los días críticos …
5 Durante los días críticos hay una gran variedad …
6 Sería posible descubrir algo maravilloso …
7 Durante los días críticos de un ciclo físico …
8 Durante los días críticos de un ciclo emocional …

a podría ganar un campeonato o perder un gran número de partidos consecutivos.
b cuando alcanzan el apogeo.
c podría decidir casarse sin reflexión o abandonar un empleo.
d cuando se nace.
e o equivocarse con consecuencias graves.
f es el ciclo más largo.
g en lo que se refiere a nuestras competencias.
h hay un nivel significativo de competencias.
i carecen de estabilidad.

D Now translate the completed sentences into English.

9.6 La donación de órganos en España

España experimenta el mismo problema que otros países, un descenso en la tasa de donación.

A 🎧 ✍️ Escucha la grabación. Explica en español el significado de estas cifras.

1 17,8 2 16,8 3 34,3 4 550 5 1.550 6 4.5 7 60 8 40

B 🎧 Escucha otra vez. ¿Cómo se dice en español … ?

1 for the second year running
2 a decline in the rate of organ donation
3 at world level
4 they hope will grow again
5 the number of donors increased
6 it's some time since they got rid of prejudices
7 the system of presumed consent
8 has not expressed a wish to the contrary in their life
9 the Spanish health system
10 other ways of securing donors

C 📋 Copia y rellena la tabla con las palabras adecuadas.

Sustantivo	Verbo	Adjetivo
descenso	1	2
3	alarma	4
5	6	sostenida
donante	7	8
9	aumentó	10
prejuicio	11	12
13	14	presunto
15	16	sanitario
17	ha desarrollado	18
captación	19	20
21	funcionan	22

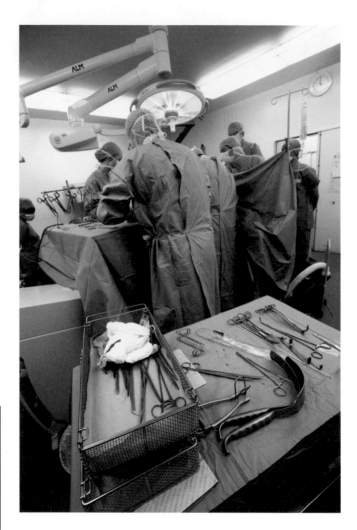

D 👥 (i) Ahora, utilizando la tabla completa, haz frases de al menos doce palabras en español. ¿Cuántas frases puedes hacer en cinco minutos?

👥 (ii) Next, your partner has to translate them into English.

9.7 Los poderes de un superhéroe

Trajes de invisibilidad, gafas de rayos X – ¿es una película de James Bond, o existen realmente?

Es una fantasía, pero cada vez falta menos para que pueda convertirse en realidad. Al menos, eso es lo que auguran determinados avances científicos.

Por ejemplo, el viejo sueño de la invisibilidad. El pasado otoño la revista *Science* dio a conocer unos espectaculares experimentos sobre la invisibilidad de la materia basados en los descubrimientos de una científica española.

Según ésta, el mecanismo es más sencillo de lo que parece. "Es el mismo efecto que el espejismo. Con la distancia y el calor, parece que hay agua en el asfalto, pero lo que de verdad vemos es el cielo, porque la luz se refleja en la carretera. El secreto está en crear un cambio en el índice de refracción y reflejar la luz como en un espejismo", asegura.

También se informa de un traje hecho con un material que funciona como una pantalla fotográfica, inventado por un grupo de científicos.

Al parecer, una cámara en el traje registra imágenes de lo que hay detrás de la persona y las proyecta en frente, de manera que cualquiera que vea el traje ve también lo que hay detrás de él. Si se tienen suficientes cámaras en el traje y se incorporan monitores flexibles a la tela, la persona que lo use se confundiría totalmente con sus alrededores.

También, varios investigadores aseguran estar a punto de producir las primeras gafas de rayos X que darán "super" visión a quien las use. Así, creen que un descubrimiento en el estudio de generación de radioondas les permitirá fabricar lentes para ver a través de materiales ligeros como la ropa, papel o plásticos.

A Lee el texto. Para cada una de las frases siguientes, apunta "V" (verdadero), "F" (falso) o "NSD" (no se dice).

1 Una científica ha descubierto que es posible ser invisible.
2 Con el espejismo parece que hay luz en el asfalto.
3 La científica es candidata al Premio Nobel.
4 Unos científicos han inventado una pantalla fotográfica.
5 El traje se hace de seda.
6 La persona que lleva el traje parece desaparecer en su entorno.
7 Un grupo de científicos han producido unas gafas de rayos X.
8 Se trata de la generación de radioondas.
9 Las ondas podrían penetrar materiales densos.
10 Las gafas van a costar mucho.

B Explain in English.

1 What "espejismo" is and how it works.
2 How the reflection suit works.
3 What the X-ray spectacles will enable the wearer to do.

C Traduce este párrafo al español.

Scientists are on the point of turning into reality some old dreams, such as that of being invisible. It is simpler than it seems, because it is all a question of refraction. A group of scientists has produced a suit which contains cameras and flexible screens. The suit seems to make the person wearing it disappear. Some scientists are about to produce the first X-ray spectacles. The person using them will acquire super vision.

9.8 La historia del barómetro 1

Un estudiante tiene unas soluciones creativas para un problema de matemáticas.

Trabajaba en mi oficina en la Universidad de Barcelona cuando recibí una llamada de un colega que me pidió si podría arbitrar en la calificación de una pregunta de examen. Iba a dar un cero a un estudiante por su respuesta a una pregunta de física, mientras que el estudiante afirmaba que debería recibir la máxima nota y que así se haría si el sistema no se hubiera organizado en contra de los estudiantes: el profesor y el estudiante acordaron acudir a un árbitro imparcial, y me eligieron a mí.

Acudí al despacho de mi colega y leí la pregunta del examen: "Demuestra cómo se puede determinar la altura de un edificio alto con la ayuda de un barómetro."

El estudiante había contestado: "Lleva un barómetro a lo alto del edificio, átale una cuerda larga, haz que el barómetro baje hasta la calle. Mide la longitud de cuerda necesaria. La longitud de la cuerda es la altura del edificio."

Hice notar que el estudiante realmente tenía derecho a una buena nota ya que había contestado a la pregunta correctamente. Por otra parte, si se le asignaba una buena nota contribuiría a que recibiese una buena calificación en su curso de física. Se supone que una buena calificación certifica competencia en física, pero la respuesta dada no correspondía con esto.

Sugerí entonces que se le diera al estudiante otra oportunidad para contestar a la pregunta. No me sorprendió que mi colega estuviese de acuerdo, sin embargo si lo hizo el que el alumno también lo estuviera.

A Contesta a estas preguntas en español.

1 ¿Por qué llamó el colega al árbitro imparcial?
2 ¿Qué iba a hacer el colega?
3 ¿Qué opinaba el estudiante?
4 ¿Qué acordaron el profesor y el estudiante?
5 ¿Qué opinó el árbitro imparcial al ver la respuesta del estudiante?
6 ¿Qué propuso el árbitro imparcial para solucionar el problema?
7 ¿Cómo reaccionaron el profesor y el estudiante?

B Translate the student's reply into English.

C Rellena los espacios en blanco de las frases siguientes.

1 El profesor quería un _____ para _____ una pregunta de examen.
2 El profesor _____ a dar un _____ a un estudiante.
3 El estudiante _____ que _____ recibir la nota máxima.
4 El estudiante propuso _____ la altura de un edificio utilizando un _____ atado a una _____.
5 El árbitro _____ que el estudiante _____ una buena nota por _____ contestado correctamente.
6 Sin embargo, la respuesta no _____ a ninguna _____ en física.
7 El árbitro propuso que el estudiante _____ otra oportunidad para _____.

9.9 La historia del barómetro 2

A Escucha la grabación. ¿Cómo se dice en español … ?

1 knowledge of physics
2 after five minutes
3 if he acknowledged defeat
4 the top of the building
5 drop the barometer
6 the student had said
7 the length of its shadow
8 as you go up the stairs
9 I'll give it to you

B The student proposes four solutions to the problem. Explain these in a summary in English.

9.10 Un diccionario español para interpretar trabajos de investigación

El lenguaje de los informes científicos es muy preciso pero, ¿se puede leer entre líneas?

A Empareja cada definición con la frase adecuada.

Donde dice …

1 Es bien sabido …
2 Es evidente una tendencia definida …
3 De gran importancia teórica y práctica …
4 Aunque no ha sido posible suministrar respuestas definitivas a estas preguntas …
5 Se escogieron tres de las muestras para un estudio detallado …
6 Se muestran resultados típicos …
7 Estos resultados se mostrarán en un informe posterior …
8 Los resultados más fiables los ha obtenido Jones …
9 Se cree que …
10 Es generalmente aceptado que …
11 Está claro que hace falta mucho trabajo adicional antes de que se entienda completamente el fenómeno …
12 Es correcto dentro de un orden de magnitud …
13 Se espera que este estudio estimule una investigación posterior en este campo …
14 Se agradece a Francisco Gento su ayuda con el experimento y a Pepe Rey sus valiosos debates …
15 Un análisis detallado de los datos conseguidos …

Se debe leer …

a No lo entiendo.
b Se borraron tres páginas de notas cuando tiré sobre ellas un vaso de limonada.
c Él fue mi asistente graduado.
d No he buscado la referencia original.
e Este trabajo es desastroso, pero también lo es el resto de los trabajos sobre este lamentable tema.
f Creo.
g Interesante para mí.
h Incorrecto.
i Se muestran los mejores resultados.
j Estos datos prácticamente carecen de sentido.
k Un par de personas también lo creen.
l Uno hizo el trabajo y el otro me explicó lo que significaba.
m Un experimento fallido, pero espero que todavía sea publicado.
n Si me fuerzan, ¿podría tratar de solucionar esto?
o Los resultados de las otras no tenían sentido.

B Choose five phrases with their corresponding definitions and translate them into English.

Prácticas

1 The present subjunctive – verbs of influence
2 The present subjunctive – verbs of emotion
3 The present subjunctive – verbs of doubt
4 The present subjunctive – doubt or certainty?
5 What's that word?

1 Read the grammar section on the **present subjunctive** on pages 168–170. Fill the gap in each sentence with the appropriate form of the verb.

a No quiero que tú (conducir) mi coche.
b Ella quiere que yo (leer) este libro.
c ¿Recomendáis que nosotros (ver) la nueva película de Almodóvar?
d Ruegan que los chicos (jugar) al fútbol en el parque.
e Insisto que no (salir) sábado.

2 Now translate these sentences into Spanish.

a I fear he will lose the contract.
b She's happy that we can come.
c We're surprised that they don't know.
d I hope you've got her phone number.
e Doesn't it bother you that there's so much violence on the streets?

3 Read the grammar section on the **present subjunctive** on pages 168–170. Translate the English phrases in brackets into Spanish, then write out the complete sentences in Spanish.

a (I doubt that) pueda hacerlo.
b (It's not certain that) tengan razón.
c (They deny that) sean responsables.
d (We don't believe that) sea posible.
e (It's not obvious that) esté enfermo.

4 Now write out these sentences in full, choosing the correct form of the verb within brackets.

a No niego que el fútbol (sea; es) el deporte nacional de los ingleses.
b Es cierto que la selección español (pueda; puede) jugar muy bien.
c Puede ser que los portugueses (tengan; tienen) los mejores jugadores actualmente.
d Es posible que (ganan; ganen) la Copa del Mundo.
e No creo que (vayan; van) a ganar; hay otros equipos buenos.
f Estoy seguro de que la selección británica (juegue; juega) mejor en este momento.

5 **What's that word?** All of these words have been used in this unit, but some letters are missing. Each dash represents a missing letter. Write out the words in full and give their English meanings.

1 m __ __ o
2 ac __ __ __ __ __ __ or
3 b __ __ __ n
4 co __ __ __ e
5 e __ __ __ __ __ __ __ ma
6 o __ __ __ __ __ o
7 tr __ __ __ __ __ __ __ __ or
8 co __ __ __ __ __ __ le
9 la __ __ __ __ __ __ __ to
10 fi __ __ __ n
11 an __ __ __ __ __ __ __ __ __ la
12 es __ __ __ __ __ o
13 con __ __ __ __ __ __ __ __ __ to
14 d __ __ __ __ __ e
15 bi __ __ __ __ __ __ o

Unidad 10

La tecnología

10.1 En peligro de extinción

No hablamos de especies amenazadas, sino de maneras de comunicación que recientemente todo el mundo usa sin pensar.

No sólo las ballenas están a punto de desaparecer; los avances tecnológicos y los cambios sociales, climáticos o de costumbre también amenazan cosas que hasta hace poco eran cotidianas.

Enviar una carta con sello, en desuso

En una encuesta del Observatorio de la Juventud el 83% de los jóvenes españoles de 12 a 20 años confesaban no haber mandado jamás una carta o un telegrama. El e-mail y otros medios inmediatos han desplazado rápida e inexorablemente al correo tradicional y queda muy lejos aquella época en que sellos y matasellos exóticos conferían un aroma de romanticismo a la comunicación a distancia. Pero hay que revalorizar los sellos y las cartas: son objetos hermosos y ningún e-mail servirá nunca igual para el amor o la literatura.

Menos cabinas, más móviles

Encontrar una cabina telefónica o un teléfono público se ha convertido en una auténtica odisea (aún mayor si queremos que funcione). Desde que hace poco se superara

la cifra de 40 millones de líneas de teléfono móvil en España, no ha cesado la retirada paralela de cabinas en calles, bares y establecimientos oficiales con la excusa de que ya no son rentables.

Ya (casi) nadie escribe a mano

Hay quien dice que, de tanto teclear, ya no sabe escribir como siempre se hizo (esto es, a mano, con bolígrafo, lápiz o pluma), y desde luego la caligrafía de nuestros estudiantes – y de muchos adultos, aunque sean profesionales de la escritura – deja bastante que desear. Sin exagerar, lo cierto es que el uso del ordenador ha dejado en la estacada al cuaderno y al boli: según un informe oficial, el 53% de los domicilios de nuestro país cuentan ya con al menos un ordenador personal. Reivindicar la escritura a mano no es incompatible con las ventajas de la técnica; es una habilidad más que, según los expertos, contribuye al desarrollo de la personalidad.

A 📖 ¿Cómo se dice en español … ?

1 on the point of disappearing
2 until a short while ago
3 never having sent
4 we must revalue
5 if we also want it to work
6 they are no longer profitable
7 leaves quite a lot to be desired
8 has left the exercise book and the biro in the lurch
9 to reclaim handwriting
10 it is useful for the development of the personality

B 📑 Empareja las dos partes de cada frase. ¡Cuidado! – hay una segunda parte que sobra.

1 Las nuevas tecnologías constituyen una amenaza muy grave …
2 La mayoría de los jóvenes españoles …
3 El correo electrónico …
4 Es preciso …
5 En paralelo con el desarrollo del móvil …
6 El uso del teclado …
7 El ordenador …
8 La caligrafía puede …

a las autoridades telefónicas están retirando las cabinas de las calles.
b ayudar a desarrollar el carácter de una persona.
c nunca ha enviado una carta.
d revaluar la carta de papel.
e a las cosas que normalmente son consideradas ordinarias.
f ha desplazado al boli.
g los avances tecnológicos.
h ha resultado en el empeoramiento de la caligrafía.
i está sustituyendo a la carta tradicional.

C ✍ Translate the final paragraph of the article into English.

10.2 Carnés electrónicos

¿Cuáles son las ventajas de un sistema de documentos nacionales de identidad electrónicos? ¿Hay inconvenientes también?

A 🎧 Listen to the recording and answer the following questions in English.

1 In which town were the electronic identity cards rolled out first?
2 What was odd about the roll-out?
3 How long should it take to issue an electronic identity card?
4 How long did it take on the first day?
5 What example is given of the enhanced security offered by the card?
6 What else can you do with it?
7 What other information does the chip contain?
8 Why is this seen as an advantage?

B 🎧 Escucha otra vez. Rellena los espacios en blanco con una palabra o una frase adecuada.

1 El documento nacional de identidad hecho de _____ o de _____ ya no existe en ciertos pueblos _____.
2 Los ciudadanos de Córdoba fueron los _____ en recibir el nuevo _____ electrónico.
3 Fue una _____, porque _____ sabía de ello.
4 El chip del carné contiene su _____ digital.
5 En el primer día de _____ los empleados _____ casi media hora en hacer un carné.
6 Utilizar el carné resulta más _____.
7 Se pueden hacer _____ en _____.
8 El chip también contiene unos _____ personales.
9 Así resulta más _____ usar el carné de una manera _____.

C ✍ La grabación cita unas ventajas de un sistema de documentos nacionales de identidad electrónicos. En tu opinión, ¿cuáles podrían ser los inconvenientes de tal sistema? Escribe unas 250 palabras en español.

10.3 ¿Dispositivos incrustados en el cuerpo?

La prensa española de vez en cuando informa sobre unas ideas tecnológicas bastante extrañas. Aquí tenemos un ejemplo de prensa gratuita española.

Cuando se inventó el teléfono móvil en los años setenta se imaginó un mundo en el que la gente estaría tan atada a las conexiones inalámbricas que caminarían con dispositivos insertados en sus cuerpos.

El sueño era que algún día nadie hablaría desde un teléfono conectado. Todos hablarían por teléfonos móviles. "La idea es que el número de teléfono se vuelve parte de uno", reflexionó el inventor, que también espera el día en que con sólo pensar en llamar a alguien en particular sea suficiente para que el teléfono marque ese número por sí mismo.

Se espera que, dentro de 15 a 20 años, la gente lleve los dispositivos inalámbricos insertados en sus cuerpos para ayudar a diagnosticar y a curar enfermedades.

"Sólo imagina cómo sería el mundo si pudiéramos medir las características de un cuerpo enfermo y transmitirlas directamente a un doctor o un ordenador", dijo el inventor. "Uno podría ser diagnosticado y curado de manera instantánea e inalámbrica. ¿No sería maravilloso tener todos estos dispositivos instalados en ti, y estimulados por tu cuerpo?", añadió.

Admite que hay obstáculos en su visión sobre la instalación de tecnología en el cuerpo. "Realmente, el problema no es la tecnología, es la gente. La gente es muy conservadora."

A Aquí tienes las respuestas a unas preguntas sobre el contenido del artículo. ¿Puedes emparejar las respuestas con las preguntas siguientes? ¡Cuidado! – hay una pregunta que sobra.

1 Hace más de treinta y cinco años.
2 Un mundo en el que la gente estaría tan atada a las conexiones inalámbricas, que caminarían con dispositivos insertados en sus cuerpos.
3 El sueño era que algún día nadie hablara desde un teléfono conectado.
4 La idea que tiene es que el número de teléfono se vuelva parte de uno mismo.
5 Espera el día en que, con sólo pensar en llamar a alguien en particular, sea suficiente para que el teléfono marque ese número por sí solo.
6 Espera que la gente lleve insertados los dispositivos inalámbricos en sus cuerpos para ayudar a diagnosticar y a curar enfermedades.
7 Sería maravilloso tener todos esos dispositivos instalados en uno mismo, y estimulados por tu cuerpo.
8 No es problema de la tecnología, sino de la gente, que es muy conservadora.

a ¿Qué se espera que pase dentro de 15 a 20 años?
b ¿Qué idea tiene el inventor?
c ¿Cuándo se inventó el teléfono móvil?
d ¿Cuál es el obstáculo que se prevee?
e ¿Qué tipo de mundo se imaginó en aquella época?
f ¿Qué espera también?
g ¿Qué tipo de empresa dirige actualmente?
h ¿Qué cree que sería maravilloso?
i ¿Cuál era el sueño?

B Explica en tus propias palabras en español …

1 conexiones inalámbricas
2 dispositivos insertados
3 teléfono conectado
4 diagnosticar
5 instantánea
6 obstáculos
7 conservadora

C ¿Qué opinas tú de los dispositivos insertados? ¿Es una buena idea? ¿Estás de acuerdo o no? Escribe unas 250 palabras en español.

10.4 El impacto nocivo de las nuevas tecnologías

Jóvenes adictos a Internet, al teléfono móvil; ¿qué se puede hacer?

Las nuevas tecnologías son indispensables **(1)** _____ para construir la sociedad del futuro. Sin embargo, su abuso puede acabar en adicción **(2)** _____. En verdad algunos ya no pueden vivir sin ellas. De hecho, según un estudio realizado por la Asociación Protégeles, en La Coruña son ya más de 2.000 los jóvenes adictos a Internet.

Esta entidad **(3)** _____ alerta de que el "problema va a más" y que ahora el 11% de los chicos de entre 10 y 17 años no pueden pasar ni un día sin estar frente a la pantalla de un ordenador. Guillermo Cánovas, presidente de Protégeles, explica: "Ese porcentaje se ha duplicado **(4)** _____ y en toda España no hay ni un centro para tratar estas nuevas enfermedades".

La Coruña, y el resto de Galicia, tiene una particularidad en estas adicciones. Como dice este experto: "En los ciber **(5)** _____ nadie controla lo que ven esos jóvenes y los contenidos".

Según sus datos, **(6)** _____ "Una persona puede estar cinco horas y no ser adicto. La alarma salta cuando Internet es un sustituto de otras cosas **(7)** _____". Por eso, los padres juegan un papel muy importante.

"Deben **(8)** _____ controlar qué tipo de páginas ven. Si no, lo que empezó siendo una tontería se puede convertir en algo muy serio", advierten desde Protégeles.

A 📱 En el artículo faltan varios grupos de palabras. Rellena los espacios en blanco con el grupo de palabras adecuado.

a en los últimos cinco años
b marcar pautas de uso y
c la adicción no se mide por el tiempo de conexión
d no sólo en el presente sino también
e sin ánimo de lucro
f sobre todo entre los más jóvenes
g como comer, salir con los amigos o estar con la familia
h hay conexiones excesivamente altas y

B 🗣 After checking your answers to exercise A, translate the first two paragraphs into English.

C 🎧 Escucha la grabación en la cual el psicólogo Segundo Castillo de La Coruña explica los síntomas de este tipo de adicción. ¿Cómo se dice en español … ?

1 warning signs
2 when he gets back
3 provided it's something
4 has changed into
5 he ignores
6 as if that were not enough

D 🎧 El psicólogo menciona los puntos siguientes. Ponlos en el orden de la grabación. ¡Cuidado! – hay un punto que no menciona.

fracaso escolar
síndrome de abstinencia
falta de sueño
búsqueda de sensaciones
dispersión de la atención
conexión compulsiva

10.5 México y el chip antisecuestro

En México, como en muchos otros países, los científicos han propuesto medidas para proteger a la población contra los secuestros.

A 🎧 🗣 Escucha la grabación y haz apuntes en español sobre ...

1 lo que es el chip antisecuestro
2 la nacionalidad de la empresa que ha inventado el chip
3 el número de clientes que tiene la empresa
4 el tamaño del chip
5 dónde se coloca el chip
6 lo que hace el chip una vez activado
7 cuánto cuesta la operación
8 otros costes
9 dónde inserta el chip la mayoría de los clientes
10 cómo se activa el chip
11 lo que hace la empresa
12 los inconvenientes del sistema

B 🎧 Escucha otra vez y pon los títulos en el orden correcto según la grabación.

a Los costes
b ¿Es grande el chip?
c ¿Tecnología para animales o ... ?
d No todo el mundo está de acuerdo
e Por qué han inventado el chip
f Cómo funciona el chip

C 👥 Debate dirigido. Antes de empezar, busca más información en Internet sobre los dispositivos intra epidérmicos. Trabaja en pareja.

Persona A: Estás de acuerdo con esta tecnología. Es una buena idea.

Persona B: No estás convencido/a de que sea una buena idea – hay inconvenientes.

Después de cinco minutos, cambiad de papel.

10.6 Un sistema para evitar atropellos

El sistema detectará viandantes frente al vehículo mediante una cámara que alertará al conductor.

La Universidad de Alcalá de Henares ha desarrollado un sistema para vehículos que detecta la presencia de viandantes en frente, en entornos urbanos, a través de una cámara de vídeo que avisa al conductor y que puede ayudar a evitar atropellos. El dispositivo podría empezar a comercializarse dentro de muy pocos años.

Equipado con un ordenador y una cámara de vídeo, un Citroën ha servido para mostrar cómo el ordenador procesa la imagen que proporciona la cámara. Este sistema está especialmente pensado para detectar peatones en entornos urbanos con velocidades típicas de 40–50 km/hora, por lo que servirá para incrementar la seguridad vial, evitar accidentes e incluso mitigar los efectos de los mismos.

Según los datos, cada año, entre quinientas y mil personas mueren o sufren heridas por atropellos en España, de los cuales, de un sesenta a un setenta por ciento se producen en entornos urbanos. Esta asistencia a la circulación está destinada a cualquier tipo de conductor que se puede beneficiar de recibir un aviso de que un peatón está en frente de él.

El modelo de aviso destinado a llamar la atención del conductor lo decidirá la empresa de automoción: un frenazo en seco si se ve al peatón con suficiente antelación, un pitido o la vibración del asiento son algunas de las opciones. Este prototipo es parte de la investigación que está desarrollando la Universidad de Alcalá de Henares desde hace unos años.

A 📄 ¿Cómo se dice en español … ?

1 city environments
2 by means of
3 to avoid accidents
4 could begin to be marketed
5 to increase road safety
6 any type of driver
7 to receive a warning
8 sharp braking
9 the car manufacturer
10 with sufficient warning

B 📄 Contesta a las preguntas en español.

1 ¿Qué hace el sistema desarrollado por la Universidad de Alcalá de Henares?
2 ¿Cómo funciona el sistema?
3 ¿Dónde será más útil?

4 ¿Qué beneficios se preveen?
5 ¿Qué les sucede a entre quinientas y mil personas cada año en España?
6 ¿Qué proporción de atropellos se producen en las ciudades?
7 ¿Quién va a decidir el modelo de aviso?
8 ¿Cuáles son las opciones?

C 🖊 Traduce este párrafo al español.

A system which detects pedestrians and alerts the driver would help improve road safety. Such a system could be marketed soon, according to experts from the University of Alcalá de Henares. A computer in the car processes images supplied by a camera. Car manufacturers could choose sharp braking, a whistle or vibration as the method of warning. This would help to avoid the five hundred to one thousand accidents suffered every year, especially in city environments.

10.7 El uso del GPS – los inconvenientes

El GPS puede ser un dispositivo muy útil, pero en ciertas situaciones puede ser peligroso.

A 🎧 Escucha la grabación y lee estas frases. Escribe "V" (verdadero), "F" (falso) o "NSD" (no se dice).

1 Un navegador GPS cuesta mucho.
2 El Director General de Tráfico quiere que los conductores no puedan programar el aparato mientras el vehículo está en marcha.
3 Las sanciones incluyen una multa de quinientos euros y la retirada de seis puntos en el carné.
4 En julio y agosto la proporción de accidentes de carretera causados por la distracción fue menos del cincuenta por ciento.
5 La mayoría de estos accidentes se produjo a causa del uso del teléfono móvil.
6 En el primer semestre del año pasado, casi dos mil personas fueron víctimas de accidentes de tráfico en el Reino Unido.
7 En comparación, el número de accidentes en España durante el mismo período ha disminuido.
8 Los ladrones siguen robando los aparatos de música de los coches.
9 La frecuencia de este tipo de crimen ha aumentado significativamente porque hay muchos aparatos GPS.

B 📄 Empareja las dos partes de cada frase. ¡Cuidado! – hay una segunda parte que sobra.

1 Programar un aparato GPS en marcha …
2 Utilizar el dispositivo en marcha …
3 Usar el teléfono móvil en marcha …
4 Reducir el número de accidentes en España …
5 Instalar un aparato GPS en el coche …
6 Robar los aparatos GPS …

a causó más del cincuenta por ciento de los accidentes en julio y agosto.
b es un delito más frecuente que la violencia doméstica.
c ha sido el resultado de una campaña de concienciación.
d se ha dirigido a la industria del GPS.
e puede causar una distracción para el conductor.
f debe tener las mismas sanciones que usar un teléfono móvil.
g puede invitar a un ladrón a robarlo.

C 🖊 Now translate the complete sentences in exercise B into English.

10.8 Redes de sensores sin cable

Los científicos anticipan los beneficios de las redes inalámbricas.

>>>>>>>>>>>>>>>>>>>>>>>>>>>>>>>>>>>>

Una de las tecnologías que cambiarán el mundo según los expertos de la Universidad Menendez y Pelayo de Santander son las redes de sensores sin cable. Suponen uno de los avances tecnológicos más investigados en la actualidad. A través de redes de sensores, se pueden integrar funciones que antes eran independientes unas de otras, con el fin de lograr la máxima eficacia, sobre todo en los campos de consumo y gestión de energía.

Las redes de sensores con cable no son nuevas y sus funciones incluyen medir niveles de temperatura, líquido, humedad, etc. Muchas fábricas o coches tienen su propia red de sensores que se conectan a un ordenador o a una caja de control a través de un cable y, al detectar una anomalía, envían un aviso a la caja de control. La diferencia entre los sensores que todos conocemos y la nueva generación de redes de sensores sin cable es que estos últimos son inteligentes (es decir, capaces de poner en marcha una acción según la información que vayan acumulando) y no son limitados por un cable fijo.

Las últimas investigaciones apuntan hacia una eventual proliferación por el mundo hispanohablante de redes de sensores inteligentes que contribuirá de forma favorable al buen funcionamiento de fábricas, al cuidado de cultivos, a tareas domésticas, a la organización del trabajo y a la predicción de desastres naturales como los terremotos.

Los científicos utilizan los sensores sin cable para encontrar y controlar microclimas y plagas en plantaciones de uva, por ejemplo en la región de La Rioja, para estudiar los hábitos de aves y para controlar sistemas de ventilación y calefacción, y otros investigadores utilizan las redes de sensores sin cable para recibir información detallada sobre el efecto de los movimientos sísmicos en los edificios.

En este sentido, la computación que penetra en todas las facetas de la vida diaria de los seres humanos está a punto de convertirse en realidad.

A Answer the following questions in English.

1 What are the benefits of networks of sensors?
2 Give an example of where these benefits are applied.
3 What sort of functions are wired networks currently used for?
4 What are the differences between current networks and the new wireless ones?
5 List all the areas in which the new networks could be useful.
6 Give examples of where they are currently in use.
7 Translate the last sentence of the text into English.

B Rellena cada uno de los espacios en blanco con una palabra adecuada.

1 Los expertos _____ que las redes de sensores sin cable _____ el mundo.
2 Las funcionalidades _____ pueden ser _____.
3 Existen ya redes con cable que _____ niveles de _____ y humedad.
4 En un coche las redes _____ anomalías y _____ a un ordenador.
5 Las nuevas redes _____ información y _____ en marcha acciones.

6 Se prevé que las redes _____ en el futuro y _____ a muchos aspectos de la vida diaria.
7 Hay científicos que _____ sistemas de calefacción y _____ informaciones detalladas sobre movimientos sísmicos a _____ de las redes.

C ¿Cuál ha sido el avance tecnológico más significativo de tu vida? Escribe unas 250 palabras en español, describiendo el avance y su impacto en la vida diaria. ¿Hay inconvenientes?

10.9 ¡Cuidado con la tecnología!

Un chiste sobre los principios del desarrollo de la tecnología en los años sesenta. En aquella época, la moneda española era la peseta.

Pablo quería coger el tren para ir a Madrid. Tenía una entrevista muy importante, y no quería llegar tarde. Desafortunadamente, al salir de casa, se olvidó su reloj. Camino a la estación, paró a un viejo en la calle para pedirle la hora. El viejo caminaba muy lento y llevaba una maleta enorme, evidentemente pesadísima, en cada mano.

"Perdone, señor, siento mucho molestarle, pero puede Vd. decirme, ¿qué hora es?"

El viejo suspiró profundamente, y colocó las maletas con mucho cuidado en la acera. Le costó mucho hacerlo. Miró su reloj, y dijo a Pablo:

"Son las ocho y veinticuatro." Pulsó un botón. "En Nueva York son las tres y veinticuatro de la madrugada." Pulsó otro botón. "En Manila hay una tempestad trópica." Pulsó otro botón. "El índice Dow-Jones cerró doscientos puntos abajo." Pulsó otro botón. "La receta del día es albóndigas en salsa de tomate." Pulsó otro botón. "Y el próximo tren para Madrid lleva unos veinte minutos de retraso."

Pablo quedó boquiabierto. "Pues, ¡qué reloj más maravilloso! Tengo que comprarlo. ¿Cuánto dinero quiere?"

"No quiero venderlo, señor," dijo el viejo.

"Le daré cien mil pesetas," dijo Pablo.

"Bueno, vale," dijo el viejo, "aquí tiene."

El viejo dio el reloj a Pablo, y Pablo le dio cien mil pesetas.

"Muchas gracias, señor," dijo Pablo, y se fue corriendo hacia la estación.

"¡Un momento, señor!", gritó el viejo.

Pablo se paró. "¿Qué?", contestó.

El viejo indicó hacia las dos maletas enormes en la acera.

"Olvidó Vd. las baterías."

A 📄 Answer the following questions in English.

1 Where was Pablo going?
2 Why was he going there?
3 What problem did he have?
4 Why did he stop the old man?
5 What was the old man carrying?
6 How was the old man feeling?
7 What six pieces of information did the old man offer Pablo?
8 How much did Pablo offer the old man?
9 What did Pablo forget?

B 📄 Copia y rellena la tabla con los sustantivos apropiados.

Verbo	Sustantivo
coger	1
llegar	2
salir	3
suspirar	4
mirar	5
pulsar	6
vender	7
gritar	8
indicar	9

C 📄 (i) Rellena los espacios en blanco en cada frase con una de las palabras de la tabla del ejercicio B.

1 Al final de un día bastante estresante, dio un _____ de alivio.
2 Apuñaló a los jóvenes ruidosos con la _____.
3 El sondeo tomó el _____ de la opinión.
4 El matador tuvo una _____, pero no muy grave.
5 No puede dejar su equipaje en la _____.
6 La _____ del avión será retrasada media hora.
7 Tiene todos los _____ de un cáncer.
8 La _____ de drogas está específicamente prohibida.
9 Oyó el _____ grito del hombre herido, pero fue demasiado tarde.

(ii) Now translate the sentences into English.

D 🔊 Aprende el chiste de memoria, y haz una grabación.

Prácticas

1 The imperfect subjunctive
2 Past subjunctive and conditional tenses
3 The pluperfect subjunctive
4 Whatever!
5 What's that word?

I Read the grammar section on the **imperfect subjunctive** on pages 169–170. Write out these

sentences in full, using the correct part of the infinitive in brackets.

a Andaba como si (ser) cojo.
b Habló como si (saber) lo que había pasado.
c Me trataba como si yo (tener) la culpa.
d No fue como si ellos te (pedir) mil euros.
e Hablaba como si la (conocer) muy bien.
f Es como si nosotros no (hacer) nada.

2 Read the grammar section on the **past subjunctive** and **conditional tenses** on pages 167–170, then translate these sentences into Spanish.

a If I had known I could have invited her.
b If you'd got up earlier you wouldn't have missed the bus.
c If they'd seen Pablo they would have given him the message.
d If we'd had the money we would have bought it.
e If it had been raining you wouldn't have gone.
f If he hadn't fallen he would have won.

3 Read the grammar section on the **pluperfect subjunctive** on page 169. Write these sentences out in full, changing the infinitive in brackets as indicated by the personal pronouns, where provided.

a ¡Ojalá (ganar) la lotería! (yo)
b ¡Ojalá (estar) equivocados! (ellos)
c ¡Ojalá no (venir)! (tú)
d ¡Ojalá (ser) tan afortunados! (nosotros)
e ¡Ojalá no (pasar) nada!

4 Read the grammar section on **expressions ending in -quiera** on page 170, then translate these sentences into Spanish.

a Wherever you go on holiday, have a good time.
b Whichever car you choose, ask a mechanic to look at it.
c They will not succeed, however they do it.
d Whoever it was, they didn't leave a number.
e We'll come whenever we can.

5 **What's that word?** All of these words have been used in this unit, but some letters are missing. Each dash represents a missing letter. Write out the words in full and give their English meanings.

```
 1  ma __ __ __ __ __ __ os
 2  te __ __ __ __ r
 3  ca __ __ __ __ __ __ ía
 4  or __ __ __ __ __ __ r
 5  c __ __ __ é
 6  d __ __ __ __ __ __ l
 7  tr __ __ __ __ e
 8  di __ __ __ __ __ __ __ vo
 9  in __ __ __ __ __ __ __ co
10  an __ __ __ __ __ __ __ __ __ ro
11  ge __ __ __ __ __ __ __ __ __ __ __ ón
12  est __ __ __ __ __ __ __ __ __ ón
13  ul __ __ __ __ __ __ __ __ o
14  ga __ __ __ __ __ o
```

Unidad 11

Las artes

11.1 Ir al museo sin salir de casa

No hace falta viajar para ver las obras de los mejores museos del país. Los más importantes tienen sus colecciones colgadas en la Red. Algunos han dado un paso más y permiten colarse en sus salas gratis, sin vigilantes y con una cercanía a las obras imposible en la vida real. Aquí detallamos algunos.

1 MARQ. La página web del Arqueológico Provincial se estructura por salas. Todas las secciones incluyen una visita virtual por sus espacios y obras …

2 MACBA. La página web del Museo de Arte Contemporáneo barcelonés destaca, sobre todo, por la minuciosidad con que se detallan los fondos de su colección …

3 Guggenheim. Renovada el año pasado, su sitio web permite visitar el edificio, la ría, las obras que se exponen en el exterior y las que se exhiben en Richard Serra, no las muestras temporales.

4 Prado. En octubre estrenó un sitio web con gran volumen de contenidos, aunque no ofrece visita virtual a sus fondos. El sitio, que tiene ocho mil usuarios diarios, casi tantos como presenciales, sí permite dar un paseo por sus obras maestras.

5 Reina Sofía. Con dieciséis mil doscientas obras, de las que expone el dos por ciento, restringe la visita virtual a sus edificios y jardines y a algunas exposiciones temporales.

6 Thyssen-Bornemisza. Su galería virtual es realista, sencilla y de fácil acceso. Sólo en el año pasado tuvo cinco millones de usuarios, cuatro veces más que las visitas que ha acumulado el museo desde su inauguración.

7 Picasso. Contiene fichas e imágenes en alta resolución de la colección picassiana que alberga el museo.

8 Salzillo. Navegar por el sitio web de este centro resulta arduo debido a la extensión de los textos que contiene. Destaca, sin embargo, por su diseño innovador y espectaculares fotografías.

A 📱 Answer the questions in English. There is one question which is spare.

Which museum's website …

a had four times as many hits last year than visitors to the museum itself?
b shows the building and the estuary?
c is difficult to navigate?
d is structured like its rooms?
e has almost the same number of daily hits as visitors to the museum itself?
f restricts the virtual visit to temporary exhibitions?
g shows representations of Galician culture?
h shows high-resolution images of the works of a famous artist?
i is situated in Barcelona?

B 📖 Empareja las dos partes de cada frase. ¡Cuidado! – hay una segunda parte que sobra.

1 En la Red se puede ver …
2 Con la Red, uno puede acercar a las obras …
3 MACBA presenta su colección …
4 Reanudaron el Museo Guggenheim recientemente …
5 En el sitio web del Prado …
6 De la obras de la Galería de la Reina Sofía …
7 El sitio web del Museo Thyssen-Bornemisza …
8 Unas obras de Picasso …
9 El diseño del Museo Salzillo …

a … se puede ojear sus obras maestras.
b … de una manera detallada.

c … están alojadas en el museo que lleva su nombre.
d … además de un archivo gráfico.
e … es novedoso.
f … las más importantes obras de arte.
g … es muy fácil navegar.
h … sólo se exhiben el dos por ciento.
i … y en el sitio web se puede ver algunas obras del interior.
j … a las obras mucho más que en la vida real.

C 🔎 Escoge uno de los museos del texto y busca su sitio web en Internet. Prepara una presentación oral de dos minutos en español sobre el sitio web (¿Qué estrena? ¿Es fácil de navegar?) y el museo mismo.

11.2 El concierto de Aranjuez

"Aranjuez", una mezcla de estilos musicales que fascina a todos los que escuchan.

A 🎧 Escucha la grabación. Busca una palabra o una frase en español que signifique …

1 una persona que escribe obras de música
2 a punto de empezar
3 el período después de unas hostilidades
4 la primera ejecución de una obra de música
5 las partes de una obra clásica para una orquesta
6 un instrumento viento-madera
7 una casa utilizada solamente en marzo, abril y mayo
8 una persona que escucha una obra de música
9 el compás de una obra de música
10 una conversación entre dos interlocutores

Una viñeta de Joaquín Rodrigo que nació ciego.

B 🎧 (i) Escucha otra vez, y completa las frases siguientes según la información de la grabación.

1 El concierto de Aranjuez es …
2 El concierto estableció la reputación de Rodrigo como …
3 El concierto está dividido …
4 El Palacio Real de Aranjuez fue …
5 La obra intenta transportar al oyente …
6 El primer movimiento está …
7 El segundo movimiento representa …
8 El último movimiento recuerda …

✍️ (ii) Now translate the completed sentences into English.

C ✍️ Traduce este párrafo al español.

Joaquín Rodrigo composed the "Concierto de Aranjuez" for guitar and orchestra in 1939. It was a tense period – the Spanish Civil War had just finished, and the Second World War had just begun. It was first performed in November 1940, and was very successful. The second movement is probably the best known of the three. It is a slow dialogue between the guitar and other instruments of the orchestra. It is said that Rodrigo was inspired by the gardens of the Royal Palace of Aranjuez, and wanted the listener to experience the sounds of nature.

11.3 "Guernica"

Este cuadro refleja un trágico episodio de la guerra civil española.

> *No, la pintura no está hecha para decorar las habitaciones. Es un instrumento de guerra ofensivo y defensivo contra el enemigo.*
>
> Pablo Picasso

Guernica es el nombre de un famoso cuadro de Pablo Picasso, que tiene como motivo el bombardeo de Guernica. El Gobierno de la República Española encargó a Picasso un cuadro que decorara el Pabellón Español durante la Exposición Internacional de 1937 en París. Picasso realizó un cuadro expresionista expresando su visión del bombardeo y lo llamó "Guernica". Ha pasado a ser una obra fundamental.

El 27 de abril de 1937 se informó que la ciudad de Guernica había sido arrasada por diversas bombas de hasta media tonelada y que la gente había muerto por las ametralladoras de los cazas. La Legión del Condor, una escuadra aérea alemana, fue responsable del bombardeo-alfombra contra la desprotegida villa que carecía de cualquier importancia estratégica o militar. Se dice que estaba practicando la estrategia de guerra que los alemanes llamaron "Blitzkreig". Las fuerzas alemanas utilizaron esta estrategia con mucho éxito al estallar la Segunda Guerra Mundial, durante la conquista de Polonia. Fue también un experimento en el uso de terror contra la población civil como arma de guerra.

Picasso, al enterarse, empezó el 1 de mayo de 1937; el 8 de mayo introdujo la madre y el caballo y el 11 de mayo empezó en el lienzo definitivo hasta el 4 de junio.

La austeridad cromática conviene al tema del cuadro. La primera imagen que Picasso recibió del bombardeo fue a través de los periódicos franceses, lo que propicia la teoría de que interiorizó el horror que ello supuso, reflejándolo con tonos negros y blancos.

Se dice que en 1940, con Francia ocupada por los nazis, un oficial alemán, ante la foto de una reproducción del Guernica, le preguntó a Picasso si era él el que había hecho eso. El pintor respondió: "No, han sido ustedes."

El 10 de septiembre de 1981 el Guernica vuelve a España procedente del Museo de Arte Moderno de Nueva York, junto a los 23 bocetos que lo completan.

Fue la voluntad del artista que esta obra suya estuviera en el Museo del Prado, pero nunca se llevó a cabo tal petición. Actualmente se encuentra en exposición permanente en el Museo Reina Sofía en Madrid.

A 📖 Busca en el texto de la página anterior una palabra o una frase equivalente a cada una de las siguientes.

1 razón
2 encomendó
3 importante
4 aplanada
5 aviones militares
6 tela preparada para pintar
7 de colores
8 facilita
9 esbozos de rasgos generales
10 intención
11 solicitud
12 exhibición

B 📖 Contesta a estas preguntas en español.

1 ¿Cuál fue el motivo del cuadro?
2 ¿Para qué acontecimiento fue pintado?
3 ¿Qué expresa el cuadro?
4 ¿Qué pasó el 27 de abril de 1937?
5 ¿Qué era la Legión del Condor?
6 ¿Cómo se describe la ciudad de Guernica?

7 ¿Dónde estaba el cuadro entre 1940 y 1981?
8 ¿Qué quería Picasso que hicieran con el cuadro?
9 ¿Dónde está actualmente?

C 🗣 **(i)** Haz una descripción del cuadro de unas 80 palabras en español, utilizando las siguientes palabras.

> una lámpara eléctrica   un cuerno   una flor
> una espada rota   un toro   un niño asesinado
> una boca abierta   un caballo herido   una vela
> la cabeza de un caído   un guerrero
> la cabeza cortada de un soldado
> una mujer caída con un niño en brazos

📖 💬 **(ii)** El cuadro muestra rasgos cubistas. Busca en Internet lo que significa el Cubismo, y haz una presentación oral de unos dos minutos en español.

💬 **(iii)** En tu opinión, ¿por qué utilizó Picasso el gris, el blanco y el negro, y no otros colores?

🗣 **(iv)** Translate Picasso's words at the beginning of the text and all of paragraph 5 into English.

11.4 Salvador Dalí

Las obras de este maestro del surrealismo son reconocidas en todo el mundo.

1 Salvador Dalí nació en 1904 en el seno de una familia burguesa, hijo de un notario y de una sensible dama aficionada a los pájaros.

2 Su precocidad es sorprendente: a los doce años descubre el estilo de los impresionistas franceses y se hace impresionista, a los catorce ya ha trabado conocimiento con el arte de Picasso y se ha hecho cubista y a los quince se ha convertido en editor de la revista *Studium*, donde dibuja brillantes pastiches para la sección titulada "Los grandes maestros de la Pintura".

3 En 1927 Dalí viaja por primera vez a París, pero es al año siguiente cuando se instala en la capital francesa y se une al grupo surrealista que lidera el poeta André Breton. Salvador se enamora de Gala en el verano de 1929 y la joven pareja se refugia y aísla en la Costa Azul. Es en esa época en que el artista realiza lo mejor de su obra, como el célebre cuadro *Persistencia de la memoria* (1931), donde blandos relojes cuelgan de la rama de un árbol, del borde de un pedestal y sobre una misteriosa forma tendida en la vasta extensión de la playa.

4 Regresó a España de Nueva York en 1948. Para muchos historiadores del arte lo mejor de su obra ya había sido realizado y, sin embargo, aún le quedaban cuarenta años de caprichosa producción y de irreductible endiosamiento y exhibicionismo.

5 Durante los años setenta, Dalí, que había declarado que la pintura era "una fotografía hecha a mano", fue el avalador del estilo hiperrealista internacional que, saliendo de su paleta, no resultó menos inquietante.

6 En su testamento, el controvertido artista legaba gran parte de su patrimonio al Estado español, provocando de ese modo, incluso después de su muerte, acaecida en 1989, tras una larga agonía, nuevas y enconadas polémicas.

7 Su longeva existencia, tercamente consagrada a torturar la materia y los lienzos con los frutos más perversos de su feraz imaginación, se mantuvo igualmente fiel a un paisaje deslumbrante de su infancia. Dalí exhibió de forma provocativa todas las circunstancias íntimas de su vida y su pensamiento.

A 📄 Busca en el texto una palabra que signifique …

1 clase media
2 impresionable
3 promesa
4 plagios
5 dirige
6 se aparta
7 estudiantes de la historia
8 humorada
9 extremada altivez
10 garantizador
11 herencia
12 sucedida
13 empeoradas
14 obstinadamente
15 de relumbrón

B 📄 Empareja cada título con el párrafo adecuado del texto. ¡Cuidado! – hay un título que sobra.

a Boda
b Herencia
c Vuelta a la patria
d Niñez
e Vínculos con la mocedad
f Al extranjero
g Nuevo estilo
h Promesa juvenil

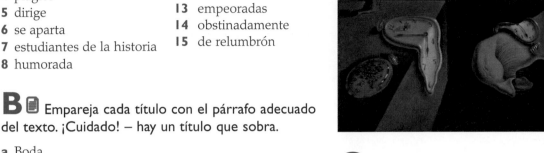

C ✎ Translate paragraph 3 of the text into English.

D ✎ Busca imágenes de las obras de Dalí. Escoge una imagen y haz una descripción de unas 200 palabras. ¿Qué es el surrealismo? ¿Qué opinas de la obra que has escogido?

11.5 *La casa de Bernarda Alba*

Una obra maestra del célebre dramaturgo español Federico García Lorca que aborda el tema del papel de la mujer en la sociedad y las pasiones reprimidas.

A 🎧 Escucha la grabación. Contesta a las preguntas en español.

1 ¿Dónde se estrenó la obra?
2 ¿Cuál es la diferencia significativa entre *La casa de Bernarda Alba* y una tragedia, según Lorca?
3 ¿Por qué impuso Bernarda una pena de reclusión a sus hijas?
4 ¿Quiénes son … ?
   • Pepe el Romano   • Angustias
   • Adela   • Martirio
5 ¿Cómo se describe el tema central de la obra?

B 🎧 La catedrática menciona algunos temas aparte de los principales. Empareja cada tema con su definición. ¡Cuidado! – hay una definición que sobra.

a La sociedad está claramente jerarquizada. Se muestra sobre todo en la relación ama-criada entre Poncia y Bernarda. Bernarda hace valer su calidad de ama y hace bajar la cabeza a su criada.

b Cruel e irracional despotismo de Bernarda. De hecho el papel de Bernarda ha sido interpretado por hombres para darle mayor dureza a este aspecto.

c Al igual que los gitanos, Lorca siente compasión por los seres desvalidos, oprimidos por la sociedad, y se identifica con ellos.

d Obsesión por la virginidad de la mujer, la religión y el "qué dirán".

e El cumplimiento con el designio imperioso de las leyes naturales e intuitivas.

f Adela ha querido rebelarse contra el orden establecido y lo ha pagado con su vida.

C 📄 ✎ Busca en Internet artículos sobre *La casa de Bernarda Alba*. Escribe unas 200 palabras en español sobre el personaje de Bernarda y cómo Lorca la representa.

11.6 Antoni Gaudí

La imaginación fantástica y surrealista del arquitecto catalán se aprecia por toda la ciudad de Barcelona.

Gaudí es la máxima figura de la arquitectura catalana y se le conoce en todo el mundo.

Nacido el 25 de junio de 1852, en 1873 ingresa en la Escuela Provincial de Arquitectura de Barcelona, donde se graduó en 1878, obteniendo el título de arquitecto. Su vida profesional se desarrolló en Barcelona, que es donde se puede contemplar la parte más fundamental de su obra.

La situación social en que vivió, una época de fuerte desarrollo económico y urbanístico de la ciudad, el patronazgo de una poderosa clase media con un deseo de acercarse a las tendencias imperantes en Europa, y la coincidencia con el fenómeno de la "Renaixença" (movimiento de renacimiento político y cultural), sirvieron de caldo de cultivo a la fantasía e imaginación desbordante de Gaudí.

Fue uno de los pilares fundamentales del "Modernismo", estilo dentro del que se le clasifica, aunque la suya sea una estética, como la de muchos grandes genios, difícilmente clasificable, siendo muchas las opiniones que lo incluyen dentro de otras corrientes artísticas.

La biografía de Gaudí está íntimamente relacionada con la familia Güell, una familia de gran prestigio dentro de los ambientes industriales y artísticos de la época en Barcelona. Para esta familia construyó una parte importante de su obra, como el Palau Güell, la Cripta de la Colonia Güell y el Parque Güell entre otros trabajos.

Además de una amplia representación de edificios residenciales y urbanos, la labor arquitectónica de Gaudí se sublimó dentro del ámbito religioso en que se pueden clasificar algunas de sus obras más importantes, como el Templo de la Sagrada Familia en Barcelona.

Su visión de la arquitectura como un todo hace que su huella se manifieste no sólo en las fachadas y zonas externas de sus edificios, sino en los interiores que denotan un intenso trabajo que desarrolló con la colaboración de numerosos artesanos.

Antoni Gaudí murió en Barcelona atropellado por un tranvía el 10 de junio de 1926.

A Make notes on the following in English.

1 Gaudí's training as an architect
2 The social climate in which he lived
3 His style
4 The Güell family
5 His religious output
6 His vision
7 His death

B Rellena cada espacio en blanco con una palabra adecuada. Trata de usar sinónimos si es posible.

1 Gaudí es el _____ más famoso de _____.
2 Trabajó toda la _____ en _____.
3 Se puede _____ sus obras más importantes allí.
4 La sociedad de la época fue vibrante, con una fuerte _____ y una clase _____ que quería _____ el arte.

5 El arquitecto formó su propia _____ y desarrolló su inclasificable _____.

6 Tuvo una relación con el influyente _____ Eusebi Güell que resultó _____ para su carrera.

7 Trabajaba en los campos _____ y urbanos, pero sus obras más importantes se pueden apreciar en el entorno _____ .

8 Desafortunadamente Gaudí _____ en 1926 cuando un tranvía le _____ .

C 🗣 Escoge una de estas obras de Gaudí y prepara una presentación oral de unos dos minutos en español. Describe la obra y da tu reacción. ¿Te gusta o no? ¿Por qué? (Puedes utilizar imágenes en una presentación PowerPoint si quieres.)

| Casa Vicens Palau Güell Parque Güell Casa Batlló Casa Milà Templo de la Sagrada Familia |

11.7 Paco Peña

Peña es considerado el mejor guitarrista de la música flamenca.

A 🎧 Escucha la grabación. Apunta "V" (verdadero), "F" (falso) o "NSD" (no se dice).

1 Paco Peña compone música flamenca.
2 Nació en una ciudad en el norte de España.
3 Era de familia numerosa.
4 Su hermano le enseñó a tocar la guitarra.
5 La familia solía reunirse en el patio.
6 En 1960 se fue de Londres a España.
7 Ha dado conciertos en los Estados Unidos, el Reino Unido y los Países Bajos.
8 Puede interpretar una gama bastante amplia de diferentes tipos de música.
9 Los lectores de una revista del Reino Unido le nominaron varias veces como Mejor Guitarrista Flamenco del Año.
10 Ahora trabaja como profesor de guitarra flamenca en Holanda.

B 🎧 Escucha otra vez. ¿Qué significan estos números y fechas? Contesta en español.

1 6 **2** 12 **3** 1960 **4** 1995 **5** 5
6 1981 **7** 1985

C 📄 🔍 Busca información sobre: cante jondo, duende, sevillanas bulerías, seguidillas, fandangos. Escribe unas 30–40 palabras en español sobre cada uno.

11.8 Enrique Iglesias

Hijo del cantador Julio Iglesias, Enrique se ha establecido como artista de música pop por méritos propios.

Se le notan en el rostro y en la actitud las 950 horas de vuelo que ha realizado durante el último año. "Es más de un mes en el aire", exclama con asombro Enrique Iglesias al hacer el cálculo. Un exceso que se une a las exorbitantes cifras que van unidas a su nombre en los últimos años. A los millones de discos vendidos en ese tiempo, se unen los millones de discos de su nuevo álbum, que ha aparecido hace escasamente un mes.

Ha ganado un premio "Grammy" por su primer trabajo, y es ya un personaje habitual en las portadas de las revistas y los programas de televisión en todo el mundo. En fin, demasiado en poco tiempo.

Enmarcado dentro del "boom" de la llamada "música latina" en Estados Unidos, pretende desmarcarse un poco de la etiqueta. "Yo me considero latino, pero quiero que sepan que hay que distinguir entre estilos. El que seas latino o español no significa que hagas necesariamente mambo o salsa. Hay pop en español, hay rock, hay flamenco, hay rap en español", comenta.

"Lo que pasa es que Estados Unidos casi no tiene música tradicional y por eso se les hace más difícil distinguir entre tal variedad de estilos de cada país. Quizá por eso no lo entienden. No son capaces de diferenciar España de Argentina, o México de Puerto Rico y Venezuela. Si intentas explicarlo, ¡uf! Paso de eso. Al final, lo único que cuenta, si quieres ser un 'número uno', es ser pop, mainstream", sentencia. "El pop es la música con la que he crecido. Es lo que yo hacía en español y lo que voy a hacer ahora en inglés", afirma.

Enrique Iglesias empezó escribiendo canciones para sí mismo, cantándolas a solas, sin el acompañamiento de ningún instrumento. Y tampoco le ha interesado estudiar música, ni canto, ni baile, como han hecho otros artistas con la obsesión del éxito grabado en sus genes. "No sé si en el futuro creceré como compositor o si sólo seré cantante", dice, encogiendo los hombros.

A Busca en el texto las palabras que son antónimos de éstas.

1 moderados
2 carencia
3 comprados
4 ha perdido
5 copioso
6 moderno
7 homogeneidad
8 ineptos
9 terminó
10 me arredraré

B Cada una de estas frases contiene un error. Escribe las frases, corrigiendo los errores.

1 El último disco de Enrique apareció el año pasado.
2 Ha ganado un premio "Emmy".
3 Enrique es un artista prácticamente desconocido.
4 Se considera americano.
5 En los Estados Unidos hay una tradición musical muy desarrollada.
6 Enrique va a cantar en español en el futuro.

7 Escribía canciones para otros cantantes.

8 Ha estudiado canto y baile.

9 Sabe que va a ser compositor en el futuro.

C ☎ Now translate the corrected sentences from exercise B into English.

D 👥 Con tu pareja, improvisa una serie de preguntas para una entrevista e imagina que él/ella es Enrique Iglesias y tú eres el/la entrevistador(a).

11.9 Una charla con Pedro Almodóvar y Penélope Cruz

Al director español se le reconoce por sus películas complejas que tratan, sobre todo, de las preocupaciones de las mujeres. Penélope Cruz, por su parte, es una actriz que está en la cumbre de su carrera y cuya fama traspasa fronteras.

Aquí tenemos el texto de una entrevista con Pedro Almodóvar y Penélope Cruz:

Presentador: Es un gran placer charlar esta tarde con Pedro Almodóvar y Penélope Cruz, tras su éxito con la película *Volver*. Pero me parece que está en pleno proceso de cambio. Quienes te han visto recientemente dicen que Pedro Almodóvar está visiblemente más delgado.

Almodóvar: Pues si lo notáis decídmelo, que su trabajo me cuesta, estoy a dieta, no enfermo. Pero no es el único cambio. Mi próxima película será totalmente distinta a mis 16 anteriores. Se titula *La piel que habito*. Es una historia durísima, de venganza, con chicos y chicas, con situaciones incómodas y un personaje muy diabólico, y me está costando ponerme en su piel, es decir no tiene nada que ver ni con *Volver* ni con mi vida.

Presentador: Es verdad que sueles escribir papeles femeninos, ¿no?

Almodóvar: He hecho muchas películas de mujeres; en *Volver* están representadas todas las que me rodearon en mi infancia, pero hay muchas mujeres en España, tantas como realidades, y yo sólo he representado a una parte de acuerdo con mi ideas. No me siento embajador de la sociedad española.

Presentador: Bueno, pasamos un momentito a Penélope Cruz. Hay que decir que al recoger el Premio de la Academia Europea a la mejor actriz, fue evidente que no pudiste evitar echar unas lágrimas.

Cruz: No quería llorar porque me da mucha vergüenza pero no lo he podido evitar. Pedro me ha cambiado la vida. Le conocí cuando tenía 16 o 17 años y me han pasado muchas cosas con él, cosas muy grandes, en todos los niveles. Es una persona muy especial para mí.

Almodóvar: Si puedo añadir, Penélope se pone en las manos del director y no mira para atrás. No ha llegado al límite de su creatividad.

Presentador: ¿Y es verdad, Penélope, que el papel que representaste en *Volver* ha sido muy importante para ti?

Cruz: Sí, el papel de protagonista en *Volver* me está abriendo puertas que antes estaban cerradas. Yo necesitaba un personaje como éste. Desde que salió la película me han empezado a ofrecer unos guiones que tienen una dificultad emocional que, antes de ver *Volver*, no pensaban ofrecérmelos a mí. No todos los directores tienen el ojo y el talento de Pedro Almodóvar.

Presentador: Pedro Almodóvar y Penélope Cruz, muchísimas gracias.

A 📄 Lee el texto de la página 121. ¿Cómo se dice en español … ?

1 a complete process of change
2 uncomfortable situations
3 to put myself in his skin
4 you usually write female roles
5 those who surrounded me in my youth
6 I don't think of myself as an ambassador
7 I'm very ashamed
8 I couldn't help it
9 she doesn't look back
10 is opening doors for me
11 since the film came out
12 they were not thinking of offering them to me

B 📄 Lee el texto otra vez. ¿Quién dice … ? Apunta "A" (Almodóvar), "C" (Cruz) o "N" (nadie).

1 Estoy a régimen.
2 No quiero trabajar en Hollywood.
3 Siento humillación.
4 Mi próximo proyecto será algo distinto.

5 Me han ofrecido guiones con una carga emocional bastante amplia.
6 Ha habido cambios en mi vida como resultado de nuestra relación.
7 La película representa a las mujeres que conocía cuando era joven.
8 El talento y la libertad son ciclos vitales.
9 La película ha sido muy presente en los palmarés y en los premios.
10 Es una persona muy creativa.

C 📄 🗣 Busca información en Internet sobre estas películas de Almodóvar: *La mala educación, Hable con ella, Todo sobre mi madre, La flor de mi secreto, Kika, Mujeres al borde de un ataque de nervios, ¿Qué he hecho yo para merecer esto?*

Escoge una de las películas y prepara una presentación oral en español sobre el argumento, los temas y los protagonistas. Si puedes encontrar una grabación, puedes utilizar escenas para ilustrar tu presentación.

11.10 *Cien años de soledad*

Una obra mágica de la literatura que fascina y desafía a la vez.

Muchos años después, frente al pelotón de fusilamiento, el coronel Aureliano Buendía había de recordar aquella tarde remota en que su padre lo llevó a conocer el hielo. Macondo era entonces una aldea de 20 casas de barro y cañabrava construidas a la orilla de un río de aguas diáfanas que se precipitaban por un lecho de piedras pulidas, blancas y enormes como huevos prehistóricos. El mundo era tan reciente, que muchas cosas carecían de nombre, y para mencionarlas había que señalarlas con el dedo.

Así comienza la célebre novela de García Márquez que vio la luz el 30 de mayo de 1967.

Gabriel García Márquez nació el 6 de marzo de 1928 en un pueblito de la costa atlántica de Colombia llamado Aracataca. Fue el mayor de una familia numerosa de doce hermanos, que se podría considerar de clase media.

La historia de *Cien Años de Soledad* transcurre en un pueblo llamado Macondo, el cual fue fundado por José Arcadio Buendía debido a que éste se marchó de Riohacha junto a su esposa, Úrsula Iguarán, por haber matado a un hombre en un duelo. Ellos se habían casado a pesar de ser primos. Un precedente indicaba que de un matrimonio en el cual hubiera vínculos familiares podía nacer un hijo con cola de cerdo, pero por suerte eso no ocurrió. Tuvieron tres hijos, y así empieza la historia de la familia Buendía, que es la primera generación que comienza por describir García Márquez.

Luego aparece un personaje llamado Melaquíades, un gitano de múltiples conocimientos intelectuales, y que afirmaba poseer las claves de Nostradamus, razón por la cual le deja escrito a José Arcadio un pergamino, que había pasado por seis generaciones sin haber podido ser descifrado.

Solamente el último Aureliano, después de que se cumpliera el mito de que el hijo de familiares nacería con cola de cerdo y se lo comieran las hormigas, pudo revelar las claves con que estaba escrito aquel pergamino. Éste contenía nada menos que la historia de la familia ordenada en tiempo y espacio, pero escrita cien años antes.

En reiteradas oportunidades se puede demostrar que en *Cien Años de Soledad* el realismo mágico es una forma de narración que García Márquez tomó para relatar distintas circunstancias. Esta narración, que parte de elementos realistas, se interna en una descripción pormenorizadora de los hechos, los personajes y la naturaleza de América, en la que "lo real" convive con "lo mágico". De esta conjunción nace el realismo mágico. El realismo mágico surge en uno de los extremos de lo real, y es allí donde se establece y edifica su narración. Ciertos hechos sorprendentes son tomados como naturales.

A Read the text and answer the questions in English.

1 When was the book published?
2 Where was García Márquez born?
3 Describe his family.
4 In the novel, why did José Arcadio and Úrsula leave Riohacha?
5 What was the impediment to their marriage?
6 What might happen were they to have children?
7 Who was Melaquíades?
8 What did he claim to have?
9 What was actually on the parchment?
10 What form of narration does García Márquez employ?
11 What is the principal characteristic of this form of narration?

B Empareja las dos partes de cada frase. ¡Cuidado! – hay una segunda parte que sobra.

1 La novela fue publicada …
2 García Márquez nació …
3 Su familia …
4 José Arcadio Buendía se vio obligado …
5 Había matado …
6 Se casó …
7 Sus futuros hijos corrían el riesgo …
8 Melaquíades mantenía que …
9 Aureliano …
10 El pergamino contenía …

a con su prima.
b la historia de la familia.
c poseía las claves de Nostradamus.
d era de clase burguesa.
e hace más de cuarenta años.
f cumplió los mitos familiares.
g se lo comieran las hormigas.
h de nacer con cola de cerdo.
i en una aldea colombiana.
j a un hombre en un duelo.
k a marcharse de su pueblo.

C Translate the quotation at the beginning of the text into English.

D ¿Quién era Nostradamus? Búscale en Internet y escribe unas 30–40 palabras en español.

Prácticas

1 Pluperfect tense
2 Irregular verbs in the preterite tense
3 Familiar imperatives
4 Forming questions
5 What's that word?

1
Read the grammar section on the **pluperfect tense** on page 167. Rewrite these sentences, changing the infinitive into the correct form of the verb.

1 Me dijo que (estar) unos meses en Alemania.
2 Me di cuenta de que ellos (casarse) en secreto.
3 Cuando llegamos al cine, la película ya (empezar).
4 Las chicas me dijeron que no (ver) el documental.
5 Fue demasiado tarde – el niño ya (abrir) la nevera, y (verter) la leche por todas partes.
6 Pero me aseguraste que no (oír) la historia.
7 Sabía que no me gustaba nada, pero (cubrir) el pollo con una salsa picante.
8 Cuando yo telefoneé, los chicos ya (volver) a casa.

2
Read the grammar section on **irregular verbs in the preterite tense** (*pretéritos graves*) on page 165, then translate these sentences into Spanish. (Remember that some of these verbs change their meaning in the preterite tense.)

1 My brother wanted to surf the Internet.
2 The hacker did not succeed in opening the file.
3 I got an attachment with a virus.
4 We managed to learn web design.
5 The hacker found out my password.
6 It was very easy to download the software.

3
Now read the grammar section on **familiar imperatives** on page 171, and turn each of these statements into a spoken command.

1 Su madre quiere que Begoña se levante enseguida.
2 Su padre quiere que Paco vaya a la tienda.
3 Su hermana no quiere que Pablo salga con su pandilla.
4 Su profesor quiere que Ana se siente cerca de su mesa.
5 Su hermano quiere que Isabel diga la verdad.
6 Su madre quiere que Rafa no se preocupe del partido de fútbol.

4
Each of the following questions refers to one of the texts in this unit. Write the most appropriate interrogative form for each sentence.

1 ¿_____ se puede ir al museo sin salir de casa?
2 ¿_____ es el instrumento principal del concierto de Aranjuez?
3 ¿_____ pintó Picasso "Guernica"?
4 ¿_____ se estrenó *La casa de Bernarda Alba*?
5 ¿_____ trabaja como profesor de guitarra flamenca en Holanda?
6 ¿_____ premios "Grammy" ha ganado Enrique Iglesias?
7 ¿_____ está Pedro Almodóvar visiblemente más delgado?
8 ¿_____ es la obra más conocida de Gabriel García Márquez?
9 ¿_____ vinieron José Arcadio Buendía y Úrsula Iguarán?
10 ¿_____ son los museos más famosos de Madrid?

5
What's that word? These words all appear in this unit, but there are some letters missing. Each dash represents a missing letter. Write out the words in full and give their English meanings.

1 minu __ __ __ __ __ __ ad
2 mu __ __ __ __ as
3 con __ __ __ __ to
4 comp __ __ __ __ __ ón
5 po __ __ __ __ __ ra
6 bom __ __ __ __ __ o
7 expr __ __ __ __ __ __ __ ta
8 es __ __ __ __ ra
9 cro __ __ __ __ co
10 cu __ __ __ __ a
11 imp __ __ __ __ __ __ __ __ ta
12 sur __ __ __ __ __ __ ta
13 arg __ __ __ __ to
14 l __ __ o
15 sin __ __ __ __ ra
16 g __ __ __ n
17 p __ __ __ l

Unidad 12

La política

12.1 La política de España

La forma de gobierno de España es de una monarquía parlamentaria que funciona como una federación descentralizada gracias al sistema de las comunidades autónomas.

España es una monarquía parlamentaria, con un monarca hereditario que ejerce como Jefe de Estado – el Rey de España – y un parlamento bicameral, las Cortes Generales.

España es en la actualidad lo que se denomina un "Estado de Autonomías" – un país formalmente unitario pero que funciona como una federación descentralizada de comunidades autónomas, cada una de ellas con diferentes niveles de autogobierno. Las diferencias dentro de este sistema se deben a que el proceso de traspaso de competencias, del centro a la periferia, fue pensado en un principio como un proceso asimétrico, que garantizase un mayor grado de autogobierno sólo a aquellas comunidades que buscaban un tipo de relación más federalista con el resto de España – comunidades autónomas de régimen especial (Andalucía, Cataluña, Galicia, Navarra y el País Vasco). Por otro lado, el resto de las comunidades autónomas – comunidades autónomas de régimen común – dispondría de un menor autogobierno. Sin embargo, estaba previsto que a medida que fueran pasando los años, estas comunidades irían adquiriendo más eficacia gradualmente.

Hoy en día, España está considerada como uno de los países europeos más descentralizados, ya que todos sus diferentes territorios administran sus sistemas sanitarios y educativos localmente, así como algunos aspectos del presupuesto público; algunos de ellos, como el País Vasco y Navarra, administran su financiación pública sin casi contar con la supervisión del gobierno central español. En el caso de Cataluña, Navarra y el País Vasco, están equipados con sus propios cuerpos policiales, es decir, Mossos d'Esquadra, Policía Foral y Ertzaintza respectivamente, totalmente operativos y completamente autónomos que reemplazan las funciones de la Policía Nacional en estos territorios.

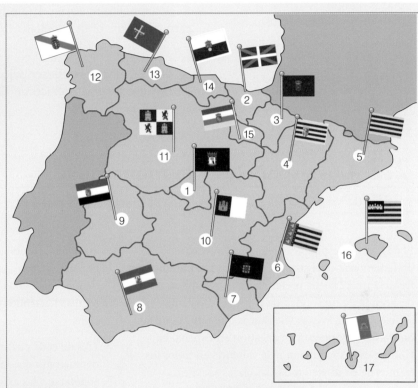

1 Madrid
2 País Vasco (the Basque Country)
3 Navarra (Navarre)
4 Aragón
5 Cataluña (Catalonia)
6 País Valenciano
7 Murcia
8 Andalucía
9 Extremadura
10 Castilla La Mancha
11 Castilla-León
12 Galicia
13 Asturias
14 Cantabria
15 La Rioja
16 Baleares (Balearics)
17 Canarias (Canaries)

A 📄 ¿Cómo se dice en español … ?

1 parliamentary monarchy
2 hereditary monarch
3 head of state
4 two-chamber parliament
5 decentralised federation
6 transfer of powers
7 self-government
8 health and education systems
9 public budget
10 their own police services

B 📄 Lee el texto. Apunta "V" (verdadero), "F" (falso) o "NSD" (no se dice). Cuando una frase sea falsa, corrígela y tradúcela al español.

1 Spain is a monarchy with a parliament.
2 The head of state is the Prime Minister.
3 Both chambers are made up of elected members.
4 Spain is a federation of self-governing regions.
5 Each region has the same level of self-government.
6 Spain is thought to be the most decentralised country in Europe.
7 Health and education are still functions of central government in Spain.
8 Each region contributes to the overall national defence budget.
9 Regional police forces work jointly with the National Police Force and carry out some of their duties.

C 🗨 Haz una corta descripción en español (entre 50 y 100 palabras) del sistema político en Gran Bretaña.

12.2 Los españoles y la monarquía

La mayoría de los españoles apoyan el sistema de la monarquía parlamentaria.

El 69% de los españoles creen que la monarquía parlamentaria es el sistema político ideal para España, frente a un 22% que preferirían una república. Así se desprende de un sondeo de urgencia mediante seiscientas entrevistas telefónicas que refleja que la figura del Rey no está en cuestión en España. La Corona es la institución más valorada en todos los tramos de edad y en todas las clases sociales.

Los españoles más monárquicos son los mayores, las personas de clase media-baja y los votantes del Partido Popular (PP). Por edades, los mayores de 55 años otorgan a la actuación de la Corona una nota media de 7,7, seguida del 6,1 que le dan las personas de entre 35 y 54 años, y el 5,8 del tramo de edad 18–34.

Un 80% de los españoles creen que la transición a la democracia no hubiera sido posible sin la presencia y la actuación del Rey, si bien un 57% están de acuerdo con la afirmación de que "conforme pasa el tiempo, cada vez tiene menos sentido".

Según el informe, este último dato corresponde con lo que ocurre en otros países de tradición monárquica arraigada, como el Reino Unido, donde el 67% de la población creen que la monarquía seguirá existiendo dentro de 25 años, pero sólo un 39% opinan que seguirá haciéndolo dentro de 50 y un 27% dentro de un siglo.

Tres de cada cuatro encuestados creen que el Rey ha demostrado que la monarquía podía cambiar y adaptarse a las exigencias de la sociedad, y que la institución está firmemente consolidada.

A 📄 Busca en el texto una palabra o una frase que signifique …

1 sector, segment
2 grant, give
3 deeply rooted
4 those who took part in the survey
5 requirements
6 it is gathered

B ✍️ Make notes in English on …

1 el porcentaje de los españoles que preferirían una república
2 el número de personas encuestadas por teléfono
3 los españoles menos monarquistas
4 lo que piensan el 80% de los encuestados
5 lo que piensan el 57% de los encuestados
6 lo que piensan los británicos sobre la monarquía en el Reino Unido
7 lo que creen el 75% de los encuestados

C 👥 Debate dirigido. "Conforme pasa el tiempo, cada vez tiene menos sentido". ¿Estás de acuerdo con esta opinión sobre la monarquía? Trabaja en pareja. La persona A está a favor de la opinión, y la persona B está en contra. Presenta los resultados del debate al resto de la clase.

12.3 Les dan miedo los terroristas

Los atentados recientes han afectado a la gente de diferente manera.

A 🎧 Escucha la grabación. ¿Quién dice …

1 que no comprende el uso de la fuerza para destacar un punto de vista?
2 que mira a la gente para determinar si son terroristas?
3 que cruza la calle si no reconoce un vehículo?
4 que presenciar un incidente terrorista representa un riesgo minúsculo?
5 que utilizar la fuerza gana la antipatía de los ciudadanos?
6 que a pesar del trabajo que hace su marido, todavía teme salir de casa?
7 que no hace sus compras en las grandes superficies?
8 que la gente está preocupada por los ataques?
9 que no tiene miedo cuando anda por la calle?

María

B 🎧 Escucha otra vez. Busca la palabra o la frase española que significa …

1 una mujer que vive en Madrid
2 he evitado
3 miro con cuidado a la cara
4 las personas alrededor de mí
5 un miembro de las fuerzas armadas
6 el temor de ser involucrado en un incidente
7 ganar la antipatía
8 los porcentajes son favorables

Dolores

C ✍️ "La violencia política sólo sirve para enajenar a la gente." ¿Estás de acuerdo? Escribe unas 250 palabras en español.

Carmen

12.4 Lo que más preocupa a los españoles

El paro, los problemas económicos, la vivienda y la inmigración no preocupan a los españoles tanto como el terrorismo.

El terrorismo es lo que más preocupa a los españoles. Al menos, así lo indica un informe que ha sido presentado en el Congreso de los Diputados.

De esta forma, el terrorismo, relegado hasta el número cuatro en anteriores informes, vuelve a encabezar este sondeo con un 39,6% de los votos frente al anterior 10,5%.

Por orden de importancia, al terrorismo le siguen el paro – que baja del primer puesto con un 40% al actual 38,6% – los problemas económicos, la vivienda y la inmigración.

Según el informe el 35,9% de los españoles opinan que la situación económica es "mala" o "muy mala", la cifra más alta de percepción negativa de toda la legislatura.

Al mismo tiempo, la percepción positiva es también la más baja en cuatro años, ya que por primera vez se sitúa por debajo del 20%.

El futuro es percibido por los españoles de manera más pesimista que en el anterior barómetro, puesto que un 32,4% dicen que en

un año la economía empeorará, y sólo un 9,8% vaticinan que mejorará, también la cifra más baja en un año; un 42,6% auguran que continuará igual.

El informe preguntó además por la situación política, con una percepción también peor respecto a la encuesta previa.

Dentro de un año, el 12,9% indican que la vida política mejorará (el 13,5% en el anterior informe), el 16,2% afirma que irá a peor (15,8%) y el 44,8% auguran que no variará.

A (i) Answer the following questions in English.

1 Which position did terrorism hold in the previous survey?
2 In which position was housing?
3 Note down the top five issues of concern to the Spanish public in order of importance.
4 Explain what these percentages signify:
(a) 35.9% (b) below 20% (c) 32.4% (d) 9.8% (e) 42.6%
5 What does the report say about the public perception of the political situation?
6 According to the survey, how do the majority of those questioned see the situation in one year's time?

(ii) Translate the first two paragraphs into English.

B Traduce al español este párrafo.

A recent report indicates that Spaniards consider terrorism to be the most worrying problem today. It comes top in a survey, followed by unemployment. The economy also worries the Spanish people. Many of them take a pessimistic view, and few think that it will improve. The view of the political situation is also worse than in previous reports.

C Haz un sondeo en clase. ¿Cuál es, en tu propio país, el principal problema que existe actualmente? Utiliza la hoja que te dará tu profesor. Cuando te hayas enterado del problema más significativo, propón al menos una solución.

12.5 El 11 de marzo

Un día trágico que los españoles no olvidarán nunca.

"No imagino lo que vieron sus ojos antes de cerrarse, lo que sintió esa mañana, mientras esperaba a un tren que no llegaría nunca; no imagino su angustia al verse sola, en la oscuridad, sin poder entender nada de cuanto estaba pasando.

Me gustaría creer que ya no sufre, que está tranquila dondequiera que se encuentre y que sólo desea que estos últimos años no le dejen indiferente a nadie.

El 11 de marzo todos cogimos un tren y todos perdimos algo ... Para mi prima, con todo el cariño de su familia y de todos aquellos que la conocen."

Laura tenía 26 años cuando aquella mañana del 11 de marzo de 2004 esperaba, como cada día, el tren que desde la madrileña estación de Atocha le llevaría a su trabajo. Hoy, unos años después de la masacre, permanece en coma irreversible como consecuencia de las lesiones que sufrió por la bomba que estalló en las cercanías que se encontraba en la estación.

Su familia desea mantener el anonimato, aunque una carta de su prima quiso dar a conocer su caso con motivo del aniversario del mayor atentado sufrido en la historia de nuestro país.

Tanto fuentes de la Asociación de Víctimas del Terrorismo, como de la Asociación de Ayuda a las Víctimas del 11-M, confirmaron ayer su caso. "Sí, nos consta su existencia, aunque sus padres no pertenecen a ninguna de las asociaciones en las que se reúnen las víctimas. Se trata de una familia de Valladolid, aunque la chica trabajaba en Madrid", explicó un portavoz de la segunda de las asociaciones citadas.

Se trataría de la peor parada para los 1.842 heridos que dejaron las cuatro explosiones, por las que murieron 191 personas, además del GEO que perdió la vida en el piso donde se suicidaron los terroristas de Leganés.

Ahora Laura ya ha cumplido los 29, pero ella no lo sabe. Lo ignora todo desde aquella fatídica mañana. Su familia vela a su lado. La carta de su prima le rinde hoy homenaje.

A 📄 Empareja las dos partes de cada frase. ¡Cuidado! – hay una segunda parte que sobra.

1 Laura había cumplido los veintiséis años …
2 Hoy sigue inconsciente …
3 Sus parientes no quieren …
4 Su prima ha escrito una carta …
5 El padre y la madre de Laura …
6 Casi dos mil personas …
7 Un policía murió …
8 Los parientes de Laura …

a fueron víctimas de las bombas.
b todavía permanecen con ella.
c cuando cogió el tren desde Madrid.
d cuando los responsables se suicidaron.
e como resultado de las heridas ocasionadas por la explosión.
f fue extraditado a España desde Londres.
g no son miembros de ningún grupo de apoyo.
h que la gente conozca su identidad.
i para concienciar a la gente del aniversario del atentado.

B 🗨 Translate Laura's cousin's letter into English.

C 📄 🗨 The Spanish government made an error in the days immediately following the 11 March attacks. What happened exactly and what was the consequence? Make notes in English.

12.6 ETA en Andalucía

A pesar de los esfuerzos por conseguir la paz en otras partes del mundo, algunos separatistas vascos todavía siguen el camino de la violencia.

A 🎧 Escucha la grabación y luego contesta a las preguntas en español.

1 ¿Qué hizo el comando de ETA en Ayamonte?
2 ¿Dónde están buscando las fuerzas de seguridad?
3 ¿Cuántas personas hay en el comando, según las autoridades?
4 Haz una lista de los lugares que están registrando las fuerzas de seguridad.
5 ¿Qué otra medida toman las autoridades?
6 ¿Por qué iban los miembros de ETA a Portugal?
7 Haz una lista del material que encontraron las autoridades en el coche abandonado.
8 ¿Por qué creen las autoridades que los etarras iban a esconderse en Sevilla?

B 📄 Copia la tabla y rellena cada espacio en blanco con la forma verbal de cada sustantivo.

C 📄✂️ Search on the Internet. What is ETA? Make notes in English on its political outlook, its methods, people's reaction (for example Manos Blancas, Elkarri, COVITE). A good starting point could be the website: www.elmundo.es/eta

Sustantivo	Verbo
búsqueda	1
lucha	2
rastreo	3
alojamientos	4
atentados	5
sospechas	6
traslado	7
huir	8
detonadores	9
escondite	10

12.7 Vuelos entre Gibraltar y España

Prohibidos durante muchos años, los vuelos van a recuperarse otra vez.

España, el Reino Unido y Gibraltar acordaron la semana pasada el uso conjunto del aeropuerto del territorio británico, en un pacto histórico con el que los negociadores dejaron de lado trescientos años de disputas sobre su soberanía.

En la primera reunión en la que Gibraltar contó con una delegación propia, las tres partes acordaron también la compensación y actualización de las pensiones de los españoles que trabajaron en el Peñón, facilitar el paso de la Verja y abrir un "Instituto Cervantes".

"Es un paso muy significativo", declaró el Ministro de Asuntos Exteriores español en una rueda de prensa celebrada en Córdoba, que acogió el encuentro.

La Verja se abrió de nuevo en 1985 y las relaciones han mejorado significativamente desde la llegada al poder del Gobierno socialista de José Luis Rodríguez Zapatero.

La expansión del aeropuerto gibraltareño será un gran impulso para la zona española, que se encuentra menos desarrollada que la vecina Costa del Sol. La nueva terminal dispondrá de dos accesos a cada lado de la frontera, de modo que los viajeros y las mercancías que vayan desde y hacia España podrán sortear los controles y los impuestos de Gibraltar.

La terminal, que estará gestionada por una compañía hispano-gibraltareña, debería estar terminada en menos de dos años, como indicaron las dos partes en un comunicado.

España y el Reino Unido estudiaron durante un tiempo la soberanía compartida, pero en 2002, un 99 por ciento de sus 28.000 habitantes votaron en contra de esta posibilidad, y pidieron seguir bajo soberanía británica.

A 📖 Cada frase tiene un error de hecho. Corrige las frases según el artículo, y luego traduce las frases correctas al inglés.

1 España, el Reino Unido y Gibraltar se han disputado la soberanía del Peñón desde hace doscientos años.
2 Acordaron pagar las pensiones de los trabajadores británicos.
3 Han decidido cerrar la Verja.
4 Las relaciones entre Gran Bretaña y España se han deteriorado desde la llegada al poder del Gobierno derechista.
5 El resto de España se encuentra más desarrollado que la Costa del Sol.
6 La nueva terminal dispondrá de sólo un acceso en el lado británico de la frontera.
7 Una compañía británica gestionará la nueva terminal.
8 Se acabarán las obras de la terminal dentro de dos meses.
9 Los gibraltareños votaron a favor de la soberanía compartida.

B 📖 What is the infinitive of each verb and its meaning in English? Copy and complete the table.

Form of verb	Infinitive	English translation
acordaron	1	
acogió	2	
se abrió	3	
han mejorado	4	
se encuentra	5	
dispondrá	6	
vayan	7	
debería	8	
podrán	9	
pidieron	10	

C 🗣 Prepara una presentación oral sobre la historia del Peñón. Debe durar unos dos minutos, nada más.

12.8 España reivindica su soberanía sobre Gibraltar

Gibraltar: ¿española o británica?

A 🎧 Antes de escuchar la grabación, busca en el diccionario las palabras españolas que signifiquen …

1 to claim the right to (two verbs possible)
2 sovereignty
3 contentious
4 decree
5 agreement
6 tripartite
7 self-determination
8 decolonisation
9 to kidnap
10 self-government
11 consent
12 treaty

B 🗒 Make notes in English on the following aspects of the recording.

1 the two developments that have made the claim for sovereignty easier to make
2 the essence of the problem facing Gibraltar
3 the only solution acceptable to the inhabitants of Gibraltar
4 the difficulty imposed by the Treaty of Utrecht

C 🗒 "España no tiene ningún papel en la descolonización de Gibraltar." ¿Estás de acuerdo? Escribe unas 250 palabras en español.

131

12.9 ¿Autonomía o separatismo?

A pesar de una ampliación de sus derechos, los separatistas todavía quieren ser independientes.

Según expertos, es probable que surgan más de una decena de estados nuevos durante el siglo XXI. El ejemplo más "tradicional" del separatismo europeo es el País Vasco. En España viven cerca de 2 millones de vascos, que pueblan tres provincias de la región llamada "El País Vasco". Éste posee derechos más amplios que otras regiones españolas, tiene un nivel de vida más alto que el promedio nacional, el vascuence posee estatus de idioma oficial. Pero los partidarios separatistas de España exigen más y más.

El brote del separatismo se debió a la política de Franco: a los vascos les prohibían editar libros y periódicos e impartir enseñanza en euskara (lengua Euskera), dar nombres vascos a los niños e izar la bandera

vasca. En sus comienzos, la organización ETA se planteaba el objetivo de luchar contra el franquismo. Hace mucho que Franco ya no está entre los vivos; el País Vasco goza de autonomía, pero ello no detiene a los separatistas. En la lucha por la "independencia" perecieron más de 900 personas.

Otro "dolor de cabeza" para Madrid es Cataluña, que tiene su lengua y su propia cultura. Los catalanes siempre han insistido en ser diferentes a los habitantes de otras regiones de España. La comunidad catalana goza de una amplia autonomía en el Estado español, el cual es una monarquía constitucional. Las relaciones con el Gobierno central se regulan por el estatuto de autonomía. Recientemente, en su nueva redacción fue anotado que los catalanes son una nación aparte. En la región funcionan decenas de partidos y organizaciones sociales, en su mayoría de carácter izquierdista, que se manifiestan a favor de separarse de España e insisten en celebrar un referéndum al respecto.

A 📱 Lee el artículo y haz apuntes en español sobre ...

1 lo que ya han conseguido los vascos – ¿es suficiente para los separatistas?
2 el brote del separatismo vasco – ¿por qué nació la ETA en 1959?
3 la situación de los catalanes – ¿de qué gozan actualmente? ¿qué quisieran en el futuro?

B 📱 Rellena cada uno de los espacios en blanco con una palabra adecuada.

1 El País Vasco consiste en tres _____.
2 Los vascos tienen más _____ que otras partes de España.

3 La lengua vascuence, que se llama _____, hoy tiene _____ de _____ oficial.
4 Bajo _____, los vascos no podían _____ la bandera vasca.
5 El País Vasco ahora _____ de la autonomía.
6 Durante la campaña para la independencia, más de _____ personas han _____.
7 Los catalanes creen que son _____ de otros españoles.
8 Un estatuto de autonomía _____ las relaciones entre los catalanes y el _____.
9 Algunos catalanes _____ para _____ de España.
10 Quisieran _____ un _____ en el futuro.

C Translate the last paragraph of the article into English, from 'Otro "dolor de cabeza"' to the end.

Prácticas

1 The subjunctive – expressions of futurity
2 The subjunctive – indefinite antecedents
3 Object pronouns
4 *Cuyo*
5 What's that word?

1 Read the grammar section on the **subjunctive** on pages 169–170. Rewrite these sentences, changing the infinitive in brackets into the correct form of the verb, and then translate the sentences into English.

a No podemos hacer nada hasta que ella (llegar).
b En cuanto (empezar) mi nuevo empleo, compraré un coche.
c Mientras él no (cambiar) de opinión, las cosas seguirán así.
d Tan pronto como nosotros (recibir) el recado, partiremos.
e Haré el café cuando (terminar) el programa.
f Una vez que (comprar) la casa, podrán jubilarse.

2 Read the grammar section on the **subjunctive** on pages 169–170, then translate these sentences into Spanish.

a We're looking for someone who speaks Spanish.
b I want a hotel that's cheap.
c I'd like to meet someone with a good sense of humour.
d We don't know anyone who can help them.
e Is there anyone who believes in UFOs?
f I don't know anyone who reads Japanese.

3 Read the grammar section on **object pronouns** on page 156, then rewrite these sentences, choosing the correct phrase to fill the gap.

a A Maite y a Felipe (se les perdieron / se les perdió / se le perdieron) los cheques de viaje en el hotel.
b Al camarero (se les cayó / se le cayó / se le cayeron) un plato de albóndigas en salsa de tomate.
c Xabi perdió el tren porque (se les paró / se le pararon / se le paró) su reloj.
d Perdimos el vuelo porque (se nos olvidó / se nos olvidaron / se les olvidaron) los pasaportes.
e (Se me acabaron / Se le acabó / Se me acabó) la paciencia en el atasco.

4 Read the grammar section on **cuyo** on page 159, then translate these sentences into Spanish.

a Almodóvar is a director whose films are thought-provoking.
b Picasso is an artist whose paintings are perplexing.
c Franco was a dictator whose politics were conservative.
d Gabriel García Márquez is an author whose books are magical.
e Paco Peña is a guitarist whose talent is unsurpassed.

5 **What's that word?** All of these words have been used in this unit, but some letters are missing. Each dash represents a missing letter. Write out the words in full and give their English meanings.

1 aut __ __ __ __ __ as
2 mo __ __ __ __ __ a
3 he __ __ __ __ __ __ __ io
4 bi __ __ __ __ __ __ l
5 des __ __ __ __ __ __ __ __ __ __ __ os
6 s __ __ __ __ o
7 at __ __ __ __ __ o
8 en __ __ __ __ __ r
9 te __ __ __ __ __ __ o
10 sep __ __ __ __ __ __ o
11 au __ __ __ __ __ __ __ __ __ __ __ __ __ __ ón
12 e __ __ __ __ __ a
13 e __ __ __ __ __ __ __ do

Unidad 13

La historia

13.1 La Alhambra

La Alhambra es una de las siete maravillas del mundo.

La Alhambra, denominada así por sus muros de color rojizo ("qa'lat al-Hamra'", castillo rojo), está situada al este de la ciudad de Granada.

Su posición estratégica, desde la que se domina toda la ciudad y la vega granadina, hace pensar que existían construcciones anteriores a la llegada de los musulmanes. Su conjunto es completamente amurallado y posee una forma irregular.

Se tiene constancia por primera vez de ella en el siglo IX, cuando en 889 Sawwar ben Hamdun tuvo que refugiarse en la Alcazaba y repararla debido a las luchas civiles que azotaban por entonces al califato cordobés, al que pertenecía Granada. A pesar de la incorporación del castillo de La Alhambra al recinto amurallado de la ciudad en el siglo XI, lo que la convirtió en una fortaleza militar desde la que se dominaba toda la ciudad, no sería hasta el siglo XIII con la llegada de Mohamed ben

Al-Hamar (Mohamed I, 1238–1273) cuando se fijaría la residencia real en La Alhambra. Este hecho marcó el inicio de su época de mayor esplendor. A Yúsuf I (1333–1353) y Mohamed V (1353–1391) les debemos la inmensa mayoría de las construcciones de La Alhambra que han llegado a nuestra época. De los reyes nazaríes posteriores no se conserva prácticamente nada. De la época de los Reyes Católicos hasta nuestros días podemos destacar la demolición de parte del conjunto arquitectónico por parte de Carlo V para construir el palacio que lleva su nombre y, a partir del siglo XVIII, el abandono de la conservación de La Alhambra. Durante la dominación francesa parte de la fortaleza fue destrozada y hasta el siglo XIX no comenzó su reparación, restauración y conservación, que se mantiene hasta la actualidad.

A Lee el texto. Para cada una de las frases siguientes, apunta "V" (verdadero), "F" (falso) o "NSD" (no se dice).

1 El nombre "La Alhambra" deriva de unas palabras árabes que describen el color de las murallas.
2 La Alhambra se encuentra al oeste de Granada.
3 La situación de La Alhambra fue muy importante antes de la llegada de los musulmanes.
4 Sawwar ben Hamdun se refugió en la Alcazaba con su familia.
5 Mohamed I estableció la residencia real en el siglo XIII.
6 Mohamed I tenía muchos hijos.
7 Los reyes nazaríes que seguían a Mohamed I dejaron una gran cantidad de construcciones.
8 El rey Carlos V destruyó una parte de La Alhambra para construir un nuevo palacio.
9 El rey Carlos V empleaba muchos servidores.
10 La reparación de La Alhambra empezó en el siglo XX.

B 📄 **(i)** Rellena los espacios en blanco de la tabla.

Sustantivo	Verbo	Adjetivo
1	2	denominada
3	domina	4
5	6	amurallada
7	posee	8
incorporación	9	10
11	convertir	12
residencia	13	14
abandono	15	16
17	volada	18
restauración	19	20

👥 **(ii)** Ahora trabaja en pareja. Utilizando la tabla completa, ¿cuántas frases de al menos doce palabras puedes hacer? Después, da tus frases a tu pareja para que las traduzca al inglés.

C 🔧 Traduce al español estas frases.

1 The name of La Alhambra comes from Arabic and means "red castle".
2 Its position dominates the city.
3 Sawwar ben Hamdun took refuge in the Alcazaba and repaired it after the civil wars.
4 The construction of the royal palace by Mohamed I began a period of great splendour.
5 The Nazarid kings left nothing.
6 The French destroyed part of the fortress.
7 In the nineteenth century they began to repair, restore and conserve La Alhambra.
8 These works have continued until the present day.

D 📄👥 Busca en Internet lo que era el califato de Córdoba. Comparte tus descubrimientos con tu pareja.

13.2 El emirato

Los fundamentos del reinado musulmán en España pusieron los cimientos de un legado de arte, arquitectura y lenguaje que perdura hasta nuestros días.

A 🎧 Escucha la grabación. ¿Cómo se dice en español … ?

1 after the Muslim invasion
2 governor who acted as a delegate
3 they were defeated by the Asturians
4 they entered French territory
5 the end of Arab Muslim expansion in Europe
6 a key fact
7 managed to escape
8 the period known as the independent emirate
9 spiritual and temporal leader of the Muslim world
10 sited his capital
11 the challenge to the central power of Córdoba
12 settled in the various regions

B 🎧🔧 Escucha otra vez. Haz apuntes en español sobre …

1 un emir
2 dos batallas importantes
3 lo que pasó en la dinastía Omeya
4 Abd-al-Rahman I
5 el califa Abasí
6 las tres cosas que necesitaba Abd-al-Rahman para crear un estado independiente

C 📄 Busca en Internet la batalla de Covadonga de 722. Marca la situación de Covadonga en el mapa de España y luego haz una presentación oral en español sobre la batalla. Si quieres puedes trabajar en pareja.

13.3 El califato de Córdoba

Córdoba fue el centro neurálgico de un nuevo imperio musulmán en Occidente.

Un importante paso en el fortalecimiento de Al-Andalus se dio en el año 929, cuando el emir Abd-al-Rahman III decidió proclamarse califa, cargo en el que confluían el poder político y el religioso. "Nos parece oportuno que, en adelante, seamos llamado Príncipe de los Creyentes", escribía en una carta que el nuevo califa envió a sus gobernadores.

El califa residía en el alcázar de Córdoba, situado junto a la gran mezquita. Unos años después de su autoproclamación, Abd-al-Rahman III ordenó construir, al oeste de la capital, la impresionante ciudad-palacio de Medina Azahara, convertida en residencia califal y en el centro del poder político de Al-Andalus.

En las últimas décadas del siglo X, Almanzor se hizo con el poder efectivo en Al-Andalus; ejercía el cargo de hachib, una especie de primer ministro. Mientras tanto, el califa de la época, Hisham II (976–1009), vivía recluido en el palacio de Madinat al-Zahra sin ejercer en lo más mínimo el poder político.

Almanzor, que basó su poder en el ejército, integrado sobre todo por soldados beréberes, organizó terroríficas campañas contra los cristianos del norte peninsular. Su muerte en el año 1002 inició el proceso de descomposición política (fitna) que llevó al fin del califato en 1031.

A Contesta a estas preguntas en español.

1 ¿Qué hizo Abd-al-Rahman III en 929?
2 ¿Qué significaba el papel de califa?
3 ¿Dónde vivía Abd-al-Rahman III?
4 ¿Dónde estaba su vivienda?
5 ¿Qué era Medina Azahara?
6 ¿Qué hizo Almanzor en las últimas décadas del siglo X?
7 ¿Qué era un "hachib"?
8 ¿Qué hacía el califa Hisham II mientras tanto?
9 ¿En qué basó Almanzor su poder?
10 ¿Cuál fue su actitud en lo que se refiere a los cristianos?
11 ¿Qué pasó después de su muerte?

B Rellena los espacios en blanco de cada frase con un verbo adecuado.

1 En 929 el emir Abd-al-Rahman III _____ califa.
2 De esta manera _____ líder político y religioso.
3 Quería que la gente le _____ "Príncipe de los Creyentes".
4 Abd-al-Rahman III _____ en el alcázar que _____ junto a la mezquita.
5 El palacio de Medina Azahara _____ según las órdenes de Abd-al-Rahman III.
6 Almanzor _____ como "hachib", una especie de primer ministro.
7 El califa Hisham II _____ en su palacio y no _____ ningún poder político.
8 Almanzor _____ responsable por _____ campañas de terror contra los cristianos.
9 Almanzor _____ en 1002.
10 El califato _____ después de _____ políticamente.

C Now translate the completed sentences into English.

13.4 Cristóbal Colón

¿Español o no? ¿Descubrió los Estados Unidos? Lee para saber la respuesta.

Cristóbal Colón

Durante el siglo XV había una gran rivalidad entre España y Portugal en lo que se refiere a rutas marítimas mercantiles. Por razón de un tratado en 1479, las rutas africanas hacia el este permanecían cerradas a España, lo que significaba que no tenía el derecho de navegar alrededor de la costa africana hacia los países asiáticos.

Pero ¿cómo es que unos veinte países en el continente sudamericano son hispanohablantes? Eso se debe al marinero explorador Cristóbal Colón. Aunque se dice que nació en Génova, todavía cabe duda de que fuese italiano, y sus orígenes permanecen inciertos.

Lo que propuso Colón fue descubrir una ruta a las Indias, navegando hacia el oeste. Era el tiempo idóneo para España, porque después de las guerras contra los musulmanes y la derrota de Granada en 1492, la España unificada poseía una poderosa maquinaria de guerra, una sólida economía, una proyección exterior, experiencia naval y un notable potencial científico y tecnológico que había sido tomado de una mezcla de culturas (judía, musulmana y cristiana). La

oferta fue rápidamente aceptada. Pero durante su viaje a Asia sus barcos dieron con el continente americano.

En Brasil no se habla español – se habla portugués, a causa de otro tratado, el de Tordesillas, que en 1494 dividió el continente entre España y Portugal. Y lo sorprendente es que el país con más personas que hablan español es … ¡los Estados Unidos!

A ¿Cómo se dice en español … ?

1 there was a great rivalry
2 remained closed
3 which meant that
4 was born in Genoa
5 there is still doubt that he was Italian
6 had a powerful war machine
7 which had been acquired
8 was quickly accepted
9 which divided the continent

B Lee el texto. Para cada una de las frases siguientes, apunta "V" (verdadero), "F" (falso) o "NSD" (no se dice).

1 Había una gran rivalidad entre España y Brasil.
2 Un tratado había cerrado las rutas orientales a España.
3 Colón era de una familia de tradición marinera.
4 Colón propuso una expedición para descubrir una nueva ruta al oriente.
5 Tras la caída de Granada los españoles buscaban una forma de utilizar sus energías.
6 Las guerras contra los musulmanes dejaron a España en un estado bastante débil.
7 Los Reyes Católicos fueron a Madrid para oír la proposición de Colón.
8 Había una crisis económica en España.
9 El diseño de los barcos de Colón estaba basado en el de las carabelas portuguesas.
10 El tratado de Tordesillas dividió el continente entre España y Brasil.

C Busca en Internet: los Reyes Católicos, la conquista de Granada, las Capitulaciones de Santa Fe, Cipango. Escribe unas 30–40 palabras en español sobre cada tema.

13.5 Los conquistadores 1 – Hernán Cortés

Los orígenes de un hombre que derrotaría un gran imperio.

Procedente de una familia de hidalgos de Extremadura, Hernán Cortés estudió brevemente en la Universidad de Salamanca. En 1504 se trasladó a las Indias y se estableció como escribano y terrateniente en la isla La Española (Santo Domingo). Participó en la expedición a Cuba de 1511 como secretario del gobernador Diego Velázquez, con quien emparentó al casarse con su cuñada y quien le nombró alcalde de la nueva ciudad de Santiago.

En 1518 Diego Velázquez confió a Hernán Cortés el mando de una expedición a Yucatán; sin embargo, el gobernador desconfiaba de Cortés, a quien ya había encarcelado en una ocasión acusado de conspiración, y decidió relevarle del encargo antes de partir. Cortés advertido, aceleró la partida y se hizo a la mar antes de recibir la notificación (1519).

Con 11 barcos, unos 600 hombres, 16 caballos y 14 piezas de artillería, Hernán Cortés navegó desde Santiago a Cozumel y Tabasco; allí derrotó a los mayas y recibió – entre otros regalos – a Doña Marina, una mujer indígena que le serviría como amante, consejera e intérprete durante toda la campaña.

Desobedeciendo órdenes expresas del gobernador Velázquez, fundó en la costa del golfo de México la ciudad de Villa Rica de la Veracruz. Allí tuvo noticias de la existencia del imperio azteca en el interior, cuya capital se decía que guardaba grandes tesoros, y se aprestó a su conquista.

Para evitar la tentación de regresar que amenazaba a muchos de sus hombres ante la evidente inferioridad numérica, Hernán Cortés hundió sus naves en Veracruz. Logró la alianza de algunos pueblos indígenas sometidos a los aztecas. Tras saquear Cholula, llegó a la capital azteca, Tenochtitlán, en donde fue recibido pacíficamente por el emperador Moctezuma, que se declaró vasallo del rey de Castilla. La posible identificación de los españoles con seres divinos y de Cortés con el anunciado regreso del dios Quetzalcóatl favoreció quizá esta acogida a unos extranjeros que muy pronto empezaron a comportarse como invasores ambiciosos y violentos.

A Completa esta línea cronológica con los acontecimientos correctos. Haz apuntes en español.

1 1504 _____ 2 1511 _____ 3 1518 _____ 4 1519 _____

B Answer the following questions in English.

1 What three favours did Velázquez bestow on Cortés?
2 How did Velázquez feel about Cortés?
3 By what means did Cortés keep command of the Yucatán expedition?
4 List his military resources for this expedition.
5 What unusual benefit did he acquire from the defeat of the Maya?
6 Why was the founding of Villa Rica de la Veracruz controversial?
7 What rumours came to Cortés here?
8 How did he prevent his men from deserting?
9 What was the first part of his strategy in taking on the Aztec empire?
10 How was he received by Moctezuma?
11 What unlikely coincidence paved the way for the Spaniards?
12 How did they then begin to behave?

C Busca en Internet: Moctezuma, Tenochtitlán, Quetzalcoatl. Haz apuntes en español sobre los tres, luego escoge uno de ellos y prepara una presentación oral de unos dos minutos para dar al resto de la clase.

13.6 Los conquistadores 1 – Hernán Cortés (cont.)

Cortés – ¿explorador, héroe o vándalo?

A 🎧 📝 Escucha la grabación. Haz apuntes en español para identificar a las personas siguientes: Velázquez, Pánfilo de Narváez, Alvarado, Moctezuma, Cuauhtémoc.

B 🎧 Escucha otra vez. ¿Cómo se dice en español …

1 to punish his defiance
2 to confront the troops
3 native unrest
4 the killing of their nobles
5 to foil a supposed conspiracy
6 he intended him to mediate
7 was forced to leave
8 his small army was decimated
9 absolved of all accusations
10 without any governing functions
11 moral concerns unusual in this context

C 📝 Hernán Cortés – ¿explorador o vándalo? Según lo que has leído y oído, escribe unas 250 palabras en español sobre el conquistador de México, explicando tu punto de vista como si fueras tú, Cortés.

13.7 Los conquistadores 2 – Francisco Pizarro

Pizarro fue un soldado que buscaba aventuras en el Nuevo Mundo.

1 Pizarro nació en Trujillo, en España, en 1478. Hijo natural del capitán Gonzalo Pizarro, desde muy joven participó en las guerras locales y acompañó a su padre en las guerras de Italia.

2 En 1502, embarcó en la flota que llevaba a las Indias Nicolás de Ovando, el nuevo gobernador de la isla La Española. Hombre inquieto y de fuerte carácter, no logró adaptarse a la vida sedentaria del colonizador, razón por la que decidió participar en la expedición de Alonso de Ojeda que exploró América Central en 1510 y luego en la de Vasco Núñez de Balboa que descubrió el océano Pacífico en 1513.

3 Entre 1519 y 1523, sin embargo, se instaló en la ciudad de Panamá, de la cual fue regidor, encomendero y alcalde, lo que le permitió enriquecerse. Conocedor de los rumores que hablaban de la existencia de grandes riquezas en el Imperio Inca, decidió unir la fortuna que había amasado con la de Diego de Almagro para financiar dos expediciones de conquista, que se saldaron con sendos fracasos.

4 A causa de las penalidades sufridas en el segundo intento, Pizarro se retiró a la isla del Gallo con doce hombres, mientras Almagro iba a Panamá en busca de refuerzos. Los "trece de la fama" aprovecharon para explorar parte de la costa oeste de América del Sur, región que denominaron el Perú, tal vez por la proximidad del río Virú, y tuvieron constancia de la existencia de una gran civilización.

5 No obstante, ante la negativa del gobernador de Panamá a conceder más hombres a Almagro, en 1529 Pizarro viajó a España a fin de exponer sus planes al rey Carlos I, quien, en las capitulaciones de Toledo (el 26 de julio de 1529), lo nombró gobernador, capitán general y adelantado de las nuevas tierras, designación real esta que provocó el recelo y la frustración de Almagro.

A 📖 Empareja cada título con el párrafo adecuado del texto.

a Una asociación malograda
b Buenas noticias y problemas futuros
c Juventud
d Contratiempo
e Primeras expediciones

B ✍ Complete the sentences in English.

1 Pizarro fought alongside his father …
2 He went to the Indies with …
3 He found it difficult to …
4 He was with Nuñez de Balboa's expedition that …
5 He spent four years in …
6 As a result of the offices he held …
7 He pooled resources with Almagro to …
8 After the failure of the second expedition he …
9 The governor of Panama refused to …
10 Pizarro went to Spain to …
11 In the Toledo Pact of 1529, the king …
12 This made Almagro feel …

C ✍ Traduce este párrafo al español.

Francisco Pizarro was a restless man who had participated in the Italian wars. He did not like the life of a coloniser, so he joined two expeditions. He became rich in Panama and joined his fortune with that of Almagro to search for the riches of the Inca empire. He had to go to Spain to seek the support of the king. The king named him governor, which frustrated Almagro.

13.8 Los conquistadores 2 – Francisco Pizarro (cont.)

Tras una sangrienta campaña, Pizarro derrotó a los Incas.

A 🎧 Escucha la grabación. Pon estos acontecimientos en el orden cronológico correcto. Añade las fechas apropiadas.

a Rebelión indígena de Manco Cápac contra los españoles
b Ejecución de Almagro
c Embarcación hacia el Perú
d Asesinato de Pizarro en Lima
e Conquista completa del Perú; Manco Cápac nombrado emperador
f Captura de Atahualpa en un ataque por sorpresa
g Batalla de Salinas
h Ejecución de Atahualpa
i Regreso de Pizarro de Panamá

B Empareja las dos partes de cada frase. ¡Cuidado! – hay una segunda parte que sobra.

1 Pizarro embarcó hacia el Perú …
2 Había una lucha civil …
3 Atahualpa rehusó abrazar el cristianismo …
4 Pizarro capturó a Atahualpa …
5 Atahualpa llenó el cuarto de rescate con oro …
6 Pizarro acusó a Atahualpa …
7 Atahualpa fue ejecutado …
8 Los incas apenas se resistieron …
9 Manco Cápac …
10 Pizarro y Almagro …
11 Hernando Pizarro …
12 Los partidarios de Almagro …

a de preparar una rebelión contra los españoles.
b asesinaron a Pizarro en Lima en 1541.
c en agosto de 1533.
d cumplir su parte del pacto.
e entre Atahualpa y Huáscar.
f a cambio de su libertad.
g en enero de 1531.
h en un ataque por sorpresa.
i a la conquista de Cuzco.
j ejecutó a Almagro en 1538.
k se hicieron enemigos.
l y someterse a la autoridad de Carlos I.
m fue nombrado emperador.

C After checking your answers to exercise B, translate the completed sentences into English.

D Busca en Internet: las leyendas de Viracocha, Manco Cápac, Mamá Ocllo. Prepara una presentación oral en español de unos dos minutos sobre una de estas leyendas.

13.9 La armada invencible I

El rey Felipe II de España intentó invadir Inglaterra.

La armada invencible fue la flota española formada por Felipe II para la invasión de Inglaterra. La reina inglesa, Isabel I, mantuvo siempre una postura contraria a España. En 1585, la reina firmó con los rebeldes de los Países Bajos un tratado en el que se comprometía a prestarles ayuda militar a cambio de la presencia de sus tropas en Brill y Flesinga. En ese mismo año en mayo, Felipe II ordenó la captura de todas las naves inglesas ancladas en puertos españoles. En septiembre, Francis Drake inició una campaña de ataque sistemático a las colonias del área del Caribe, poniendo en entredicho el sistema defensivo español en el Atlántico.

Para entonces el rey de España había recibido ya la propuesta del primer marqués de Santa Cruz de preparar una expedición naval contra Inglaterra, que solventase, a la vez, el problema del control del océano y la revuelta de los Países Bajos.

En los meses siguientes, la idea de la invasión de la isla tomó cuerpo. Santa Cruz y sus colegas enviaron al monarca sus planes respectivos para la campaña. Estos resaltaban, sobre todo el del segundo, la necesidad de una gran armada que neutralizara el poder de la flota inglesa y asegurara el traslado de los tercios de Flandes a Inglaterra. La falta de un puerto con calado suficiente para que atracaran los galeones inclinó a Felipe II hacia la posibilidad de que éstos realizaran la travesía del canal de la Mancha en barcazas, escoltados por la escuadra.

En la década de 1580 los ingresos de la Corona procedentes de las Indias hicieron posible la construcción de algunas embarcaciones y el avituallamiento de una poderosa flota.

A 📄 🖋 Cada una de estas frases contiene un error. Escribe cada frase otra vez, corrigiendo los errores.

1 La escuadra española fue formada para invadir los Países Bajos.
2 La reina Isabel I se oponía a los rebeldes de Holanda.
3 Felipe II ordenó que los barcos ingleses anclados en puertos holandeses fueran capturados.
4 Francis Drake puso en marcha una campaña de ataques contra los barcos españoles en el Mediterráneo.
5 El rey de España propuso al marqués de Santa Cruz preparar una flota para invadir Flandes.
6 La armada trasladaría las tropas españolas de España a Inglaterra.
7 El rey envió sus planes a Santa Cruz y sus colegas.
8 Los ingresos de la Iglesia pagaron la construcción y el avituallamiento de una flota.

B 🖋 Now translate the corrected sentences from exercise A into English.

C 📄 Busca en el texto una palabra sinónima para cada una de estas palabras.

1 patrulla
2 actitud
3 ejército
4 apresamiento
5 prohibir
6 proposición
7 transporte
8 batallón
9 profundidad
10 lanchón
11 renta
12 abastecimiento

13.10 La armada invencible 2

La invasión se convierte en desastre …

A 🎧 Escucha la grabación. ¿Cómo se dice en español … ?

1 not everything went smoothly
2 the shipyards speeded up their activity
3 what brought the plan forward
4 the first serious confrontation
5 the remains of the fleet
6 crowned the catastrophe
7 the support of the English Catholics
8 equipped with heavy artillery
9 the possibility of boarding
10 Spanish power had been damaged

9 How many returned to Spain
10 Factors contributing to defeat
11 Consequences for Spain

C 🖋 📄 🔎 Busca en Internet y haz apuntes en español sobre: Flores Valdés, Alejandro Farnesio, Alonso Pérez de Guzmán, Álvaro de Guzmán. Luego escoge a uno de estos personajes y prepara una presentación oral en español de unos dos minutos.

B 🖋 🎧 Listen to the recording again and make notes in English on the following.

1 Planned date of invasion
2 Size of fleet
3 Initial problem
4 Event that brought forward the plan
5 First clash
6 What happened at Gravelines
7 Effects of the weather
8 Fateful decision

13.11 El desarrollo de la guerra civil

El episodio más triste y más trágico de la historia de España.

El golpe y el estallido de la guerra provocaron la destrucción de las estructuras estatales de la Segunda República.

En el bando nacional el poder quedó en manos de un grupo de generales, que, siguiendo las propuestas de Mola, establecieron un estado autoritario y militarizado.

En el bando republicano, el gobierno de la República perdió el control de la situación y el poder verdadero quedó en manos de comités obreros organizados por partidos y sindicatos que no estaban sometidos a ningún tipo de poder centralizado.

En los primeros momentos de la guerra hubo una enorme represión en ambos bandos. Las ejecuciones y los asesinatos se extendieron por todo el país como una pesadilla.

La represión en la zona nacional se dirigió

esencialmente contra los militantes obreros y campesinos, aunque algunos intelectuales, como Federico García Lorca, fueron también víctimas del horror. La represión estuvo bastante organizada y controlada por las autoridades militares. Este hecho no impidió que pistoleros falangistas descontrolados protagonizaran excesos de todo tipo.

En la zona republicana los grupos que sufrieron la violencia fueron esencialmente los sacerdotes y las clases adineradas. José Antonio Primo de Rivera, prisionero en Alicante al estallar la guerra, fue juzgado y ejecutado. Tras el caos inicial en el que se produjeron graves excesos, el gobierno fue controlando poco a poco la situación y la represión se atenuó.

Un elemento clave para comprender la victoria final de los nacionalistas fue el "puente aéreo" organizado con aviones alemanes e italianos que permitió el rápido traslado del Ejército de África a la península.

A Lee el texto. Para cada una de las frases siguientes, apunta "V" (verdadero), "F" (falso) o "NSD" (no se dice).

1 Los generales fueron los líderes del partido republicano.
2 El bando republicano fue muy desorganizado.
3 Los dos bandos ejecutaron y asesinaron a muchos de sus enemigos.
4 Federico García Lorca fue asesinado a tiros.
5 Los pistoleros nacionalistas fueron responsables de varios excesos.
6 Los republicanos protagonizaron violentos episodios contra curas y civiles.
7 José Antonio Primo de Rivera fue fusilado.
8 Los alemanes y los italianos dieron barcos a los nacionalistas para trasladar las tropas de África.

B Rellena cada espacio en blanco con una palabra adecuada.

1 El golpe _____ fin a la Segunda República.
2 Los generales _____ introdujeron un _____ militar.
3 En cuanto a la República, no había _____ centralizado; el gobierno _____ en comités sindicales.
4 Los dos bandos _____ un gran número de _____.
5 Los nacionalistas _____ episodios violentos contra la clase _____.
6 La gente pudiente _____ la violencia de los republicanos, así como los _____.
7 _____ a José Antonio Primo de Rivera en Alicante al _____ de la guerra.
8 Había una situación _____ al estallar la guerra, con muchos _____.
9 Paulatinamente el gobierno _____ dominar la situación.
10 La _____ de Alemania e Italia fue un aspecto _____ de la victoria nacionalista.

C Busca en Internet: Emilio Mola Vidal, Gonzalo Queipo de Llano y Sierra, Dolores Ibárruri, José Antonio Primo de Rivera, Manuel Azaña. Haz apuntes en español sobre cada personaje, y luego prepara una presentación oral en español de unos dos minutos sobre uno de ellos.

13.12 Francisco Franco Bahamonde

El dictador hizo posible la vuelta de la monarquía en España.

1 Francisco Franco Bahamonde fue Jefe del Estado español durante la dictadura de 1939 a 1975. Nacido en una familia de clase media de tradición marinera, Francisco Franco eligió la carrera militar.

2 Su brillante carrera se desarrolló bajo distintos regímenes políticos: con la dictadura de Primo de Rivera llegó a dirigir la Academia General Militar de Zaragoza. Durante la Segunda República participó en la represión de la Revolución de Asturias. Fue comandante en jefe del ejército español en Marruecos y jefe del Estado Mayor Central. El gobierno del Frente Popular le alejó a la Comandancia de Canarias, puesto que ocupaba al estallar la guerra civil.

3 De ideas conservadoras, Franco valoraba sobre todo el orden y la autoridad. Desconfiaba del régimen parlamentario, del liberalismo y de la democracia, a los que creía causantes de la "decadencia" de España en el siglo XX. Su postura era representativa del grupo de militares "africanistas" que veían en el ejército la quintaesencia del patriotismo y la garantía de la unidad nacional. Por tales razones, Franco se sumó a la conspiración preparada por varios militares para sublevarse contra la República en julio de 1936. Fracasado el golpe de Estado, se abrió una guerra civil que duraría tres años y que llevaría a Franco al poder.

4 Terminada la guerra civil, Franco impuso en toda España un régimen de nuevo cuño, inicialmente alineado con los fascismos de Hitler y Mussolini. A pesar de ello, no comprometió del todo a España en la Segunda Guerra Mundial (1939–1945). Dada la debilidad en que se encontraba el país, no consiguió de Hitler las desmesuradas compensaciones que pretendía por su apoyo; tan sólo envió tropas voluntarias a combatir junto a los alemanes contra la Unión Soviética (la División Azul). Terminada la guerra con la derrota de las fuerzas del Eje, su régimen sufrió un cierto aislamiento diplomático. Sin embargo, consiguió mantenerse, rentabilizando su anticomunismo radical en el contexto de la "guerra fría".

5 En lo político, Franco instauró desde el principio una dictadura personal de carácter autoritario, sin una ideología definida más allá de su carácter confesional (católico integrista), unitario y centralista (contra toda autonomía regional o reconocimiento de peculiaridades culturales), reaccionario y conservador (los partidos y los sindicatos de clase fueron prohibidos). La represión de la oposición fue feroz (con unos 60.000 ejecutados sólo entre 1939 y 1945, continuando las ejecuciones políticas hasta 1975).

6 En lo económico, optó por una política de autarquía que hundió a España en el estancamiento y el atraso, en contraste con la recuperación que vivía el resto de Europa.

7 Desde 1969 Francisco Franco había institucionalizado como sucesor al príncipe Juan Carlos, nieto del último rey de España (Alfonso XIII). Tal previsión sucesoria se cumplió tras la muerte de Franco el 20 de noviembre de 1975, pero no fue acompañada de una continuidad política, ya que el nuevo rey promovió una transición pacífica a la democracia.

A Empareja los títulos con cada párrafo del texto. ¡Cuidado! – hay un título que sobra.

a Alianzas y reclusión
b Planes para el futuro
c Antecedentes familiares
d Consecuencias del sistema económico
e La reunión de Hendaya
f El camino del poder
g Filosofía política
h Filosofía personal

B Answer the following questions in English.

1 What was Franco's family background?
2 How did his career develop?
3 What was his personal philosophy?
4 What were his views on parliamentary democracy?
5 How did the "Africanists" see the army?
6 What was Franco's contribution?
7 What was the Blue Division?
8 What was the result of Franco's alignment with Hitler and Mussolini?
9 How was Franco able to keep Spain from total isolation?
10 Outline Franco's political philosophy.
11 What was the result of his economic policy?
12 What plans did he put in place for succession?

13.13 La transición política

España realizó la transición de la dictadura a un sistema democrático casi sin contratiempos.

Tras la muerte de Franco, Juan Carlos I fue proclamado rey en un contexto político de gran incertidumbre. Se iniciaba un complejo proceso de transición que llevaría de la dictadura a un sistema democrático. Este proceso de transición se ha convertido al pasar los años en un modelo para muchos países por el escaso nivel de violencia que lo acompañó.

Al morir Franco, mucha gente estaba convencida de la necesidad del cambio. Las fuerzas de la derecha liberal eran muy débiles y se agrupaban en torno a figuras como Gil Robles o los partidarios de don Juan de Borbón, el conde de Barcelona, padre del monarca.

Entre las fuerzas nacionalistas hay que destacar la aparición de una nueva fuerza en Cataluña dirigida por Jordi Pujol. En el País Vasco, el Partido Nacionalista Vasco (PNV) sería la fuerza mayoritaria. Teóricamente contrario al terrorismo, en la práctica no se enfrentaba con las acciones de una ETA cada vez más activa.

Entre las fuerzas de izquierda sobresalía el Partido Comunista de España, dirigido por Santiago Carrillo, y, sin lugar a dudas, el partido más organizado y activo al acabar la dictadura. Un nuevo grupo dirigente del Partido Socialista Obrero Español (PSOE) organizado en torno a Felipe González había llegado al poder. El Partido Socialista Popular terminó finalmente por unirse al PSOE. La hegemonía comunista también se reflejaba en el mundo sindical.

Los primeros momentos de la monarquía de Juan Carlos I estuvieron caracterizados por la indefinición. Muchos sospechaban que la nueva monarquía sería una mera continuación del franquismo sin Franco. Sin embargo, el nuevo monarca se fue rodeando de un grupo de asesores que diseñaron un plan de cambio político.

En un principio el rey optó por mantener al frente del gobierno a Arias Navarro, quien había presidido el ejecutivo en la fase final de la dictadura. El gobierno incluía a Manuel Fraga en el puesto clave de Ministro del Interior y figuras jóvenes procedentes del Movimiento como Adolfo Suárez.

El gobierno de Arias Navarro fracasó a la hora de implementar un proceso de reformas creíble y respondió con represión a las protestas sociales. Una oleada de huelgas se extendió por el país en enero de 1976. La respuesta represiva culminó con los incidentes de Vitoria, en marzo de 1976, cuando cinco trabajadores murieron a manos de la policía.

Los sectores más inmovilistas del franquismo, crecientemente irritados por la evolución política y los atentados terroristas de ETA y el GRAPO, empezaron a conspirar para organizar un golpe militar contra el incipiente proceso de reformas. En septiembre de 1976, Suárez nombró al teniente general Gutiérrez Mellado "Vicepresidente del Gobierno". Gutiérrez Mellado fue una figura clave para controlar el peligro golpista en el Ejército.

Pese a las conspiraciones golpistas y a los actos terroristas de ETA, la conciencia de que los cambios eran inevitables llevó a las Cortes franquistas a aprobar en noviembre la Ley de Reforma Política, lo que suponía su "suicidio político".

1977 fue un año clave. El proceso de reformas estuvo siempre amenazado por dos fuerzas opuestas que se alimentaban mutuamente.

La situación llegó a su momento de máxima tensión en la semana del 23 al 29 de enero de 1977, cuando una sucesión de hechos violentos estuvo a punto de dar al traste con la transición. La respuesta popular fue una gran manifestación de repulsa en Madrid que se desarrolló pacíficamente y que mostró claramente la voluntad general de continuar los cambios de forma pacífica.

Todo este delicado proceso político debía hacerse en un contexto de profunda crisis económica. El paro y la inflación crecían alarmantemente. Para estabilizar la situación económica las principales fuerzas introdujeron una serie de medidas consensuadas para hacer frente a las graves dificultades económicas.

A ⟳ Escribe una definición en español para cada una de estas palabras.

1 incertidumbre
2 dictadura
3 partidarios
4 País Vasco
5 ETA
6 hegemonía
7 franquismo
8 huelgas
9 atentados
10 golpe
11 consensuadas

B 🖹 Contesta a las preguntas en español.

1 ¿Por qué se considera la transición española como modelo para muchos otros países?
2 ¿Cómo eran las fuerzas de la derecha liberal, al morir Franco?
3 ¿Quién era Jordi Pujol?
4 ¿Cuál fue la postura del PNV en cuanto a ETA?
5 ¿Cuál de los partidos fue el más activo y organizado?
6 ¿Qué hizo el Partido Socialista Popular?
7 ¿Dónde se encontraba la base de poder de los comunistas?
8 ¿Cómo fueron los primeros momentos de la monarquía?
9 ¿Cuál fue la actitud de mucha gente en lo que se refiere a la monarquía?
10 ¿Qué pasó en enero de 1976?
11 ¿Qué hicieron los franquistas?
12 ¿Qué pasó en enero de 1977?
13 ¿Cómo reaccionó la gente?
14 ¿Qué pasaba al mismo tiempo del proceso político?

C ⟳ 🖹 Busca en Internet: Guerrilleros de Cristo Rey, GRAPO, PCE, PSOE, PNV, don Juan de Borbón. Escribe unas 30–40 palabras en español sobre cada uno.

Prácticas

1 Subjunctive or indicative?
2 Impersonal verbs
3 Direct object pronouns with two verbs
4 Order of pronouns
5 What's that word?

I Complete the sentences with the correct form of the verb.

a Cruzó la calle sin (mire; miró; mirar).
b ¿Hay alguien que (creo; cree; crea) en los fantasmas?
c Queríamos (fuéramos; ir; vayamos) a Puerto Banús para las vacaciones.
d Me voy antes de que él (se despierta; se despierte; despertarse).
e No debes (fumes; fumar; fumas) tanto.

2 Read the grammar section on **impersonal verbs** on page 173, then translate these sentences into Spanish.

a Traffic jams irritate him.
b Maribel loves earrings.
c My girlfriend worries about my weight.
d Javier's ankle hurts.
e Your explanations make a bad impression on me.

3 Read the grammar section on **direct object pronouns** on page 156, then rewrite these sentences, replacing the object nouns with a direct object pronoun. There are two possible answers for each item – can you provide both?

a Vamos a pedir unas tapas.
b Hoy necesitas comprar pan.
c Prefiero invitar a Xabi y a Rafa.
d Lito tiene que practicar la flauta.
e Quiero pagar el taxi.

4 Read the grammar section on **pronouns** on pages 156–160, then rewrite these sentences, substituting nouns with pronouns in the correct order.

a El padre le leyó el cuento de hadas a la niña.
b Nos sirvieron unas tapas.
c Le dimos cincuenta euros a Arantxa.
d ¿Te pagó la entrada tu madre?
e Nos hicieron un buen descuento.

5 **What's that word?** All of these words have been used in this unit, but some letters are missing. Each dash represents a missing letter. Write out the words in full and give their English meanings .

1 fo _ _ _ _ _ za
2 am _ _ _ _ _ _ do
3 re _ _ _ _ o
4 de _ _ _ _ _ _ o
5 mu _ _ _ _ _ n
6 al _ _ _ _ r
7 hi _ _ _ _ o
8 ter _ _ _ _ _ _ _ _ _ e
9 in _ _ _ _ _ a
10 es _ _ _ _ _ _ _ r
11 he _ _ _ _ _ _ _ ro
12 t _ _ _ _ o
13 ab _ _ _ _ _ e
14 pi _ _ _ _ _ _ o
15 di _ _ _ _ _ _ a

Grammar reference

1 Nouns

1.1 Gender

1.1.1 Nouns naming people and animals

All nouns in Spanish are either feminine or masculine. With nouns naming people or animals it is usually easy to get the gender right, because it matches the gender of the animal or person to which the noun refers.

el gato   la gata
el rey   la reina

A basic rule is that Spanish nouns ending in *-o* or in *-e* are masculine and nouns ending in *-a*, feminine. However, there are some exceptions to this rule: a few feminine nouns end in *-e* or *-o*, and a few masculine ones end in *-a*. These include:

la madre, el futbolista, el poeta

Many nouns referring to animals often have just one gender, whatever the sex of the animal in question.

la abeja, la serpiente, el pez

Nouns related to professions do not always change according to the gender of the person. Sometimes there is one form which is used for both sexes.

el/la cantante, el/la periodista, el/la artista, el/la juez

Note that all nouns ending in *-ista* (equivalent to English '-ist') can be either masculine or feminine, depending on the gender of the person referred to. Also, some professions (those ending in *-or*) form the feminine by adding *-iz*.

el actor/la actriz, el emperador/la emperatriz

1.1.2 Endings and gender

For most nouns, however, the gender is less obvious than when referring to people or animals. Fortunately, there are certain rules which help to determine the gender of any kind of noun. It is the ending of the noun which usually gives the clue.

Feminine noun endings
-a
la pereza, la belleza, la puerta

There are quite a number of exceptions: *día* is a very common one, and many words ending in *-ma* are masculine: *el pijama, el tema, el clima, el problema*. (See also 1.1.1 about nouns ending in *-ista*.)

-ión
Exceptions: *el avión, el camión*

-dad, -idad
-tud
-z
Exceptions: *el pez, el arroz*

-sis
Exceptions: *el análisis, el énfasis*

-itis (all nouns referring to diseases, such as *bronquitis*)
-umbre

Masculine noun endings
-o
Exceptions: *la mano, la radio* and abbreviations such as *la foto* (short for *la fotografía*)

-i, -u, -e
Exceptions: many, e.g. *la madre, la calle*

-j, -l
-n – except most ending in *-ión*
-r, -s
Exceptions: *la flor* (and see *-sis, -itis*, above)

-t, -x

1.1.3 Further guidelines on gender

Some nouns have a different meaning depending on their gender:

el cólera – cholera	*la cólera* – anger
el corte – cut	*la corte* – (royal) court
el capital – money or assets	*la capital* – city
el cometa – comet	*la cometa* – kite (toy)
el frente – front	*la frente* – forehead
el policía – policeman	*la policía* – the police
el pendiente – earring	*la pendiente* – slope

Names of countries, cities and towns are usually, but not always, feminine (*el Japón; el Canadá*).

Rivers, lakes, mountains, volcanoes and seas are usually masculine. Islands, however, are feminine.

Letters of the alphabet are always feminine. Days of the week and months are masculine.

Names of associations, international bodies, companies, etc. take their gender from that of the institution, whether it is part of the name or just understood. So those referring to a company (*la empresa*) or an organisation (*la organización*) are feminine:

la OTAN = la Organización … (= NATO)
la IBM = la empresa IBM (*empresa* is understood)

while those referring to a team (*el equipo*) or a commercial store (*el almacén*) are masculine:

el Real Madrid   el Corte Inglés

1.2 The plural of nouns

Most nouns form their plural by adding either *-s* or *-es* according to their ending. There may be other changes, as detailed below.

Add -s to nouns ending in …	**Add -es to nouns ending in …**
any unstressed vowel, stressed *-é* (*café*), *-á*	stressed *-í* (*rubí, magrebí*), any consonant except *-s*, where the stress is on the last syllable (*mamá*) and *-ó* (*dominó*)

Nouns ending in a stressed *-ú* can have their plural in either *-s* or *-es* (*tabú – tabús/tabúes*).

Nouns ending in *-s* which are not stressed on the last syllable do not change in the plural (e.g. *el jueves – los jueves, la crisis – las crisis*). This rule therefore affects all the days of the week except *sábado* and *domingo*, which simply add an *s*.

Words ending in *-z* change to *-ces* in the plural:

la voz – las voces

Words ending in *-ión* lose their accent in the plural, because a syllable has been added:

la asociación – las asociaciones

In contrast, some words gain an accent in the plural:

el examen – los exámenes

See also 6.5 on stress and accents.

Some nouns are used only in the plural:

los modales	manners
los bienes	assets, property
los deberes	homework
las gafas	glasses
las vacaciones	holidays

Surnames do not change in the plural (*los Sánchez* = the Sánchez family).

1.3 Articles

These are the equivalent of 'the' (the definite article), 'a' and 'some' (indefinite articles) in English. In Spanish their gender changes to match that of the noun to which they refer.

Feminine nouns beginning with a stressed *a-* or *ha-* use the masculine article in the singular because it makes them easier to pronounce, but they remain feminine:

el habla, el agua, un arma

This does not apply when there is an adjective in front of the noun:

la limpia agua

1.3.1 Use of the definite article

When *el* is preceded by *de* or *a*, it becomes *del* or *al*:

Voy al cine.
El reloj del campanario

The definite article is used when the noun refers to a general group:

Los melocotones y los higos son frutas de verano. — Peaches and figs are summer fruits.

but not when it refers to part of a group:

En verano comemos melocotones e higos. — In summer we eat peaches and figs.

(We do not eat all the peaches and figs that there are, only some of them.)

As in English, the definite article is also used when a noun refers to a specific object, or to something that has already been defined.

Mañana comeremos los melocotones y los higos. — Tomorrow we'll eat the peaches and the figs.

(The reference is to particular peaches and figs, not peaches and figs in general.)

The definite article is used with the names of languages:

El español es una lengua muy antigua.

except when using *saber, hablar, aprender*:

Estoy aprendiendo español en mi tiempo libre.

La gente (people) is singular in Spanish:

| *La gente no quiere eso.* | People don't want that. |

The definite article appears before titles (*señor, doctor, profesor*), but not when addressing the person directly:

El señor López está en la sala.

but:

¡Buenos días, Señor López!

The definite article is needed with people's official titles:

el rey, el rey don Juan Carlos I, el papa Juan Pablo II

1.3.2 The article *lo*

In addition to the masculine and feminine definite articles studied already, there is a neuter definite article, *lo*. It is used with an adjective which is acting as an abstract noun, and is often translated into English by 'that', 'what', 'the thing(s)', etc.

Lo bueno dura poco.	Good things do not last long.
Estás aquí y eso es lo importante.	You are here and that's what matters.
No entiendo lo que dices.	I don't understand what you are saying.

1.3.3 Use of the indefinite article

Basic usage is the same as for 'a' and 'some' in English. However, there are some important differences.

The indefinite article is not used to express someone's profession, nationality, position or religion:

Ella es maestra de escuela.	She is a primary school teacher.
Mi amigo es irlandés.	My friend is an Irishman.
Su padre es diputado.	Her father is an MP.
Ella es católica.	She is a Catholic.

But it is used when an adjective accompanies the

profession, nationality, position or religion:

| *Ella es una maestra muy buena.* | She is a very good teacher. |
| *Mi dentista es un italiano muy alto.* | My dentist is a very tall Italian. |

When certain words are used, the indefinite article is usually omitted. These include *sin, otro, tal, medio, cierto* and *qué* (*¡qué … !* – what a … !).

| *Subió al tren sin billete.* | He got on the train without a ticket. |
| *Pregunta a otra mujer.* | Ask a different woman. |

2 Adjectives

Adjectives are words which describe nouns.

2.1 Agreement of adjectives

In Spanish, adjectives have to agree in gender and number with the noun they describe. An adjective accompanying a feminine plural noun, for example, must have a feminine plural ending:

las adicciones peligrosas

Adjectives form their plural in the same way as nouns:

sincero – sinceros
leal – leales

The formation of feminine adjectives is as follows:

Adjectives ending in …	Masculine form	Feminine form
-ón	*mirón*	*mirona*
-án	*holgazán*	*holgazana*
-or	*trabajador**	*trabajadora*
-ete	*tragoncete*	*tragonceta*
-ote	*grandote*	*grandota*
-ín	*pequeñín*	*pequeñina*
consonants (only applies to adjectives of nationality and geographical origin)	*inglés*	*inglesa*
	andaluz	*andaluza*

* Exceptions are: *interior, exterior, superior, inferior, anterior, posterior* and *ulterior*, which do not change in the feminine.

All other endings follow the rules for nouns:

masc. sing.	fem. sing.	masc. pl.	fem. pl.
feliz	*feliz*	*felices*	*felices*
elegante	*elegante*	*elegantes*	*elegantes*
belga	*belga*	*belgas*	*belgas*

Remember that adjectives ending in *-z* will change to *-ces* in forming the plural.

Some adjectives of colour, which are really nouns, like *naranja* or *rosa*, never change:

el papel rosa, la carpeta rosa, los pantalones rosa, las cortinas rosa

If an adjective is used to describe two or more masculine nouns (or a combination of masculine and feminine nouns), the masculine plural form is used:

Un perro y un gato muy gordos
Colecciona libros y revistas antiguos

However, an adjective placed before the nouns tends to agree with the nearest one:

Su encantadora prima y tío   Her charming cousin and uncle

2.2 Shortened adjectives

In certain cases a shortened form of the adjective is used when it precedes the noun. Some adjectives shorten before masculine singular nouns by dropping their final *-o*:

Es un mal perdedor.   He's a bad loser.
(= malo)
Algún hombre nos lo dirá.   Someone will tell us.
(= alguno)

These are the adjectives which behave in this way:

Standing alone	Before a masculine singular noun
uno	*un*
alguno	*algún*
ninguno	*ningún*
bueno	*buen*
malo	*mal*
primero	*primer*
tercero	*tercer*

Compounds of *-un* shorten too:

Hay veintiún premios a   There are twenty-one
ganar.   prizes to be won.

Other adjectives which shorten before nouns:

Santo becomes *San*, except before names beginning with *Do-* or *To-*:

San Antonio, San Cristóbal, San Pedro

but:

Santo Domingo, Santo Tomás

The feminine form, *Santa*, never changes.

Two adjectives, *grande* and *cualquiera*, shorten before a masculine or a feminine singular noun:

una gran manera de viajar
cualquier muchacho del pueblo

Ciento shortens to *cien* before all nouns:

Hay cien empleados en la   There are one hundred
empresa.   employees in the company.

See 6.3.1 for the use of *ciento* with other numbers.

2.3 Position of adjectives

Most adjectives follow the noun they describe:

una comida típica, un chico travieso

Some adjectives are usually found before the noun. These include ordinary (cardinal) numbers, ordinal numbers (1st, 2nd, etc.) and a few others such as *último, otro, cada, poco, tanto, mucho*:

Dame cuatro caramelos.   Give me four sweets.

La primera vez que visité Valencia	The first time I visited Valencia
El último examen del curso	The final exam of the course
Hay muchos tipos de pájaros en este bosque.	There are many kinds of birds in this forest.

Some adjectives have different meanings depending on whether they are placed before or after the noun they describe. Here is a list of the most common ones:

Adjective	Before the noun	After the noun
gran/grande	great *Suiza es un gran país.*	big/large *Suiza no es un país grande.*
antiguo	former *el antiguo director*	old/ancient *una colección de arte antiguo*
diferente	various *diferentes libros*	differing/different *personas diferentes*
medio	half *Dame media botella de vino.*	average *Mi novia es de estatura media.*
mismo	same/very *Lo confirmó el mismo día.*	-self *Yo mismo te lo daré.*
nuevo	fresh/another *un nuevo coche*	newly made/brand new *zapatos nuevos*
pobre	poor (pitiful, miserable) *¡el pobre chico!*	poor (impoverished) *Mi familia era muy pobre.*
puro	pure *Lo hallé por pura coincidencia.*	fresh *el aire puro del campo*
varios	several *varios caminos*	different, various *artículos varios*

Some adjectives vary in meaning according to the context. For example:

extraño	unusual, rare/strange, weird
falso	untrue/counterfeit
original	primary/creative or eccentric
simple	only/of low intelligence
verdadero	true/real

2.4 Comparatives and superlatives

2.4.1 Comparatives

To form a comparison between two or more things or people, i.e. to say that something or someone is 'more … than' or 'less … than', Spanish uses *más … que* and *menos … que*.

Raquel es más guapa que Ana pero menos simpática que Jaime.	Raquel is prettier than Ana but not as nice as Jaime.

To form a comparison using figures or quantities, use *más … del* or *más … de la*:

Más de la mitad de la población española se concentra en las grandes ciudades. Menos de la mitad vive en el campo.	More than half of the Spanish population is concentrated in the big cities. Fewer than half live in the countryside.

To compare two similar things ('as … as'), use *tan … como*:

Antonio es tan alto como Arturo.	Antonio is as tall as Arturo.

To compare two similar things ('as much … as'), use *tanto/a(s) … como*:

No tienen tanto dinero como piensas.	They don't have as much money as you think.

To say 'the more/less … the more/less … ', use *cuanto más/menos …, (tanto) más/menos …* :

Cuanto más pienso en ello, menos me convenzo.	The more I think about it, the less convinced I am.

2.4.2 Superlatives

The superlative is formed just like the comparative, but you usually add a definite article (*el/la/los/las*):

Vive en la casa más antigua de la aldea.	He lives in the oldest house in the village.

Note that *de* is always used after the superlative.

The absolute superlative is formed by removing the final vowel from the adjective and adding -*ísimo*. The ending then changes to agree in gender and number as you would expect:

mucho – muchísimo (muchísima, muchísimos, muchísimas)
elegante – elegantísimo (etc.)
azul – azulísimo (etc.)
feliz – felicísimo (etc.)

This superlative form always has an accent.

The absolute superlative can be used to indicate an extreme example of some quality, not necessarily in comparison with anything else:

El chino es un idioma dificilísimo.	Chinese is an extremely difficult language.

2.4.3 Irregular comparatives and superlatives of adjectives

Some adjectives have irregular forms of the comparative and superlative:

Adjective	Comparative	Superlative
bueno/a	*mejor* (masc. & fem.)	*el mejor/la mejor*
malo/a	*peor* (masc. & fem.)	*el peor/la peor*

José es un buen futbolista.	José is a good footballer.
José es el mejor futbolista del equipo.	José is the best footballer in the team.

Other adjectives have both regular and irregular forms with slightly different meanings:

Adjective	Comparative	Superlative
grande	*mayor* (masc. & fem.) *más grande*	*el mayor/la mayor* *el/la más grande*
pequeño	*menor* (masc. & fem.) *más pequeño/a*	*el menor/la menor* *el/la más pequeño/a*

The regular forms tend to be used for physical size:

una casa más pequeña	a smaller house
un árbol más grande	a bigger tree

while the irregular ones are used for age and seniority (after the noun):

Mi hermana mayor es más pequeña que yo.	My older sister is smaller than me.

for abstract size (before the noun):

el menor ruido	the slightest sound

and in some set expressions (after the noun):

la plaza mayor	the main square

The irregular comparative adjectives do not have a different masculine and feminine form.

3 Adverbs

An adverb is used to describe a verb, an adjective or another adverb. Study these examples:

Ven de prisa a la cocina. (adverb describes verb)	Come quickly to the kitchen.
Es muy urgente. (adverb describes adjective)	It's very urgent.
Demasiado tarde. Me he quemado. (adverb describes another adverb)	Too late. I've burnt myself.

The adverb usually follows the word it modifies although, if this word is a verb, the adverb may precede it instead for extra emphasis.

3.1 Types of adverbs

There are several groups of adverbs.

Of place – where?
aquí, ahí, allí, allá, cerca, lejos, debajo, encima, arriba, dentro, fuera, delante, enfrente, detrás, donde, adonde, junto

El libro está allí, encima de la mesa junto al televisor.	The book is there, on the table beside the television.

Of time – when?
hoy, ayer, mañana, pasado mañana, antes (de), ahora, antaño, después (de), luego, ya, mientras, nunca, jamás, todavía, aún

Mañana, después del trabajo, hablaremos del asunto.	We'll talk about the matter tomorrow after work.

Modal – how?
bien, mal, mejor, peor, como, tal, cual, así, despacio, de prisa, sólo, solamente

Also, most adverbs ending in -*mente* (formed by adding -*mente* to the feminine singular form of the adjective: *tranquilamente, lentamente, alegremente*).

| *Me siento mal, peor que* | I'm feeling bad, worse than |
| *ayer – desgraciadamente.* | yesterday – unfortunately. |

An adjective, such as *duro* ('hard'), is often used as an adverb rather than its grammatically correct form (*duramente*).

| *Trabaja duro para* | He works hard to support |
| *mantener a su familia.* | his family. |

A preposition and noun are sometimes used instead of an adverb, especially if the adverb is long. For example:
con cuidado (= *cuidadosamente*)
con frecuencia (= *frecuentemente*)

Of order – in which position?
primeramente, finalmente, sucesivamente, últimamente

Of quantity – how much?
mucho, muy, poco, nada, algo, todo, más, menos, demasiado, bastante, casi, tan, tanto, cuanto

¿Han dejado algo de vino	Have they left any wine for
para nosotros? Muy poco,	us? Very little, hardly any.
casi nada.	

Of affirmation, negation or doubt – yes, no, perhaps … ?
sí, no, ni, también, tampoco, ciertamente, claro, seguro, seguramente, posiblemente, quizá, tal vez

3.2 Notes on the use of adverbs

It is better not to start a Spanish sentence with an adverb. Exceptions are *sólo, solamente* and *seguramente*.

Adverbs of time should be placed next to the verb:

| *El ministro se ha dirigido* | The minister has addressed |
| *hoy a la nación.* | the nation today. |

When two or more adverbs normally ending in -*mente* are used together, all but the last lose this adverbial ending:

| *Te amo tierna, apasionada* | I love you tenderly, |
| *y locamente.* | passionately and madly. |

3.3 Comparatives and superlatives of adverbs

Comparatives and superlatives of adverbs follow the same rules as those for adjectives:

Él corre más de prisa que yo. He runs faster than I do.

If a superlative adverb is used and there is extra information (as fast as he could, as fast as possible) then you must add *lo*:

| *Quiero ir a casa lo más* | I want to go home as fast |
| *rápidamente posible.* | as possible. |

Pronouns

4.1 Personal pronouns

The purpose of the personal pronoun is to replace a noun. Personal pronouns have different forms depending on the role of the noun they replace.

	Subject	Direct object	Indirect object	Prepositional
I	*yo*	*me*	*me*	*mí*
you	*tú*	*te*	*te*	*ti*
he	*él*	*le, lo*	*le*	*él*
she	*ella*	*la*	*le*	*ella*
it (neuter)	*ello*	*lo*	*le*	*ello*
you (polite singular)	*usted*	*le, lo, la*	*le*	*usted*
we (masc.)	*nosotros*	*nos*	*nos*	*nosotros*
we (fem.)	*nosotras*	*nos*	*nos*	*nosotras*
you (familiar plural masc.)	*vosotros*	*os*	*os*	*vosotros*
you (familiar plural fem.)	*vosotras*	*os*	*os*	*vosotras*
they (masc.)	*ellos*	*los*	*les*	*ellos*
they (fem.)	*ellas*	*las*	*les*	*ellas*
you (polite plural)	*ustedes*	*los, las*	*les*	*ustedes*

Grammar reference

Reflexive pronouns – direct and indirect
These are the same as the indirect object forms given above except that *le* and *les* are replaced by *se*.

Reflexive pronouns – prepositional
These are the same as the ordinary prepositional pronouns given above except that all the 3rd person forms (*él, ella, usted, ellos, ellas, ustedes*) are replaced by *sí* (note the accent).

4.1.1 Subject pronouns

These pronouns replace a noun which is the subject of the sentence. However, they are often omitted in Spanish because the ending of the verb is usually enough to indicate the subject.

Pensamos mucho en ella.   We think about her a lot.

They are used, however, in the following cases:

To avoid ambiguity
Comía una manzana.

could mean 'I was eating an apple'. But it could also mean he or she was eating it, or you (*usted*) were. So if the context does not make this clear, the personal pronoun should be used:

Yo comía una manzana.

To add emphasis
Yo estoy trabajando duro y vosotros no hacéis nada.   I am working hard and you are doing nothing at all.

To be polite – with *usted*
¿Qué desea usted?   What would you like?

4.1.2 Object pronouns

These replace nouns which are the direct or indirect object in a sentence. They usually precede the verb:

Te odio.   I hate you.

An indirect object always precedes a direct one:

Me dio el regalo.   He gave the present to me.
(*me* = indirect object, *el regalo* = direct object)
Me lo dio.   He gave it to me.
(*me* = indirect object, *lo* = direct object)

In three cases they are joined to the end of the verb:

1 Always with a positive imperative (a command):
¡Dámelo!   Give it to me!

though never with a negative command:

¡No lo hagas!   Don't do it!

2 With the infinitive:
Quieren comprármelo.   They want to buy it for me.

3 With the gerund ('ing' form) in continuous tenses:
Estoy leyéndolo.   I am reading it.

In the last two cases, it is also possible to place the pronoun(s) before the first verb:

Me lo quieren comprar.   *Lo estoy leyendo.*

Notice that the addition of a pronoun or pronouns may make a written accent necessary (see 6.5).

Use of *se* instead of *le* or *les*

When two object pronouns beginning with *l* are used together in Spanish, the indirect one always changes to *se*. Study the following sentence:

Quieren comprar un perro a Pepe.   They want to buy a dog for Pepe.

If both objects are replaced by pronouns, this sentence becomes:

Se lo quieren comprar.   They want to buy it for him.

Redundant *le*
The pronoun *le* is often added purely for emphasis, when it is not grammatically necessary:

Le dí el recado a Marisa.   I gave the message to Marisa.

le* and *lo
You may sometimes see *le* used instead of *lo* as a direct object pronoun, but only when it refers to a person, not a thing:

Pepe llegó. Lo/Le vi llegar.

but:

El tren llegó. Lo vi llegar.

4.1.3 Prepositional (disjunctive) pronouns

These are used after a preposition (e.g. *por, para, de, en*). The forms are the same as the subject pronouns except for the 1st and 2nd person singular, which are *mí* (note the accent to distinguish it from the possessive pronoun *mi* = my) and *ti*.

De ti depende que me quede o me vaya. — It's up to you whether I stay or go.

Puso su confianza en mí. — He put his trust in me.

A few prepositions are followed by the subject pronoun instead. These include *entre* ('between', 'among') and *según* ('according to'):

según tú — according to you
entre tú y yo — between you and me

With the preposition *con*, the 1st and 2nd person singular are joined on to give the forms *conmigo* and *contigo*:

Iré contigo al cine. — I'll go to the cinema with you.

Often, a prepositional pronoun is added for emphasis:

Nos escogieron a nosotros para el papel de los dos hermanos. — It was us they chose for the role of the two brothers.

4.1.4 Reflexive pronouns

These are used with reflexive verbs such as *lavarse*, or with ordinary verbs when they are used reflexively. Their forms are the same as the object pronouns (see the table in 4.1), except throughout the 3rd person where the forms are as follows: *se, sí* or *consigo*.

La niña se lava en el río. — The little girl washes herself in the river.

Se fue de la fiesta sin despedirse. — He left the party without saying goodbye.

For reflexive verbs see 5.6.

4.1.5 *Ello* – the neuter pronoun

This pronoun is so called not because it refers to a noun without gender (as you already know, all nouns are either feminine or masculine) but because it refers to something unspecific, such as a fact or an idea.

¡Olvídalo! No pienses en ello. — Forget it! Don't think about it.

4.2 Possessive adjectives and pronouns

Possessive pronouns and adjectives are used to indicate that something belongs to someone. The adjectives ('my', 'your', etc.) are used with a noun while the pronouns ('mine', 'yours', etc.) stand alone.

Possessive adjectives

	Single thing		Plural things	
	mascu-line	femin-ine	mascu-line	femin-ine
yo	mi	mi	mis	mis
tú	tu	tu	tus	tus
él/ella/usted	su	su	sus	sus
nosotros/as	nuestro	nuestra	nuestros	nuestras
vosotros/as	vuestro	vuestra	vuestros	vuestras
ellos/ellas/ustedes	su	su	sus	sus

Possessive pronouns

	Single thing		Plural things	
	mascu-line	femin-ine	mascu-line	femin-ine
yo	mío	mía	míos	mías
tú	tuyo	tuya	tuyos	tuyas
él/ella/usted	suyo	suya	suyos	suyas
nosotros/as	nuestro	nuestra	nuestros	nuestras
vosotros/as	vuestro	vuestra	vuestros	vuestras
ellos/ellas/ustedes	suyo	suya	suyos	suyas

4.2.1 Agreement of possessive adjectives

Possessive adjectives tell us who or what something belongs to or is connected with. Like all adjectives, they agree in gender and number with the noun, but they also agree in person with the possessor. Thus, *tus* refers to several objects possessed by a single person (you) while *su* may refer to one object possessed either by one person (he or she) or by several people (they). Spanish possessive adjectives are translated by 'my', 'your', 'her', etc.

Tus padres son muy amables. — Your parents are very kind.

Su amiga es muy habladora. — Their friend is very talkative.

Note that in Spanish the definite article, not the possessive adjective, is used to refer to parts of the body, clothes, etc. Often, a reflexive verb is used to express the idea of possession or self where English uses 'my', 'your', etc.

Se lavó las manos.   S/he washed her/his hands.

4.2.2 Use of possessive pronouns

Like other pronouns, possessive pronouns are used instead of a noun when the meaning is clear or has already been defined. They are preceded by the definite article. Their English equivalents are 'mine', 'yours', 'ours', etc.

Mi perro tiene ocho años.   My dog is eight years old.
¿Y el tuyo?   What about yours?
(*mi* = possessive adjective, *el tuyo* = possessive pronoun)

The masculine singular form is used, preceded by the neuter pronoun *lo*, to refer to a fact or idea rather than a specific noun:

Lo mío son los deportes al   Outdoor sports are my
aire libre.   thing.

The possessive pronouns are also used occasionally as adjectives. In this case, they are placed after the noun and the definite article is not used:

Un tío mío ganó la lotería.   An uncle of mine won the
                               lottery.

4.3 Demonstrative adjectives and pronouns

These are the equivalents of 'this/these', 'that/those'.

Demonstrative adjectives

	near	far	further
masculine singular	este	ese	aquel
feminine singular	esta	esa	aquella
masculine plural	estos	esos	aquellos
feminine plural	estas	esas	aquellas

Demonstrative pronouns

	near	far	further
masculine singular	éste	ése	aquél
feminine singular	ésta	ésa	aquélla
masculine plural	éstos	ésos	aquéllos
feminine plural	éstas	ésas	aquéllas
neuter	esto	eso	aquello

Note that the pronoun forms (not neuter) have an accent to distinguish them from the adjectives. Both *ese* and *aquel* can translate 'that', although *ese* is more common, being used to contrast with *este*. *Ese* can also be used to indicate an object which is relatively distant from the speaker but near to the listener whereas *aquel* would indicate an object which is distant from both the speaker and the listener.

Demonstrative adjectives always precede the noun:

Esta alumna es muy   This pupil is very
inteligente.   intelligent.
Aquel coche parece nuevo.   That car (over there) looks
                               new.

Demonstrative pronouns refer to something or someone already defined or understood. They are never followed by a noun and they are never preceded by a definite or indefinite article:

Me gusta ésa.   I like that one.
Aquella medicina no me   That medicine didn't make
hacía ningún efecto, pero   me feel any better, but this
ésta es maravillosa.   one is wonderful.
(*aquella* = demonstrative adjective,
ésta = demonstrative pronoun)

The neuter demonstrative pronouns *esto*, *eso* and *aquello* are used to refer to a general idea, statement or fact rather than a specific noun:

Esto de tu hermano me   This business about your
preocupa.   brother worries me.

4.4 Relative pronouns and adjectives

Relative pronouns are words like 'who' and 'which'. They replace nouns, just like other types of pronoun, but they also serve as a link between two clauses, or parts, of a sentence.

Relative adjectives (meaning 'whose') agree with the noun which follows them. They are not used very much in spoken Spanish.

	Pronouns	**Adjectives**
masc. sing.	*(el) que* *(el) cual* *quien*	*cuyo*
fem. sing.	*(la) que* *(la) cual* *quien*	*cuya*
neuter	*(lo) que* *(lo) cual*	*cuyo*
masc. plural	*(los) que* *(los) cuales* *quienes*	*cuyos*
fem. plural	*(las) que* *(las) cuales* *quienes*	*cuyas*

4.4.1 Relative pronouns

Que
Que is the most widely used and flexible relative pronoun. It can be preceded either by an article (*uno, los,* etc.) or a noun but it never changes to agree in gender or number. It can be used as the subject or the direct object of a sentence.

Los profesionales que hicieron los diseños (*que* = subject)	The professionals who did the designs
Las flores que compramos en el mercado (*que* = direct object)	The flowers (which) we bought in the market

The definite article is often used with *que*:

El hombre del que te hablé ha comprado la finca.	The man (whom) I told you about has bought the estate.

La casa en la que vivía de pequeño	The house in which I lived as a child

Notice that the relative pronoun can often be omitted in English. In Spanish, however, it must **never** be omitted.

Quien
Quien and the plural *quienes* are used after a preposition when referring to people, not things:

La chica con quien me casé	The girl I married
Los chicos a quienes escribiste la carta	The boys to whom you wrote the letter

They are used less than the corresponding English 'who(m)', often being replaced by *el que, al que,* etc.

El cual/la cual/los cuales/las cuales
These can be used as an alternative to the relative pronoun *que*. They are useful for avoiding ambiguity:

Los padres de mis amigos, los cuales esperaban en el coche, no sospechaban nada.	My friends' parents, who were waiting in the car, didn't suspect anything.

If *que* were used here, it would mean that my friends were waiting in the car.

Lo que/lo cual
These neuter pronouns refer to a general concept or a whole phrase, rather than a specific noun:

Me fui de la oficina a las cuatro, lo que me permitió llegar a tiempo.	I left the office at four, which allowed me to arrive on time.

Lo refers to the fact that 'I left the office at four'.

4.4.2 Relative adjectives

Cuyo/cuya
Cuyo translates 'whose'. It agrees with the noun which follows it, not with the one preceding it:

Luis, cuya madre estaba enferma, no vino a la fiesta.	Luis, whose mother was ill, didn't come to the party.

4.5 Indefinite pronouns and adjectives: some(one), something, any

Indefinite pronouns
These are words used to express 'someone' (*alguien*) or 'something' (*algo*).

¿Te gustaría algo de beber?	Would you like something to drink?

Alguien llamó por teléfono.   Someone phoned.
¿Había alguien en la cocina? Was there anyone in the
                               kitchen?

Algo and *alguien* can be used with another adjective, in which case the adjective is always masculine singular:

algo diferente	something different
alguien especial	someone special

Indefinite adjectives

These are used to express 'some' (*alguno*), 'any' (*cualquier*) or 'another' (*otro*).

Alguno has a shortened form, *algún*, in front of a masculine noun (see 2.2), and it can be plural. *Cualquier* does not change before a noun. The form *cualquiera* is used **after** a noun of either gender.

4.6 Interrogatives and exclamations

4.6.1 Interrogatives

Interrogatives are words like 'what?', 'who?' and 'when?', used for forming questions. They always have an accent in Spanish, even if the question is indirect.

¿Qué? ¿Cuál?

¿Qué? can be used as an adjective, translating as either 'which?' or 'what?':

¿Qué flor es tu favorita?	Which is your favourite flower?

¿Qué? and *¿cuál?* can both be used as pronouns (standing alone, in place of a noun). *¿Cuál?* is used to request specific information or for a choice:

¿Cuál prefieres, el rosado o el verde?	Which one do you prefer, the pink one or the green one?

¿Qué? requests general information or a definition:

¿Qué es la felicidad?	What is happiness?

¿Quién?

The interrogative *¿qué?* can only refer to people when it is used as an adjective:

¿Qué chica?	What girl?

Otherwise *¿quién?* is the only choice for people:

¿Quién me puede decir lo que pasó?	Who can tell me what happened?

¿Cuánto?

The singular forms *¿cuánto?* and *¿cuánta?* translate 'how much?' (for uncountable nouns, e.g. butter), while the plural forms *¿cuántos?* and *¿cuántas?* translate 'how many?' (for countable nouns, e.g. apples):

¿Cuánta agua has derramado?	How much water have you spilt?
¿Cuántos hombres resultaron heridos?	How many men were injured?

¿Cuándo? ¿Cómo? ¿Por qué? ¿(A)dónde?

The English equivalents of these adverbs are 'when?', 'why?' and 'where?'; *¿adónde?* (never split; always has an accent) means 'where to?' and is used with verbs of movement:

¿Dónde estamos?	Where are we?

but:

¿Adónde nos llevas?	Where are you taking us to?

Note that *¿por qué?* is used in questions – whether direct or indirect. *Porque* means 'because' and is used in the answer to such questions. *El porqué* means 'the reason'.

Dime por qué no quieres hablar conmigo.	Tell me why you don't want to talk to me.
Quiero saber el porqué de tu silencio.	I want to know the reason for your silence.

Notice that the interrogative is always accented even if the question itself is indirect or just implied:

Dime qué quieres.	Tell me what you want.
Nunca se supo quién tuvo la culpa.	It was never discovered who was to blame.

4.6.2 Exclamations

Common exclamative words are *¡qué … !*, *¡quién … !*, *¡cómo … !* and *¡cuánto/a/os/as … !* Like interrogatives, they always have an accent:

¡Qué guapo es!	How good-looking he is!
¡Cómo corre!	How fast he runs!
¡Cuánta comida!	What a lot of food!

If the adjective follows the noun, *más* or *tan* are added:

¡Qué chico más guapo!	What a good-looking boy!

4.7 Negatives

The simplest way of forming the negative in Spanish is to place the word *no* before the verb:

¿No te gusta la tortilla de patatas?	Don't you like Spanish omelette?

The following negatives can be used together with no:

no … nunca or *no … jamás*	never/not … ever
no … nada	nothing/not … anything
no … nadie	nobody/not … anybody

No usually stands before the verb and the other negative word follows the verb (i.e. there is a double negative):

No me dijo nada.	He told me nothing/He didn't tell me anything.
No ha venido nadie.	Nobody has come.

The negative is sometimes put before the verb instead (especially if it is the subject), in which case *no* is omitted:

Nadie ha venido.	No one has come.

Two or more negatives can be used in the same Spanish sentence:

Nunca dijo nada a nadie de su enfermedad.	He never told anybody anything about his illness.

Ni … ni (neither … nor)

Ni sales de paseo ni ves la televisión: hoy haces los deberes.	You will neither go out nor watch TV: today you'll do your homework.

Tampoco (neither)

This is the negative equivalent of *también*. It is an economical way of expressing what is sometimes a whole phrase in English:

A mí no me dijo nada, ¿y a vosotros?	He said nothing to me. Did he (say anything) to you?
A nosotros, tampoco.	No, he didn't say anything to us either. (lit. 'No, neither.')

5 Verbs

5.1 The infinitive

Verbs in Spanish are categorised according to the ending of the infinitive. There are three categories or 'conjugations': the first conjugation consists of all verbs ending in *-ar*, the second of all those ending in *-er* and the third of all those ending in *-ir*.

5.1.1 Use of the infinitive

The infinitive in Spanish is used after another verb to translate 'to (do something)':

Quiero viajar por todo el mundo.	I want to travel all over the world.

It is used in impersonal commands:

Empujar	Push
No fumar	Do not smoke

It is also used after another verb where English uses the gerund (the '-ing' form):

Me encanta bailar.	I love dancing.

5.1.2 Verbs used with the infinitive

Certain verbs combine with the infinitive to produce commonly used structures such as 'have to', 'be able to', etc. The following are examples of the most useful of these.

- *Poder* + infinitive = be able to do something
  No pudimos ir. We couldn't go.
- *Deber* + infinitive = must/should do something
  Debe visitarla. He/she/you should visit her.
- *Deber (de)* + infinitive = must (deduction)
  Debe de estar enamorado. He must be in love.
- *Tener que* + infinitive = have to do something
  Tuvimos que pagar. We had to pay.
- *Hay que* + infinitive = have to do something

This last structure is also used to mean 'must' or 'have to' but in an impersonal sense:

¿Hay que pagar?	Do we/does one/do you have to pay?

See 4.1.2 for the position of object pronouns with the infinitive.

5.1.3 Verbs used with prepositions

The verbs below are followed by *a* + an infinitive:

acertar a	to manage to
acostumbrarse a	to be accustomed to
animar a	to encourage
aprender a	to learn to
atreverse a	to dare to
ayudar a	to help to
comenzar a	to begin to
conducir a	to lead to
decidirse a	to decide to
disponerse a	to get ready to
enseñar a	to teach to
forzar a	to force to
impulsar a	to urge to
llegar a	to end up
meterse a	to begin to
negarse a	to refuse to
obligar a	to oblige to
pasar a	to go on to
persuadir a	to persuade to
ponerse a	to begin to
precipitarse a	to hurry to
prepararse a	to prepare to
resignarse a	to resign oneself to
tender a	to tend to
volver a	to do something again

The verbs below are followed by *de* + an infinitive:

acabar de	to have just
acordarse de	to remember
alegrarse de	to be pleased to
avergonzarse de	to be ashamed to
cansarse de	to tire of
cesar de	to stop doing something
cuidar de	to take care to
disuadir de	to dissuade from
encargarse de	to take charge of
guardarse de	to take care not to
hartarse de	to be fed up with
olvidarse de	to forget to
parar de	to stop
pensar de	to think about
presumir de	to boast about
terminar de	to stop
tartar de	to try to

The verbs below take *en, por* or *con* before a following infinitive:

consentir en	to consent to
consistir en	to consist of
convenir en	to agree to
dudar en	to hesitate to
hacer bien en	to be right to
hacer mal en	to be wrong to
insistir en	to insist on
interesarse en	to be interested in
pensar en	to think of
persistir en	to persist in
quedar en	to agree to
tardar en	to delay in
esforzarse por	to struggle to
estar por	to be in favour of
luchar por	to struggle for
optar por	to opt for
amenazar con	to threaten to

5.2 Participles and the gerund

The Spanish past participle, present participle ('-ing' form used as an adjective) and gerund ('-ing' form used as a noun) are as follows:

	Past participle		Present participle		Gerund	
-ar verbs	-ado	*cantado*	-ante	*cantante*	-ando	*cantando*
-er verbs	-ido	*corrido*	-iente	*corriente*	-iendo -yendo	*corriendo* *cayendo*
-ir verbs	-ido	*vivido*	-iente	*viviente*	-iendo	*viviendo*

5.2.1 Use of participles and the gerund

The past participle of many verbs can also be used as an adjective. In this case, it agrees with the noun:

Es una idea muy extendida hoy en día. It's a very commonly held idea nowadays.

Present participles are far less common. They agree with the noun like other adjectives:

Hay agua corriente. There is running water.
Los párrafos siguientes The following paragraphs

The gerund is used only as a verb, never as an adjective, so its ending never changes. Remember that pronouns are joined to the end of the gerund (see 4.1.2):

Su madre estaba diciéndole que hiciera los deberes. His mother was telling him to do his homework.

5.3 Tenses of the indicative

5.3.1 The simple present tense

Regular verbs
The present indicative of regular verbs is formed by adding the following endings to the stem of the verb:

-ar verbs		-er verbs		-ir verbs	
	mirar		*comer*		*vivir*
-o	miro	-o	como	-o	vivo
-as	miras	-es	comes	-es	vives
-a	mira	-e	come	-e	vive
-amos	miramos	-emos	comemos	-imos	vivimos
-áis	miráis	-éis	coméis	-ís	vivís
-an	miran	-en	comen	en	viven

Verbs which change their spelling
In order to keep the same sound as the infinitive throughout their various forms, some verbs have to change their spelling in accordance with the rules for spelling in Spanish. Here are some of the changes which occur in the present indicative:

from *g* to *j* (before *a* or *o*):

coger – to get, to catch
(yo) cojo but *(tú) coges*

from *gu* to *g* (before *a* or *o*):

extinguir – to extinguish
(yo) extingo but *(tú) extingues*

from *i* to *y* (when unaccented and between vowels):

construir – to build
(yo) construyo but *(nosotros) construimos*

See pages 178–181 for tables of spelling-change verbs.

Radical-changing verbs
In radical-changing verbs (or 'stem-change verbs'), the last vowel in the stem changes. This change affects all the forms of the present indicative except the 1st and 2nd person plural.

from *e* to *ie*:

empezar – to begin
empiezo, empiezas, etc. but *empezamos, empezáis*

from *o* to *ue*:

encontrar – to find, to meet
encuentro, encuentras, etc. but *encontramos, encontráis*

from *e* to *i*:

pedir – to ask for
pido, pides, but *pedimos, pedís*

See pages 178–179 for tables of radical-changing verbs.

Irregular verbs
These vary in their degree of irregularity, some having only one irregular form and others being almost entirely irregular. The most common irregular verbs are:

ser – to be
soy	somos
eres	sois
es	son

ir – to go
voy	vamos
vas	vais
va	van

haber – to have (used to form the perfect tense)
he	hemos
has	habéis
ha	han

Some verbs are irregular in the 1st person singular of the present indicative.

g added:

salir – to go out
(*yo*) *salgo* but (*tú*) *sales,* etc.

c changes to *g*:

hacer – to do, to make
(*yo*) *hago* but (*tú*) *haces,* etc.

ig added:

caer – to fall
(*yo*) *caigo* but (*tú*) *caes,* etc.

z added (verbs ending in *-ecer, -ocer, -ucir*):

traducir – to translate
(*yo*) *traduzco* but (*tú*) *traduces,* etc.

See pages 182–189 for tables of irregular verbs.

Use of the simple present tense

1 To denote an action currently in progress:
   Leo un libro.   I am reading a book.
2 To denote a regular or repeated action or a habit:
   Los miércoles visito a   On Wednesdays I visit my
   mi tía.   aunt.
3 To express an action or state which began in the past and is still in progress (for which the perfect tense is used in English):
   Vivo en Madrid desde   I have lived in Madrid for
   hace diez años.   ten years.
   No disfruto de la vida I haven't enjoyed myself
   desde que ella me   since she left me.
   abandonó.
4 For dramatic effect or to give immediacy to a past event (this usage is called the historic present):
   Abro la puerta y entro en I opened the door and
   la habitación. ¡De repente went into the room.
   me doy cuenta de que   Suddenly, I realised that I
   no estoy solo!   was not alone!
   En 1942, el gran actor In 1942, the great actor
   encarna a Hamlet por   played Hamlet for the first
   primera vez.   time.
5 To denote actions in the immediate future:
   Esta tarde voy al cine. This afternoon I am going
                           to the cinema.
6 As a milder alternative to the imperative:
   Mañana vas a la tienda Tomorrow you're going to
   y te compras un regalo. the shop and buying
                           yourself a present.

5.3.2 The present continuous tense

This tense is formed from the present indicative of the verb *estar* + gerund. It is used in a similar way to its English equivalent ('to be' + '-ing') but is less common. The ordinary present can be used when there is no special emphasis on the continuity of the action:

Leo una revista.   I am reading a magazine.

The present continuous should be used when such emphasis is required:

Estoy leyendo el informe   I'm (busy) reading the
y no puedo atender a   report (right now) and can't
nadie.   see anyone.

5.3.3 The preterite tense

Regular verbs

The preterite, or simple past, tense of regular verbs is formed by adding the following endings to the stem:

-ar verbs		*-er* verbs		*-ir* verbs	
	mirar		*comer*		*vivir*
-é	*miré*	*-í*	*comí*	*-í*	*viví*
-aste	*miraste*	*-iste*	*comiste*	*-iste*	*viviste*
-ó	*miró*	*-ió*	*comió*	*-ió*	*vivió*
-amos	*miramos*	*-imos*	*comimos*	*-imos*	*vivimos*
-asteis	*mirasteis*	*-isteis*	*comisteis*	*-isteis*	*vivisteis*
-aron	*miraron*	*-ieron*	*comieron*	*-ieron*	*vivieron*

Examples of verbs which change their spelling
from *c* to *qu* (before *e*):

sacar – to take out
(*yo*) *saqué* but (*tú*) *sacaste,* etc.

from *u* to *ü* (before *e*):

averiguar – to find out
(*yo*) *averigüé* but (*tú*) *averiguaste,* etc.

from *g* to *gu* (before *e*):

pagar – to pay
(*yo*) *pagué* but (*tú*) *pagaste,* etc.

from *i* to *y* (*caer, creer, leer, oir, -uir* verbs):

creer – to believe
(*yo*) *creí*, etc. but (*él*) *creyó*, (*ellos*) *creyeron*

from *z* to *c* (before *e*):

comenzar – to start
(*yo*) *comencé* but (*tú*) *comenzaste*, etc.

from *gü* to *gu* (before *y*):

argüir – to argue
(*yo*) *argüí*, etc. but (*él*) *arguyó*, (*ellos*) *arguyeron*

Radical-changing verbs

Verbs affected are those ending in *-ir*, in the 3rd person singular and plural, e.g.

from *o* to *u*:

morir – to die   *murió, murieron*

from *e* to *i*:

mentir – to lie   *mintió, mintieron*

Irregular verbs

The verbs *ser* ('to be') and *ir* ('to go') have the same irregular forms in the preterite tense:

fui	*fuimos*
fuiste	*fuisteis*
fue	*fueron*

Verbs with patterns similar to *ser* and *ir*:

dar	*dí*	*dimos*
	diste	*disteis*
	dio	*dieron*
ver	*vi*	*vimos*
	viste	*visteis*
	vio	*vieron*

A few verbs with irregular stems, endings in *-uv-* and unstressed endings in the 1st and 3rd person plural:

	andar	*estar*	*tener*
-uve	*anduve*	*estuve*	*tuve*
-uviste	*anduviste*	*estuviste*	*tuviste*
-uvo	*anduvo*	*estuvo*	*tuvo*
-uvimos	*anduvimos*	*estuvimos*	*tuvimos*
-uvisteis	*anduvisteis*	*estuvisteis*	*tuvisteis*
-uvieron	*anduvieron*	*estuvieron*	*tuvieron*

A larger group of verbs also with irregular stems and unstressed endings in the 1st and 3rd person plural, e.g.

haber – hube	*hacer – hice*
poder – pude	*querer – quise*
saber – supe	*venir – vine*

See pages 182–189 for tables of irregular verbs.

Use of the preterite tense

1 To denote actions or states started and completed in the past:

La semana pasada fui a Sevilla.   Last week I went to Seville.

2 To denote actions or states with a finite duration in the past:

Pasamos tres años en África.   We spent three years in Africa.

5.3.4 The imperfect tense

The imperfect tense is one of the simplest in Spanish. There are no radical-changing verbs or verbs with spelling changes, and there are only three irregular verbs.

Regular verbs

The imperfect is formed by adding the following endings to the stem:

-ar verbs		-er verbs		-ir verbs	
	mirar		*comer*		*vivir*
-aba	*miraba*	*-ía*	*comía*	*-ía*	*vivía*
-abas	*mirabas*	*-ías*	*comías*	*-ías*	*vivías*
-aba	*miraba*	*-ía*	*comía*	*-ía*	*vivía*
-ábamos	*mirábamos*	*-íamos*	*comíamos*	*-íamos*	*vivíamos*
-abais	*mirabais*	*-íais*	*comíais*	*-íais*	*vivíais*
-aban	*miraban*	*-ían*	*comían*	*-ían*	*vivían*

Irregular verbs

These verbs are irregular in the imperfect tense:

ser	ir	ver
era	iba	veía
eras	ibas	veías
era	iba	veía
éramos	íbamos	veíamos
erais	ibais	veíais
eran	iban	veían

Use of the imperfect tense

1 To set the scene or mood in a narrative:
   Era primavera.   It was springtime.

2 To express duration over a long or indefinite period:
   Esperaba una llamada.   He was waiting for a call.

3 To describe a continuous action or state in the past:
   Juan leía el periódico.   Juan was reading the newspaper.

4 To denote a regular or repeated state or action in the past:
   Cada semana, visitábamos a nuestra abuela y muchas veces íbamos al cine con ella.   Every week we used to visit our grandmother and often we would go to the cinema with her.

5 To describe an incomplete or interrupted action in the past:
   Mientras me duchaba, sonó el teléfono.   While I was having a shower, the phone rang.

6 In polite requests:
   Quería pedirte un favor.   I'd like to ask you a favour.

5.3.5 The imperfect continuous tense

This tense is formed from the imperfect of *estar* + gerund.

Estabas buscando en el lugar equivocado.   You were looking in the wrong place.

It is used to establish an action which was taking place when another action occurred:

Estaba haciendo la cena cuando empezó la tormenta.   I was preparing dinner when the storm started.

5.3.6 The perfect tense

This is a compound tense, formed with the present tense of *haber* (called the auxiliary verb) and the past participle. These two components must never be separated. Pronouns are always placed before the verb, not the past participle:

Te lo han dicho muchas veces.   They have told you about it many times.

Regular verbs

-*ar* verbs	-*er* verbs	-*ir* verbs
mirar	*comer*	*vivir*
he mirado	he comido	he vivido
has mirado	has comido	has vivido
ha mirado	ha comido	ha vivido
hemos mirado	hemos comido	hemos vivido
habéis mirado	habéis comido	habéis vivido
han mirado	han comido	han vivido

Irregular past participles of irregular verbs:

caer – caído	dar – dado
decir – dicho	hacer – hecho
leer – leído	poner – puesto
satisfacer – satisfecho	traer – traído
ver – visto	

Irregular past participles of otherwise regular verbs:

abrir – abierto	cubrir – cubierto
escribir – escrito	morir – muerto
romper – roto	volver – vuelto

Use of the perfect tense

It usually corresponds to the English perfect tense:

¿Qué has hecho hoy?   What have you done today?

He ido de compras.   I have been shopping.

There are two important exceptions:

1 With expressions of time ('how long …') Spanish uses the present tense instead:
   ¿Cuánto hace que esperas?   How long have you been waiting?

2 To translate 'have just …' the present tense of *acabar de …* is used:
   El autobús acaba de llegar.   The bus has just arrived.

5.3.7 The perfect infinitive

This is formed with the infinitive *haber* plus the appropriate past participle:

Tengo que haberlo hecho para las dos.   I have to have done it by two o'clock.

Es un gran alivio haberlo terminado.   It's a great relief to have finished it.

5.3.8 The pluperfect

This is formed with the imperfect of the auxiliary *haber* and the past participle of the verb. It translates 'had' + past participle.

había mirado	*habíamos mirado*
habías mirado	*habíais mirado*
había mirado	*habían mirado*

Just like the pluperfect in English, it describes an action or state which occurred before another past action:

Ellos ya habían comido cuando ella llegó. — They had already eaten when she arrived.

The same two exceptions apply as for the Spanish perfect tense:

1 With expressions of time ('how long …') the imperfect tense is used instead:
¿Cuánto hacía que esperabas? — How long had you been waiting?
2 To translate 'had just …' the imperfect tense of *acabar de …* is used:
El autobús acababa de llegar. — The bus had just arrived.

5.3.9 The future tense

There is only one set of endings to form the future tense. They are added to the infinitive as follows:

Regular verbs

	-*ar* verbs	-*er* verbs	-*ir* verbs
-é	*miraré*	*comeré*	*viviré*
-ás	*mirarás*	*comerás*	*vivirás*
-á	*mirará*	*comerá*	*vivirá*
-emos	*miraremos*	*comeremos*	*viviremos*
-éis	*miraréis*	*comeréis*	*viviréis*
-án	*mirarán*	*comerán*	*vivirán*

Irregular verbs

Some verbs have irregular future forms but the irregularities are always in the stem, never in the endings, e.g.

hacer – to do, to make	*haré, harás,* etc.
querer – to want	*querré, querrás,* etc.
decir – to say	*diré, dirás,* etc.
saber – to know	*sabré, sabrás,* etc.
tener – to have	*tendré, tendrás,* etc.

See pages 182–189 for tables of irregular Spanish verbs.

Use of the future tense

1 To talk about future actions or states:
Vendré a visitarte el lunes. — I'll come to see you on Monday.
2 To express an obligation:
No matarás. — You shall not kill.
3 To express assumption, probability or surprise:
Será que no le gusta el color rosa. — I suppose he doesn't like pink.
¿Qué querrá decir eso? — What on earth can that mean?
¡Será tonto! — He must be stupid!

Do not use the future tense to translate 'will' or 'shall' if the meaning is willingness or a request. Use the present tense of *querer* instead:

¿Quieres abrir la puerta? — Will you open the door?
No quiere hacer nada. — She won't do anything.

5.3.10 The future perfect tense

This tense is formed with the future form of the auxiliary *haber* and the past participle of the verb.

habré visto	*habremos visto*
habrás visto	*habréis visto*
habrá visto	*habrán visto*

Its usage is similar to the future perfect in English:

A las cuatro ya habré terminado los deberes. — I will have finished my homework by four o'clock.

5.3.11 The conditional tense

The conditional is formed by adding one set of endings to the future stem. All verbs with irregular future stems keep the same irregularities in the conditional tense.

	comer
-ía	*comería*
-ías	*comerías*
-ía	*comería*
-íamos	*comeríamos*
-íais	*comeríais*
-ían	*comerían*

Use of the conditional tense

1 To indicate a condition, whether stated or implied:

Si me lo pidiera, me iría con ella. — If she asked me, I would go with her.

¿Sería buena idea marcharnos de aquí? — Would it be a good idea to leave this place?

2 To refer to a future action expressed in the past:

Dijeron que volverían. — They said they would return.

3 To indicate assumption or probability in the past:

Serían las cuatro cuando llamó. — It must have been four o'clock when he phoned.

Translation of 'would'

Do not use the conditional tense to translate 'would' if the meaning is willingness or a request. Use the imperfect tense of *querer* instead:

He wouldn't open the door. — *No quería abrir la puerta.*

Do not use the conditional tense to translate 'would' if the meaning is a habitual action in the past ('used to …'). Use the imperfect tense of the verb or the imperfect tense of the verb *soler* and the infinitive of the verb:

Visitábamos / Solíamos visitar a nuestra abuela cada semana. — We would visit our grandmother every week.

5.3.12 The conditional perfect tense

The conditional perfect tense is formed with the conditional of *haber* and the past participle of the verb.

habría mirado	*habríamos mirado*
habrías mirado	*habríais mirado*
habría mirado	*habrían mirado*

It translates the English 'would have (done)'. In Spanish it often occurs in the same sentence as the pluperfect subjunctive:

No lo habría tirado si hubiera conocido su valor sentimental. — I wouldn't have thrown it away had I known its sentimental value.

5.4 The subjunctive

All the tenses studied so far belong to the indicative 'mood'. The subjunctive is not a tense, but another verbal mood. Although used less in English (e.g. 'If I were you …'), the subjunctive is used extensively in Spanish.

5.4.1 The present subjunctive

To form this tense, take the 1st person singular of the present indicative, remove the final *o* and add the following endings:

-ar verbs		*-er* verbs		*-ir* verbs	
	mirar		*comer*		*vivir*
-e	*mire*	*-a*	*coma*	*-a*	*viva*
-es	*mires*	*-as*	*comas*	*-as*	*vivas*
-e	*mire*	*-a*	*coma*	*-a*	*viva*
-emos	*miremos*	*-amos*	*comamos*	*-amos*	*vivamos*
-éis	*miréis*	*-áis*	*comáis*	*-áis*	*viváis*
-en	*miren*	*-an*	*coman*	*-an*	*vivan*

Examples of verbs which change their spelling

from *g* to *j* (before *a* or *o*):

coger – to get, to catch — *coja, cojas*, etc.

from *gu* to *g* (before *a* or *o*):

extinguir – to extinguish — *extinga, extingas*, etc.

from *i* to *y* (when unaccented and between vowels):

construir – to build — *construya, construyas*, etc.

from *z* to *c* (before *e*):

cruzar – to cross — *cruce, cruces*, etc.

from *g* to *gu* (before *e*):

pagar – to pay — *pague, pagues*, etc.

Radical-changing verbs

These are the same as in the present indicative:

e becomes *ie*:

empezar — *empiece, empieces*, etc.

o becomes *ue*:

encontrar — *encuentre, encuentres*, etc.

e becomes *i*:

pedir — *pida, pidas*, etc.

Irregular verbs

Many verbs which are apparently irregular in the present subjunctive can be considered regular if you remember that their stem is the 1st person singular of the present indicative:

hacer (hago): haga, hagas, etc.
tener (tengo): tenga, tengas, etc.
caer (caigo): caiga, caigas, etc.
nacer (nazco): nazca, nazcas, etc.

Others have an irregular stem:

haber: haya, hayas, etc.   *ir: vaya, vayas,* etc.

For a more detailed list of irregular verbs, see pages 182–189.

5.4.2 The imperfect subjunctive

There are two forms of the imperfect subjunctive. They are almost entirely interchangeable but the *-ra* form is more common and is sometimes also used as an alternative to the conditional tense.

To form either one, take the 3rd person plural of the preterite, remove *-ron* and add the following endings:

Regular verbs

	-ar verbs	**-er verbs**	**-ir verbs**
	mirar	*comer*	*vivir*
-ra	*mirara*	*comiera*	*viviera*
-se	*mirase*	*comiese*	*viviese*
-ras	*miraras*	*comieras*	*vivieras*
-ses	*mirases*	*comieses*	*vivieses*
-ra	*mirara*	*comiera*	*viviera*
-se	*mirase*	*comiese*	*viviese*
-ramos	*miráramos*	*comiéramos*	*viviéramos*
-semos	*mirásemos*	*comiésemos*	*viviésemos*
-rais	*mirarais*	*comierais*	*vivierais*
-seis	*miraseis*	*comieseis*	*vivieseis*
-ran	*miraran*	*comieran*	*vivieran*
-sen	*mirasen*	*comiesen*	*viviesen*

Spelling-change, radical-changing and irregular verbs

All irregularities in the imperfect subjunctive follow those in the 3rd person plural of the preterite. For more details of irregular verbs, see pages 178–189.

5.4.3 The perfect and pluperfect subjunctives

The formation of these two tenses is straightforward. The perfect is formed with the present subjunctive of the auxiliary *haber* plus the past participle. The pluperfect is formed with the imperfect subjunctive of *haber* plus the past participle.

Perfect	**Pluperfect**
haya mirado	*hubiera/hubiese mirado*
hayas mirado	*hubieras/hubieses mirado*
haya mirado	*hubiera/hubiese mirado*
hayamos mirado	*hubiéramos/hubiésemos mirado*
hayáis mirado	*hubierais/hubieseis mirado*
hayan mirado	*hubieran/hubiesen mirado*

5.4.4 Use of the subjunctive

The subjunctive is used very widely in Spanish. It is required after verbs of emotion, verbs expressing desires or doubts – or possibility/impossibility – and verbs giving commands or advice. It is also used in a range of impersonal expressions and when talking about the future.

1 To influence others (*querer, permitir, mandar, ordenar, prohibir, impedir*):
   Quiero que vengas a mi casa.   I want you to come to my house.
   No permitas que lo sepan.   Don't allow them to find out.
2 To express personal preferences, likes or dislikes (*gustar, odiar, disgustar, alegrarse, parecer*):
   No me gusta que te comas las uñas.   I don't like you biting your nails.
3 To convey feelings of hesitation, fear or regret (*dudar, temer, sentir, esperar*):
   Siento que hayas tenido que esperar tanto.   I'm sorry you've had to wait for so long.

4 To express doubts and tentative possibilities:

Puede que lo hayan cambiado de lugar.	It's possible that they've put it somewhere else.

5 In various impersonal expressions after adjectives (*importante, posible, necesario, imprescindible, preferible*):

Es importante que los niños coman verduras.	It's important that children eat vegetables.

6 After expressions indicating purpose – 'so that …', 'in order to …' (*para que, con tal que, a fin de que, con el propósito de que*):

Ayer fue a la costurera para que le tomaran las medidas.	Yesterday she went to the dressmaker's to be measured.

7 After expressions introducing a future action (*cuando, antes de que, en cuanto, mientras, tan pronto como, hasta que, después de que, una vez que, así que*):

Cuando te hayas terminado la cena	When you've finished your supper

8 After expressions implying concessions or conditions – 'provided that …', 'unless …' (*siempre que, en vez de que, con tal de que, a condición de que, de modo que, de manera que, en (el) caso de que, a menos que, a no ser que, sin que*):

Vendrás conmigo siempre que me prometas que te comportarás.	You can come with me as long as you promise me that you'll behave.

9 After *ojalá*:

Ojalá que haga sol el día de la boda.	I do hope it will be sunny on the day of the wedding.

10 In certain set phrases:

pase lo que pase	come what may
digan lo que digan	whatever they may say
sea como sea	one way or another

11 After words ending in *-quiera* (= '-ever'):

Cualquiera que haya estudiado matemáticas sabe cómo calcularlo.	Anyone who (whoever) has studied maths knows how to work it out.

Negative sentences

Verbs of thinking, believing and saying which are followed by the indicative when positive take the subjunctive instead when the meaning is negative. This is because of the greater element of doubt or uncertainty:

Creo que lo consigue.	I think he'll make it.
No creo que lo consiga.	I don't think he'll make it.

Sequence of tenses in the subjunctive

This table shows which tense to use when a negative sentence requires the subjunctive:

Indicative	Subjunctive
Creo que lo consigue (present)	*No creo que lo consiga* (present)
Creo que lo conseguirá (future)	
Creo que lo consiguió (preterite)	*No creo que lo consiguiera* (imperfect)
Creí que lo conseguía (imperfect)	*No creí que lo consiguiera* (imperfect)
Creía que lo conseguiría (conditional)	*No creía que lo consiguiera* (imperfect)
Creo que lo ha conseguido (perfect)	*No creo que lo haya conseguido* (perfect)
Creo que lo habrá conseguido (future perfect)	
Creía que lo había conseguido (pluperfect)	*No creía que lo hubiera conseguido* (pluperfect)
Creía que lo habría conseguido (conditional perfect)	

'If I were …', 'If I had …' + past participle

These English structures can be translated using the corresponding tense in Spanish:

1 'If I were …' is translated by the imperfect subjunctive:

Si ganara la lotería, me iría a las Bahamas.	If I were to win the lottery, I would go to the Bahamas.

2 'If I had …' + past participle is translated by the pluperfect subjunctive:

Si lo hubiera sabido, no habría ido a la reunión.	If I had known, I wouldn't have gone to the meeting.

5.5 The imperative

This is the form of the verb used to give orders and commands (you), to express 'let's ...' (we) and 'may he/she/they ...' or 'let him/her/them ...' (3rd person forms). It is relatively easy to form because it is almost identical to the present subjunctive.

Positive imperative

To make the *tú* form, remove the final *s* from the present indicative *tú* form. To make the *vosotros* form, remove the final *r* from the infinitive and add *d*. All the other forms are the same as the present subjunctive:

(tú)	¡Corre!	Run!
(él, ella)	¡Corra!	Let him/her run!
(usted)	¡Corra!	Run!
(nosotros)	¡Corramos!	Let's run!
(vosotros)	¡Corred!	Run!
(ellos, ellas)	¡Corran!	Let them run!
(ustedes)	¡Corran!	Run!

Irregular verbs – *tú* form

decir – di	hacer – haz
ir – ve	poner – pon
salir – sal	ser – sé
tener – ten	venir – ven

Negative imperative

The negative forms are all the same as the present subjunctive:

(tú)	¡No corras!	Don't run!
(él, ella)	¡No corra!	Don't let him/her run!
(usted)	¡No corra!	Don't run!
(nosotros)	¡No corramos!	Let's not run!
(vosotros)	¡No corráis!	Don't run!
(ellos, ellas)	¡No corran!	Don't let them run!
(ustedes)	¡No corran!	Don't run!

Imperatives with object pronouns

Remember that object pronouns must be attached to the end of the positive imperative but must precede the negative imperative. See 4.1.2 for details.

Two points to note are:

1 The *nosotros* form drops the final *s* when the reflexive pronoun *nos* is added:
levantemos + nos = levantémonos

2 The *vosotros* form drops the final *d* when the reflexive pronoun *os* is added:
levantad + os = levantaos

The only exception to this is *idos* from the verb *irse* ('to go away').

Use of the infinitive for commands

Remember that the infinitive is used instead to express impersonal negative commands:

No fumar.	Do not smoke.

5.6 Reflexive verbs

To form a reflexive verb the reflexive pronoun is used. It is attached to the end of the infinitive, gerund and positive imperative and is placed before other forms. See 4.1 for reflexive pronouns.

Some verbs are only used reflexively when they express a true reflexive meaning (action to oneself):

Me vestí.	I dressed myself. (reflexive)

but:

Vistió a la niña.	She dressed the little girl. (non-reflexive)
Nos hicimos mucho daño.	We hurt ourselves badly. (reflexive)

but:

Hicimos daño a María.	We hurt María. (non-reflexive)

Some verbs modify their meaning when they are made reflexive:

dormir to sleep	*dormirse* to fall asleep
llevar to carry, to wear	*llevarse* to take away

A few verbs are always reflexive in form although they have no true reflexive meaning:

atreverse to dare	*quejarse* to complain
quedarse to stay	

Reciprocal meaning

You can also use the reflexive form to translate 'each other':

Nos escribimos.	We wrote to each other.

Passive meaning

The reflexive pronoun *se* is often used in Spanish as an alternative to the passive (see 5.7).

5.7 The passive

The verbs so far have all been 'active': the subject of the verb performs the action and the direct object receives this action (e.g. 'that boy broke the window'). In a passive sentence it is the grammatical subject which receives the action of the verb (e.g. 'the window was broken by that boy'). Forming the passive in Spanish is simple because the structure is the same as in English: use the appropriate form of *ser* ('to be') plus the past participle and put the doer or 'agent' if any (here: 'the boy') after *por* ('by').

Some passive sentences have an agent:

La ley fue abolida por el Parlamento.	The law was abolished by Parliament.

Others do not:

La carretera fue asfaltada la semana pasada.	The road was asphalted last week.

However, the passive is used far less in Spanish than in English. There are various preferred alternatives to express a passive meaning:

1 Make the verb active but rearrange the words in order to keep the same emphasis:
   La puerta la abrió mi madre.
   (Notice that a direct object pronoun is required.)
2 Use the reflexive pronoun *se* – this is a frequently used construction, especially in announcements and notices:
   Se habla español.   Spanish is spoken.
3 Use an unspecified 3rd person plural, just like the English equivalent:
   Dicen que tiene mucho dinero.   They say he has a lot of money.

5.8 Ser and *estar*

Both these verbs mean 'to be' so it is important to use them correctly. Although there are some grey areas, in general there are clear distinctions in their areas of usage.

5.8.1 Ser

Ser is used:
With adjectives and adjectival phrases to indicate inherent or permanent characteristics:

Pedro es alto.	Pedro is tall.
La nieve es blanca.	Snow is white.

Estos zapatos son de cuero.	These shoes are made of leather.

To indicate ownership, nationality, religion and occupation:

Este libro es mío.	This book is mine.
Iván es colombiano: es de Bogotá.	Iván is Colombian: he's from Bogotá.
Ella es musulmana.	She's a Muslim.
Mi padre es profesor.	My father is a teacher.

With the past participle to form the passive (see 5.7).

In expressions of time:

Son las ocho de la tarde.	It's eight o'clock in the evening.
Era invierno.	It was wintertime.

In impersonal expressions:

Es necesario que …	It is necessary that …
Es posible que …	It is possible that …

5.8.2 Estar

Estar is used:
With adjectives to express temporary states and conditions, marital status and whether something is alive or dead:

Esta falda está sucia.	This skirt is dirty.
Inés estaba triste.	Inés was sad.

but:

Cuando era pequeño …	When I was little …
¿Está casada?	Are you married?
No, estoy soltera.	No, I'm single.
Esas flores ya están muertas.	Those flowers are already dead.

To indicate position and geographical location:

Está en la cocina.	He's in the kitchen.
Madrid está en España.	Madrid is in Spain.

With the gerund to form continuous tenses:

Estaba tocando la guitarra.	He was playing the guitar.
Estaré esperándote.	I will be waiting for you.

With participles to indicate a state:

Está rodeado de gente que no conoce.	He is surrounded by people he doesn't know.

Some adjectives can be used with either *ser* or *estar* with different nuances:

	with *ser*	with *estar*
aburrido	boring	bored
bueno	good, tasty (food)	well, healthy
cansado	tiring, tiresome	tired
listo	clever	ready
malo	bad	ill, gone off (food)
nuevo	newly made/acquired	unused
vivo	lively	alive

Ramón es elegante.	Ramón is an elegant man.
Ramón está elegante.	Ramón looks elegant (tonight).

Some adjectives have clearly different meanings when used with *ser* or *estar*:

5.9 Impersonal verbs

Some Spanish verbs are used in phrases which have no subject (in English, the equivalent phrases sometimes use 'it'), e.g. weather expressions such as *llover* (to rain), *nevar* (to snow):

llovía	it was raining
nieva en la Sierra Nevada	it's snowing in the Sierra Nevada

Several weather phrases use *hacer*:

Hace buen tiempo.	It's nice weather/It's a nice day.
Hacía calor ayer pero mañana hará frío.	It was hot yesterday but it will be cold tomorrow.

Using the pronoun **se** with certain verbs makes them impersonal and is a common way of avoiding an awkward passive expression in Spanish. There are various ways to translate these expressions into English, including the use of the pronouns 'one' and 'you', and passive forms:

No se puede fumar en las cafeterías.	You can't smoke in cafés.
Se debe beber más agua porque es bueno para la salud.	You should drink more water because it's good for your health.

Se dice que dentro de pocos años, más de la mitad de la población de los EE.UU. será hispanohablante.	It's said that within a few years, more than half the US population will be Spanish-speaking.
Se me considera abordable.	I'm thought to be approachable.
Si conduzco mal, se me pone una multa.	If one drives badly, one is fined.
Esta receta se hace con mucha mantequilla.	This recipe is made with lots of butter.
Eso se ve claramente.	It's clear to see.

5.10 Using *hace* to express time

Hace and *desde hace* are used to express actions which have been going on for a certain length of time.

¡Hace dos meses que no me llamas!	You haven't rung me for two months!
Pienso en ti desde hace dos horas.	I've been thinking about you for two hours.

Note the use of the present tense to indicate the action is still happening.

6 Miscellaneous

6.1 Prepositions

Prepositions are placed before nouns or pronouns and link them to other parts of the sentence.

Spanish prepositions include:

a, ante, bajo, con, contra, de, desde, en, entre, hacia, hasta, para, por, según, sin, sobre

Although some prepositions are straightforward to translate into English, others can cause difficulty. Here are some of the commonest ones and their uses:

a
direction or movement:

Voy a Sevilla.	I am going to Seville.

a specific point in time:

A las nueve de la noche	At nine o'clock in the evening

a place where … :

Me esperaba a la puerta del cine.	He was waiting for me at the entrance to the cinema.

en

movement into:

Entraba en la sala.	She was coming into the room.

a place in which … :

Estoy en la oficina.	I am in the office.

a period of time:

En verano	In summer

Remember that the days of the week and dates do not need prepositions:

Te veré el lunes.	See you on Monday.
Iremos el catorce de julio.	We'll go on the 14th of July.

sobre

position – on:

El libro está sobre la mesa.	The book is on the table.

position – over:

Hay pájaros volando sobre el tejado.	There are birds flying over the roof.

about (concerning):

Escribe sobre problemas sociales.	She writes about social problems.

about (approximately):

Llegaremos sobre las diez.	We'll arrive at about ten.

en can also mean 'on' (e.g. *en la mesa*) but *sobre* is often preferable because it is more precise. Another meaning of *sobre* is 'on top of' but then *encima* is a common alternative.

de

possession:

el amigo de Rosa	Rosa's friend

material or content:

la mesa de madera	the wooden table
una clase de matemáticas	a maths lesson

profession:

Trabaja de enfermera.	She works as a nurse.

part of a group:

Muchos de ellos	Many of them

origin:

Es de Barcelona.	He's from Barcelona.

time (in certain expressions):

La ciudad de noche	The city by night
De buena mañana	Early on in the day

with superlatives:

El mejor bar de la ciudad	The best bar in the city

ante, delante de

These can both mean 'before' but not in the sense of time, for which *antes* is used:

Su defensa ante el jurado	His defence before the jury
No fuma delante de sus padres.	He doesn't smoke in front of his parents.

bajo, debajo de

Debajo de and *bajo* can both be used to mean 'under' or 'below' literally. Only *bajo* can be used to mean 'under' in a figurative sense:

Entiendo tu posición bajo tales circunstancias.	I understand your position under such circumstances.

desde

point in time from which … :

Desde hoy hasta el miércoles	From today till next Wednesday

point in space from which … :

Desde mi casa a la tuya hay cinco kilómetros.	It's five kilometres from my house to yours.

6.1.1 Personal *a*

When a definite person or domestic animal is the direct object in a Spanish sentence, the so-called personal *a* must be placed immediately before it:

¿Has visto a mi hermano?	Have you seen my brother?
Busco a mi perra, Negrita.	I am looking for my dog, Negrita.

but:

Busco una niñera para mis hijos.	I am looking for a nanny for my children.
(She is as yet unspecified.)	

Exception: personal *a* is not used after *tener*:

Tenemos tres hijos.	We have three children.

6.1.2 *Por* and *para*

Although these two prepositions can both translate 'for' in different contexts, they each have a range of usage and care must be taken to distinguish between them.

por

'For' after certain verbs, 'through', 'on behalf of', 'about', 'by', 'because of'.

Place along/through which:

Pasea por la calle.	He walks along the street.
Fue por el túnel principal.	It went through the main tunnel.

Time during which:

Pasamos por unos momentos muy difíciles.	We went through some very difficult times.
por la noche	during the night

Approximate place:

Su casa está por la parte norte de la ciudad.	Her house is somewhere in the northern part of the city.

Approximate time:

por junio	around June

By/how:

por correo aéreo	by airmail
¡Cógelo por los pies!	Grab him by his feet!

With the passive:

roto por unos gamberros	broken by some vandals

In certain expressions:

por lo general	by and large
por fin	finally

para

'For' in most cases, 'in order to', 'by the time ...'

Purpose, destination:

Esto es para usted.	This is for you.
Sirve para cortar papel.	It's for cutting paper.

In order to:

Limpió el parabrisas para ver mejor.	He cleaned the windscreen so that he could see better.

Future time:

Estará listo para la hora de marcharnos.	It will be ready by the time we leave.

6.2 *Pero* and *sino*

Both words translate 'but' and *pero* is by far the more common. *Sino* or *sino que* are only used as follows:

After a negative, when the following statement clearly contradicts the negative one:

No fui yo quien rompió el cristal sino ella.	It wasn't me who broke the glass but her.
No es tímido, sino aburrido.	He isn't shy, he's boring.
En realidad no me gusta nadar, sino tomar el sol en la playa.	Actually, it's not swimming that I like, but sunbathing on the beach.

When two sentences, each with a finite verb, are linked in this way, *sino que* is used instead:

No sólo le insultó sino que además intentó pegarle.	He not only insulted him but also tried to hit him.

6.3 Numerals

6.3.1 Cardinal numbers (1, 2, 3 ...)

For shortened forms of cardinals and numerals, see 2.2. Remember that in Spanish you use a comma instead of a dot with decimals and a dot instead of a comma to separate thousands.

cero	0	cien(to)	100
diez	10	ciento uno/a	101
quince	15	ciento dieciséis	116
dieciséis	16	ciento treinta	132
veinte	20	y dos	
veintiuno/a	21	doscientos/as	200
veintidós	22	trescientos/as	300
veintitrés	23	cuatrocientos/as	400
veintiséis	26	quinientos/as	500
treinta	30	seiscientos/as	600
treinta y uno/a	31	setecientos/as	700
cuarenta	40	ochocientos/as	800
cincuenta	50	novecientos/as	900
sesenta	60	mil	1000
setenta	70	diez mil	10.000
ochenta	80	cien mil	100.000
noventa	90	un millón	1.000.000

Notes on cardinal numbers

Note the accents on *dieciséis*, *veintidós*, *veintitrés* and *veintiséis*.

1

Uno becomes *un* before all masculine nouns, even in compound numbers:

cuarenta y un billetes

Una is used before all feminine nouns, even in compound numbers:

veintiuna mujeres

100

Cien is the form used before any noun or before another larger number:

cien hombres   *cien mil hombres*

Ciento is the form used before another smaller number:

ciento tres

There is no feminine form of *ciento*.

Multiples of *ciento* agree in gender with the noun they refer to:

doscientos kilos   *doscientas personas*

The same applies to compounds:

novecientas mil personas

1000

Mil is invariable. The plural (*miles*) is only used to mean 'thousands of' and must be followed by *de*:

Mil personas; tiene muchos miles de euros

1.000.000

Millón is a noun so must be preceded by *un* in the singular:

un millón de euros, de personas, de árboles, etc.

6.3.2 Ordinal numbers (1st, 2nd, 3rd ...)

primero	first	*séptimo*	seventh
segundo	second	*octavo*	eighth
tercero	third	*noveno*	ninth
cuarto	fourth	*décimo*	tenth
quinto	fifth	*undécimo*	eleventh
sexto	sixth	*duodécimo*	twelfth
		vigésimo	twentieth

Ordinals are adjectives and so must agree in number and gender with the noun they accompany, e.g. *la*

quinta vez ('the fifth time'). They are often written in abbreviated form, by adding *o* (masculine) or *a* (feminine) after the digit: *1o.* or *1o, 2a.* or *2a.* Remember that *primero* and *tercero* lose the final *o* before a masculine singular noun.

Ordinals beyond 12 are rarely used, the cardinal numbers being preferred (*el siglo veinte* instead of *el vigésimo siglo*). Ordinals are not used with days of the month, with the exception of the first day (*el primero de febrero* but *el dos de julio, el treinta de abril,* etc.).

6.4 Suffixes – diminutives, augmentatives and pejoratives

Adding suffixes to alter the meaning of words (usually nouns) is an important feature of Spanish, especially the spoken language. As well as simply indicating size, the augmentatives and diminutives often convey particular nuances and so should be used with care by non-native speakers.

Some words which appear to be diminutives or augmentatives of other words are actually words in their own right. For example, *bolsillo*, although literally a small *bolso* ('bag'), is the ordinary Spanish word for 'pocket'.

Suffixes are added to the end of nouns, adjectives and some adverbs, after removing any final vowel. Some require spelling changes, such as *z* to *c* before *e*.

Diminutives

-ito/a, -cito/a, -cecito/a – suggest affection on the part of the speaker:

¡Qué piececitos tiene el bebé! What (perfect) little feet the
(pies = feet)   baby has!

-(c)illo/a:

¿No tendrán un papelillo   Wouldn't they have just a
para mí en la obra?   little part for me in the play?
(papel = role)

Augmentatives

-azo/aza, -ón/ona, -ote/ota

hombrazo   great big man
(hombre = man)

novelón   big novel
(novela = novel)

grandote   huge
(grande = big)

Pejoratives

-uco/a, ucho/a, uzo/a

gentuza   riff-raff, scum
(*gente* = people)

6.5 Stress and accents

A written accent is used in Spanish for two main reasons: either to mark the spoken stress on a word which does not conform to the normal rules for stress in Spanish, or to differentiate between two identical forms of the same word with different meanings or functions.

The normal rules for spoken stress are:
Words ending in a vowel, *-n* or *-s* are stressed on the last syllable but one.

All other words (i.e. ending in a consonant except for *-n* or *-s* and including *-y*) are stressed on the last syllable.

Any words not conforming to these rules must have the stress marked by a written accent. This includes words which end in a stressed vowel, *-n* or *-s*:

mamá, camión, melón, café, cafés

It also includes words ending in a consonant other than *-n* or *-s*, which are stressed on the last syllable but one:

árbol, lápiz, mártir, débil

Words in which the stress falls two or more syllables from the end must also be accented:

espárrago, pájaro, relámpago, sábado

Vowels in syllables
Some syllables in Spanish contain two vowels. The normal position for the spoken stress in these syllables is on the 'strong' vowel (*a, e* or *o*) or on the second vowel if both are 'weak' (*i* or *u*). (Two strong vowels together are considered to be separate syllables.) If a word does not conform to these rules, a written accent is required:

tenía, país, oído

The normal rules mean that some words which require an accent in the singular do not require one in the plural because a syllable is added. This applies to all words ending in *-ión*:

elección – elecciones   *avión – aviones*

Other words need to add a written accent in the plural although they do not require one in the singular:

examen – exámenes

Accent used to differentiate meaning
This is the other usage of the written accent in Spanish. Here is a list of accented and unaccented words:

el	the (definite article)	*él*	he (pronoun)
tu	your	*tú*	you (subject pronoun)
mi	my	*mí*	me (prepositional pronoun)
si	if	*sí*	yes/himself, etc. (prepositional pronoun)
se	himself, etc. (reflexive pronoun)	*sé*	I know, be (imperative)
de	of	*dé*	give (present subjunctive of *dar*)
te	you (pronoun)	*té*	tea
aun	even (= *incluso*)	*aún*	still, yet (= *todavía*)
solo	alone	*sólo*	only (= *solamente*)

Interrogatives, exclamatives and demonstrative pronouns are also accented, as described in the relevant sections.

Radical-changing verbs and spelling-change verbs

Radical-changing verbs

Group 1 -AR and -ER verbs

e changes to *ie*
o changes to *ue* } when the stress is on the
u changes to *ue* } stem

Forms affected: present indicative and subjunctive, except 1st and 2nd person plural.

pensar to think   *encontrar* to find   *jugar** to play

present indicative	present subjunctive
pienso	piense
piensas	pienses
piensa	piense
pensamos	pensemos
pensáis	penséis
piensan	piensen
encuentro	encuentre
encuentras	encuentres
encuentra	encuentre
encontramos	encontremos
encontráis	encontréis
encuentran	encuentren
juego	juegue
juegas	juegues
juega	juegue
jugamos	juguemos
jugáis	juguéis
juegan	jueguen

* **Jugar** is the only verb where *u* changes to *ue*.

Group 2 -IR verbs

e changes to *ie*
o changes to *ue* } as in Group 1
e changes to *i*
o changes to *u* } before *ie*, *ió* or stressed *a*

Forms affected: present participle; 3rd person singular and plural preterite; 1st and 2nd person plural present subjunctive; imperfect and conditional subjunctive throughout.

preferir to prefer
present participle:
prefiriendo

dormir to sleep
present participle:
durmiendo

present indicative	present subjunctive	preterite
prefiero	prefiera	preferí
prefieres	prefieras	preferiste
prefiere	prefiera	prefirió
preferimos	prefiramos	preferimos
preferís	prefiráis	preferisteis
prefieren	prefieran	prefirieron
duermo	duerma	dormí
duermes	duermas	dormiste
duerme	duerma	durmió
dormimos	durmamos	dormimos
dormís	durmáis	dormisteis
duermen	duerman	durmieron

imperfect
subjunctive:
prefiriera / prefiriese, etc.

imperfect
subjunctive:
durmiera / durmiese, etc.

Group 3 -*IR* verbs

e changes to *i* when the stress is on the stem and before *ie*, *ió* or stressed *a*.

Forms affected: present participle; present indicative, except 1st and 2nd person plural; 3rd person singular and plural preterite; present, imperfect and conditional subjunctive throughout.

pedir to ask for
present participle: *pidiendo*

present indicative	present subjunctive	preterite	imperfect subjunctive
pido	pida	pedí	pidiera / pidiese, etc.
pides	pidas	pediste	
pide	pida	pidió	
pedimos	pidamos	pedimos	
pedís	pidáis	pedisteis	
piden	pidan	pidieron	

Other common radical-changing verbs

Some of these have spelling changes, too, which are explained under spelling-change verbs, in the paragraphs indicated in brackets below.

Group 1

acordarse	to remember	*negarse* (d)	to refuse
acostarse	to go to bed	*nevar*	to snow
almorzar (b)	to have lunch	*oler*	(*o* changes to *hue*)
aprobar	to approve, to pass (exam)		to smell
atravesar	to cross	*perder*	to lose
cerrar	to shut	*probar*	to try, to prove
colgar (d)	to hang	*recordar*	to remember
comenzar (b)	to begin	*resolver*	to solve
contar	to tell a story	*sentarse*	to sit down
costar	to cost	*soler*	to be accustomed to
defender	to defend	*sonar*	to sound, to ring (bells)
despertar(se)	to wake up	*soñar*	to dream
devolver	to give back	*temblar*	to tremble, to shake
empezar (b)	to begin	*tentar*	to attempt
encender	to light up	*torcer* (c)	to twist
entender	to understand	*verter*	to pour, to spill
envolver	to wrap up	*volar*	to fly
extender	to extend	*volver*	to return
gobernar	to govern		
jugar (d)	to play		
llover	to rain		
morder	to bite		
mostrar	to show		
mover	to move		
negar (d)	to deny		

Group 2

advertir	to warn
consentir	to agree
divertirse	to enjoy oneself
hervir	to boil
mentir	to lie
morir	to die
preferir	to prefer
referir(se)	to refer
sentir(se)	to feel

Group 3

conseguir	to obtain
corregir	to correct
despedirse	to say goodbye
elegir	to choose, to elect
freír	to fry
impedir	to prevent
perseguir (g)	to pursue, to chase
reñir	to scold
repetir	to repeat
seguir (g)	to follow
vestir(se)	to dress

Spelling-change verbs

(a) *-car*

c changes to *qu* before *e*
Forms affected: 1st person singular preterite; all of present subjunctive.

buscar – to look for
present subjunctive: *busqué*
present subjunctive: *busque*, etc.

(b) *-zar*

z changes to *c* before *e*
Forms affected: 1st person singular preterite; all of present subjunctive.

cruzar – to cross
preterite: *crucé*
present subjunctive: *cruce*, etc.

(c) consonant + *-cer*, *-cir*

c changes to *z* before *a* or *o*
Forms affected: 1st person singular present indicative; all of present subjunctive.

vencer – to defeat
present indicative: *venzo*
present subjunctive: *venza*, etc.

(d) *-gar*

g changes to *gu* before *e*
Forms affected: 1st person singular preterite; all of present subjunctive.

pagar – to pay
preterite: *pagué*
present subjunctive: *pague*, etc.

(e) *-guar*

gu changes to *gü* before *e*
Forms affected: 1st person singular preterite; all of present subjunctive.

averiguar – to find out
preterite: *averigüé*
present subjunctive: *averigüe*, etc.

(f) *-ger*, *-gir*

g changes to *j* before *a* or *o*
Forms affected: 1st person singular present indicative; all of present subjunctive.

proteger – to protect
present indicative: *protejo*
present subjunctive: *proteja*, etc.

(g) *-guir*

gu changes to *g* before *a* or *o*
Forms affected: 1st person singular present indicative; all of present subjunctive.

distinguir – to distinguish
present indicative: *distingo*
present subjunctive: *distinga*, etc.

(h) *-uir* (other than *-guir* above)

i changes to *y* when unaccented and between two or more vowels.

construir – to build
present participle: *construyendo*
past participle: *construido*
present indicative: *construyo, construyes, construye, construimos, construís, construyen*
imperfect: *construía*, etc.
future: *construiré*, etc.
conditional: *construiría*, etc.
preterite: *construí, contruiste, construyó, construimos, construisteis, construyeron*
present subjunctive: *construya*, etc.
imperfect subjunctive: *construyera / construyese*, etc.
imperative: *construye (tú), construid*

(i) *-güir*

i changes to *y* as above (h)
gü changes to *gu* before *y*

argüir – to argue
present participle: *arguyendo*
past participle: *argüido*
present indicative: *arguyo, arguyes, arguye, argüimos, argüís, arguyen*
imperfect: *argüía*, etc.
future: *argüiré*, etc.
conditional: *argüiría*, etc.
preterite: *argüí, argüiste, arguyó, argüimos, argüisteis, arguyeron*
present subjunctive: *arguya*, etc.
imperfect subjunctive: *arguyera / arguyese*, etc.
imperative: *arguye (tú), argüid*

(j) *-eer*

i becomes accented whenever stressed;
unaccented *i* changes to *y*
Forms affected: participles; imperfect; preterite;
imperfect and conditional subjunctive.

creer – to believe	
present participle:	*creyendo*
past participle:	*creído*
imperfect:	*creía*, etc.
preterite:	*creí, creíste, creyó, creímos, creísteis, creyeron*
imperfect subjunctive:	*creyera / creyese*, etc.

(k) *-llir, -ñer, -ñir*

unstressed *i* is dropped when it follows *ll* or *ñ*
Forms affected: present participle; 3rd person
singular and plural preterite; all of imperfect and
conditional subjunctive.

bullir – to boil, *gruñir* – to groan	
present participle:	*bullendo, gruñendo*
preterite:	*bulló, gruñó, bulleron, gruñeron*
imperfect subjunctive:	*bullera, bullese, etc; gruñera, gruñese*, etc.

(l) *-iar, -uar* (but not *-cuar, -guar*)

Some of these verbs are stressed on the *i* or *u*
when the stress is on the stem.
Forms affected: present indicative and subjunctive
except 1st and 2nd persons plural.

enviar – to send	
present indicative:	*envío, envías, envía, enviamos, enviáis, envían*
present subjunctive:	*envíe, envíes, envíe, enviemos, enviéis, envíen*

continuar – to continue	
present indicative:	*continúo, continúas, continúa, continuamos, continuáis, continúan*
present subjunctive:	*continúe, continúes, continúe, continuemos, continuéis, continúen*

Other common verbs in this category:

guiar	to guide
enfriar	to cool down
liar	to tie
espiar	to spy on
situar	to situate

vaciar	to empty
esquiar	to ski
variar	to vary
fiar	to trust
actuar	to act
efectuar	to carry out

Common verbs *not* in this category:

anunciar	to announce
estudiar	to study
apreciar	to appreciate
financiar	to finance
cambiar	to change
limpiar	to clean
despreciar	to despise
negociar	to negotiate
divorciar	to divorce
odiar	to hate
envidiar	to envy
pronunciar	to pronounce

(m) The *i* or *u* of the stem of the following verbs is
accented (see 6.5 on Stress and accents).

aislar	to isolate
reunir	to reunite
prohibir	to prohibit

present indicative:	*aíslo, aíslas, aísla, aislamos, aisláis, aíslan*
present subjunctive:	*aísle, aísles, aísle, aislemos, aisléis, aíslen*
present indicative:	*reúno, reúnes, reúne, reunimos, reunís, reúnen*
present subjunctive:	*reúna, reúnas, reúna, reunamos, reunáis, reúnan*

Verb tables

Verb forms in bold are irregular. Where only the 1st person singular form of a tense is shown, it provides the pattern for all the other forms and the endings are regular. See 5.3.4 for the formation of the imperfect tense, 5.3.9 for the formation of the future tense and 5.3.11 for the formation of the conditional tense.

Infinitive	Present participle	Past participle	Present	Imperative
ANDAR	andando	andado	ando andas anda andamos andáis andan	anda andad
CABER	cabiendo	cabido	**quepo** cabes cabe cabemos cabéis caben	cabe cabed
CAER	**cayendo**	**caído**	**caigo** caes cae caemos caéis caen	cae caed
DAR	dando	dado	**doy** das da damos dais dan	da dad
DECIR	diciendo	**dicho**	**digo** **dices** **dice** **decimos** **decís** **dicen**	**di** decid

Imperfect	Preterite	Future	Present subjunctive	Imperfect subjunctive
andaba	**anduve**	andaré	ande	**anduviera / anduviese**
andabas	**anduviste**	andarás	andes	**anduvieras / anduvieses**
andaba	**anduvo**	andará	ande	**anduviera / anduviese**
andábamos	**anduvimos**	andaremos	andemos	**anduviéramos / anduviésemos**
andabais	**anduvisteis**	andaréis	andéis	**anduvierais / anduvieseis**
andaban	**anduvieron**	andarán	anden	**anduvieran / anduviesen**
cabía	**cupe**	cabré	**quepa**	**cupiera / cupiese**
cabías	**cupiste**	cabrás	**quepas**	**cupieras / cupieses**
cabía	**cupo**	cabrá	**quepa**	**cupiera / cupiese**
cabíamos	**cupimos**	cabremos	**quepamos**	**cupiéramos / cupiésemos**
cabíais	**cupisteis**	cabréis	**quepáis**	**cupierals / cupieseis**
cabían	**cupieron**	cabrán	**quepan**	**cupieran / cupiesen**
caía	caí	caeré	**caiga**	**cayera / cayese**
caías	caíste	caerás	**caigas**	**cayeras / cayeses**
caía	**cayó**	caerá	**caiga**	**cayera / cayese**
caíamos	caímos	caeremos	**caigamos**	**cayéramos / cayésemos**
caíais	caísteis	caeréis	**caigáis**	**cayerais / cayeseis**
caían	**cayeron**	caerán	**caigan**	**cayeran / cayesen**
daba	**dí**	daré	**dé**	**diera / diese**
dabas	**diste**	darás	**des**	**dieras / dieses**
daba	**dio**	dará	**dé**	**diera / diese**
dábamos	**dimos**	daremos	**demos**	**diéramos / diésemos**
dabais	**disteis**	daréis	**deis**	**dierais / dieseis**
daban	**dieron**	darán	**den**	**dieran / diesen**
decía	**dije**	diré	**diga**	**dijera / dijese**
decías	**dijiste**	dirás	**digas**	**dijeras / dijeses**
decía	**dijo**	dirá	**diga**	**dijera / dijese**
decíamos	**dijimos**	diremos	**digamos**	**dijéramos / dijésemos**
decíais	**dijisteis**	diréis	**digáis**	**dijerais / dijeseis**
decían	**dijeron**	dirán	**digan**	**dijeran / dijesen**

Infinitive	Present participle	Past participle	Present	Imperative
ESTAR	estando	estado	**estoy** estás está estamos estáis **están**	**está** estad
HABER	**habiendo**	habido	**he** **has** **ha / hay** **hemos** habéis **han**	**he** habed
HACER	**haciendo**	**hecho**	**hago** haces hace hacemos hacéis hacen	**haz** haced
IR	**yendo**	**ido**	**voy** **vas** **va** **vamos** **vais** **van**	**ve** id
OÍR	**oyendo**	**oído**	**oigo** **oyes** **oye** oímos oís oyen	**oye** oíd
PODER	**pudiendo**	podido	**puedo** **puedes** **puede** **podemos** **podéis** **pueden**	**puede** poded

Imperfect	Preterite	Future	Present subjunctive	Imperfect subjunctive
estaba	**estuve**	estaré	esté	**estuviera / estuviese**
estabas	**estuviste**	estarás	estés	**estuvieras / estuvieses**
estaba	**estuvo**	estará	esté	**estuviera / estuviese**
estábamos	**estuvimos**	estaremos	estemos	**estuviéramos / estuviésemos**
estabais	**estuvisteis**	estaréis	estéis	**estuvierais / estuvieseis**
estaban	**estuvieron**	estarán	estén	**estuvieran / estuviesen**
había	**hube**	**habré**	**haya**	**hubiera / hubiese**
habías	**hubiste**	**habrás**	**hayas**	**hubieras / hubieses**
había	**hubo**	**habrá**	**haya**	**hubiera / hubiese**
habíamos	**hubimos**	**habremos**	**hayamos**	**hubiéramos / hubiésemos**
habíais	**hubisteis**	**habréis**	**hayáis**	**hubierais / hubieseis**
habían	**hubieron**	**habrán**	**hayan**	**hubieran / hubiesen**
hacía	**hice**	**haré**	**haga**	**hiciera / hiciese**
hacías	**hiciste**	**harás**	**hagas**	**hicieras / hicieses**
hacía	**hizo**	**hará**	**haga**	**hiciera / hiciese**
hacíamos	**hicimos**	**haremos**	**hagamos**	**hiciéramos / hiciésemos**
hacíais	**hicisteis**	**haréis**	**hagáis**	**hicierais / hicieseis**
hacían	**hicieron**	**harán**	**hagan**	**hicieran / hiciesen**
iba	**fui**	iré	**vaya**	**fuera / fuese**
ibas	**fuiste**	irás	**vayas**	**fueras / fueses**
iba	**fue**	irá	**vaya**	**fuera / fuese**
íbamos	**fuimos**	iremos	**vayamos**	**fuéramos / fuésemos**
ibais	**fuisteis**	iréis	**vayáis**	**fuerais / fueseis**
iban	**fueron**	irán	**vayan**	**fueran / fuesen**
oía	oí	oiré	**oiga**	**oyera / oyese**
oías	oíste	oirás	**oigas**	**oyeras / oyeses**
oía	**oyó**	oirá	**oiga**	**oyera / oyese**
oíamos	oímos	oiremos	**oigamos**	**oyéramos / oyésemos**
oíais	oísteis	oiréis	**oigáis**	**oyerais / oyeseis**
oían	**oyeron**	oirán	**oigan**	**oyeran / oyesen**
podía	**pude**	podré	**pueda**	**pudiera / pudiese**
podías	**pudiste**	podrás	**puedas**	**pudieras / pudieses**
podía	**pudo**	podrá	**pueda**	**pudiera / pudiese**
podíamos	**pudimos**	podremos	podamos	**pudiéramos / pudiésemos**
podíais	**pudisteis**	podréis	podáis	**pudierais / pudieseis**
podían	**pudieron**	podrán	**puedan**	**pudieran / pudiesen**

Infinitive	Present participle	Past participle	Present	Imperative
PONER	**poniendo**	**puesto**	**pongo** pones pone ponemos ponéis ponen	**pon** poned
QUERER	**queriendo**	querido	**quiero** **quieres** **quiere** **queremos** **queréis** **quieren**	**quiere** quered
REÍR	**riendo**	**reído**	**río** **ríes** **ríe** **reímos** **reís** **ríen**	**ríe** reíd
SABER	**sabiendo**	sabido	**sé** sabes sabe sabemos sabéis saben	sabe sabed
SALIR	**saliendo**	salido	**salgo** sales sale salimos salís salen	**sal** salid
SER	**siendo**	**sido**	soy eres es somos sois son	**sé** **sed**

Imperfect	Preterite	Future	Present subjunctive	Imperfect subjunctive
ponía	**puse**	**pondré**	**ponga**	**pusiera / pusiese**
ponías	**pusiste**	**pondrás**	**pongas**	**pusieras / pusieses**
ponía	**puso**	**pondrá**	**ponga**	**pusiera / pusiese**
poníamos	**pusimos**	**pondremos**	**pongamos**	**pusiéramos / pusiésemos**
poníais	**pusisteis**	**pondréis**	**pongáis**	**pusierais / pusieseis**
ponían	**pusieron**	**pondrán**	**pongan**	**pusieran / pusiesen**
quería	**quise**	**querré**	**quiera**	**quisiera / quisiese**
querías	**quisiste**	**querrás**	**quieras**	**quisieras / quisieses**
quería	**quiso**	**querrá**	**quiera**	**quisiera / quisiese**
queríamos	**quisimos**	**querremos**	queramos	**quisiéramos / quisiésemos**
queríais	**quisisteis**	**querréis**	queráis	**quisierais / quisieseis**
querían	**quisieron**	**querrán**	**quieran**	**quisieran / quisiesen**
reía	reí	reiré	**ría**	**riera / riese**
reías	reíste	reirás	**rías**	**rieras / rieses**
reía	**rio**	reirá	**ría**	**riera / riese**
reíamos	reímos	reiremos	**riamos**	**riéramos / riésemos**
reíais	reísteis	reiréis	**riais**	**rierais / rieseis**
reían	**rieron**	reirán	**rían**	**rieran / riesen**
sabía	**supe**	**sabré**	**sepa**	**supiera / supiese**
sabías	**supiste**	**sabrás**	**sepas**	**supieras / supieses**
sabía	**supo**	**sabrá**	**sepa**	**supiera / supiese**
sabíamos	**supimos**	**sabremos**	**sepamos**	**supiéramos / supiésemos**
sabíais	**supisteis**	**sabréis**	**sepáis**	**supierais / supieseis**
sabían	**supieron**	**sabrán**	**sepan**	**supieran / supiesen**
salía	**salí**	saldré	**salga**	**saliera / saliese**
salías	**saliste**	saldrás	**salgas**	**salieras / salieses**
salía	**salió**	saldrá	**salga**	**saliera / saliese**
salíamos	**salimos**	saldremos	**salgamos**	**saliéramos / saliésemos**
salíais	**salisteis**	saldréis	**salgáis**	**salierais / salieseis**
salían	**salieron**	saldrán	**salgan**	**salieran / saliesen**
era	**fui**	seré	**sea**	**fuera / fuese**
eras	**fuiste**	serás	**seas**	**fueras / fueses**
era	**fue**	será	**sea**	**fuera / fuese**
éramos	**fuimos**	seremos	**seamos**	**fuéramos / fuésemos**
erais	**fuisteis**	seréis	**seáis**	**fuerais / fueseis**
eran	**fueron**	serán	**sean**	**fueran / fuesen**

Infinitive	Present participle	Past participle	Present	Imperative
TENER	**teniendo**	tenido	**tengo** **tienes** **tiene** **tenemos** **tenéis** **tienen**	**ten** tened
TRAER	**trayendo**	**traído**	**traigo** traes trae traemos traéis traen	trae traed
VALER	**valiendo**	valido	**valgo** vales vale valemos valéis valen	vale valed
VENIR	**viniendo**	venido	**vengo** **vienes** **viene** venimos venís **vienen**	**ven** venid
VER	**viendo**	visto	**veo** ves ve vemos veis ven	ve ved

Imperfect	Preterite	Future	Present subjunctive	Imperfect subjunctive
tenía	**tuve**	**tendré**	**tenga**	**tuviera / tuviese**
tenías	**tuviste**	**tendrás**	**tengas**	**tuvieras / tuvieses**
tenía	**tuvo**	**tendrá**	**tenga**	**tuviera / tuviese**
teníamos	**tuvimos**	**tendremos**	**tengamos**	**tuviéramos / tuviésemos**
teníais	**tuvisteis**	**tendréis**	**tengáis**	**tuvierais / tuvieseis**
tenían	**tuvieron**	**tendrán**	**tengan**	**tuvieran / tuviesen**
traía	**traje**	traeré	**traiga**	**trajera / trajese**
traías	**trajiste**	traerás	**traigas**	**trajeras / trajeses**
traía	**trajo**	traerá	**traiga**	**trajera / trajese**
traíamos	**trajimos**	traeremos	**traigamos**	**trajéramos / trajésemos**
traíais	**trajisteis**	traeréis	**traigáis**	**trajerais / trajeseis**
traían	**trajeron**	traerán	**traigan**	**trajeran / trajesen**
valía	valí	**valdré**	**valga**	**valiera / valiese**
valías	valiste	**valdrás**	**valgas**	**valieras / valieses**
valía	valió	**valdrá**	**valga**	**valiera / valiese**
valíamos	valimos	**valdremos**	**valgamos**	**valiéramos / valiésemos**
valíais	valisteis	**valdréis**	**valgáis**	**valierais / valieseis**
valían	valieron	**valdrán**	**valgan**	**valieran / valiesen**
venía	**vine**	**vendré**	**venga**	**viniera / viniese**
venías	**viniste**	**vendrás**	**vengas**	**vinieras / vinieses**
venía	**vino**	**vendrá**	**venga**	**viniera / viniese**
veníamos	**vinimos**	**vendremos**	**vengamos**	**viniéramos / viniésemos**
veníais	**vinisteis**	**vendréis**	**vengáis**	**vinierais / vinieseis**
venían	**vinieron**	**vendrán**	**vengan**	**vinieran / viniesen**
veía	vi	veré	**vea**	**viera / viese**
veías	viste	verás	**veas**	**vieras / vieses**
veía	vio	verá	**vea**	**viera / viese**
veíamos	vimos	veremos	**veamos**	**viéramos / viésemos**
veíais	visteis	veréis	**veáis**	**vierais / vieseis**
veían	vieron	verán	**vean**	**vieran / viesen**

Vocabulary

The first meaning of each word or phrase in this list corresponds to its use in the context of this book. Alternative meanings are **sometimes** given to avoid confusion, especially if these meanings are more common. This list contains only the vocabulary in *¡Sigue! A2.* It does **not** replace your dictionary.

A

a corto plazo *in the short term*
a cuenta de *attributable to*
abastecimiento (m) *supply, provision*
absuelto/a *absolved*
acaparar *to take over, to monopolise, to hoard*
acaso *perhaps*
achacarse a *to be attributed to, to be held responsible for*
acontecimiento (m) *event*
acosado/a *harassed*
acostumbrarse a *to get used to*
acuciante *urgent, acute*
adosado/a *attached*
advertencia (f) *warning*
afección (f) *medical condition*
agarrada (f) *tackle (sport)*
agarrar *to grab*
agotamiento (m) *exhaustion, depletion*
agotar *to exhaust, to deplete*
agradecer *to be grateful for, to thank*
agredir *to attack*
agregar *to add*
agujero (m) *hole*
ahorro (m) *economy, saving*
ahuyentar *to put to flight*
aislamiento (m) *isolation*
ajeno/a *somebody else's*
alcalde (m) *mayor*
alcázar (m) *fortress, citadel*
alegar *to claim*
aliado (m) *ally*
aliviar *to alleviate, to relieve*
almacenaje (m) *storage*
alquilar *to rent, to hire*
alquiler (m) *rent*

ambiental *environmental*
ámbito (m) *scale, sphere*
ambulatorio (m) *outpatients' department*
ametralladora (f) *machine gun*
analfabetismo (m) *illiteracy*
analfabeto/a *illiterate*
anclado/a *anchored, rooted*
apostar por *to back, to put one's faith in*
aprestarse a *to prepare, to get ready*
apretar *to press*
aprovechamiento (m) *development, exploitation*
aprovechar *to exploit, to take advantage of*
arrancar *to extract, to pull up*
arte (m in sing, f in pl) *art (sing), arts (pl)*
asimismo *likewise*
asistir *to be present, to witness*
asolar *to destroy, to devastate*
aspa (f) *cross, x-shaped figure*
astillas (f pl) *firewood, kindling*
astillero (m) *dockyard, shipyard*
atajar *to tackle, to catch*
atentado (m) *attempt on someone's life, attack*
atestar *to attest, to testify*
atracar *to rob, to hold up*
auge (m) *increase*
auspiciar *to sponsor*
autarquía (f) *self-sufficiency*
autóctono/a *native*
ave (f) *large bird*
avecinarse *to approach*
ayuntamiento (m) *town hall, local administration, council*

B

baldosa (f) *paving stone*
ballena (f) *whale*
banderita (f) *small flag*
barajar *to jumble up; to squabble, to complicate*
barro (m) *clay*
basural (m) *rubbish dump*
benéfico/a *charitable*
bienes (m pl) *goods*

bocanada (f) *mouthful*
bombona (f) *canister*
borrar(se) *to (be) erase(d)*
bosque (m) *wood, forest*
bostezo (m) *yawn*
bote (m) de basura *dustbin*
botín (m) *loot*
brote (m) *outbreak*
burbuja (f) *bubble*

C

cabecero (m) *headboard (of bed)*
cadena (f) *chain*
calabaza (f) *gourd*
caladero (m) *fishing ground*
caliza (f) *limestone*
callejero (m) *street map*
cancerígeno/a *carcinogenic*
cañabrava (f) *bamboo, reed*
carecer de *to lack*
carencia (f) *lack*
castigar *to punish*
ceniza (f) *ash*
central (f) *(nuclear) power station*
cernerse *to hang over, to threaten*
certeza (f) *certainty*
certidumbre (f) *certainty*
chantaje (m) *blackmail*
chispa (f) *spark*
cifra (f) *figure*
cigüeña (f) *stork*
cirugía (f) *surgery*
cirujano (m) *surgeon*
cita (f) a ciegas *blind date*
cobijo (m) *shelter*
cobre (m) *copper*
cohete (m) *rocket*
colindante (m) *neighbouring, adjacent*
compadecerse de *to take pity on*
comparecer *to appear in court*
componer *to make up, to consist*
con anterioridad (f) *previously, beforehand*
concienciación (f) *awareness*
conjunto (m) *whole, entirety*
constar *to be evident, to state*
contar con *to bear in mind*
contraerse *to get smaller, to contract*
convocante (m/f) *organiser*
cónyuge (m/f) *spouse*

costero/a *coastal*
cotidiano/a *daily, everyday*
cotizado/a *sought-after, in demand*
creencia (f) *belief*
cuantioso/a *substantial*
cucaracha (f) *cockroach*
cuidar *to care for*
cumplir con *to comply with*
cúmulo (m) *pile, lot*
cuño (m) (de nuevo cuño) *newly fledged*

D

debilitamiento (m) *weakening*
declive (m) *decline*
deficitario/a *lacking, deficient*
delictivo/a *criminal*
derretir *to melt, to thaw*
derribar *to demolish, to bring down*
derrota (f) *defeat*
derrumbarse *to collapse*
desafío (m) *challenge*
desaladora (f) *desalination plant*
desbaratar *to rout, to destroy*
desbordado/a *exceeded*
desbordante *overflowing*
descabellado/a *wild, preposterous*
descifrar *to decipher, to puzzle out*
desconfiar de *to distrust*
desdeñable *negligible*
desembocar en *to result in*
desempeñar *to hold down (a job)*
desencadenar *to unleash*
desgano/a *reluctant*
desmarcarse de *to dissociate oneself from*
despegue (m) *take-off*
despejado/a *cloudless, clear*
despido (m) *dismissal, redundancy*
despojar *to dispossess*
diáfano/a *transparent*
dictador (m) *dictator*
dictadura (f) *dictatorship*
diezmado/a *decimated*
disminuido (m) psíquico *mentally handicapped*
disminuir *to decrease, to diminish*
disparar *to trigger, to set off*
disponer de *to have at one's disposal*
dispositivo (m) *appliance, device*
dolencia (f) *ailment*
dominguero/a *Sunday (adj)*

Vocabulary

Donostiarra *inhabitant of San Sebastián*
dramaturgo (m) *dramatist*

E

ejército (m) *army*
elaborar *to manufacture, to produce*
eludir *to elude, to avoid*
embajador (m) *ambassador*
embarazada *pregnant*
embrión (m) *embryo*
empadronado/a *registered*
empeñado/a en *determined to*
empeorar *to worsen*
emprender *to undertake, to embark on*
empresa (f) *company, enterprise*
en flagrante *red-handed, in the act*
enajenar *to alienate*
encabezar *to head*
encargarse de *to see about, to take charge of*
encarnarse *to be embodied/rooted in*
encomendero (m) *holder of a grant of land*
encuesta (f) *survey, poll*
enemistarse *to fall out, to become enemies*
enfocarse en *to focus on*
enfrentamiento (m) *clash, confrontation*
engullir *to engulf*
enjuagar *to rinse out*
enterrarse *to be buried*
entorno (m) *environment, surroundings*
entrevistado/a (m/f) *interviewee*
eólico/a *wind-powered*
equitativo/a *equitable, fair*
escaramuza (f) *skirmish*
escaso/a *sparse, scant*
escoltar *to escort, to guard*
escote (m) *low-cut neckline*
esparcir *to spread, to scatter*
espino (m) albar *hawthorn*
estadounidense *from the USA*
estallido (m) *outbreak, explosion*
estancamiento (m) *stagnation, deadlock*
estremecedor/a *alarming, disturbing*
extremeño/a *from Extremadura*
estropeado/a *damaged*
etiqueta (f) *label*
eventual (m/f) *temporary worker*
explotar *to explode*

F

fallecer *to die*
fastidiar *to annoy*
feraz *fertile, productive*
fianza (f) *surety*
fijo/a *fixed, secure*
finca (f) *estate, property, farm*
finiquito (m) *redundancy, settlement*
flexiones (f pl) (hacer) *(to do) press-ups*
flota (f) *fleet*
fomentar *to encourage, to stir up, to foment*
fomentarse *to be boosted*
fracaso (m) *failure*
frialdad (f) *coldness, indifference*
fuente (f) *source*
funcionario (m) *civil servant*

G

gama (f) *range, gamut*
gamba (f) *prawn*
gamberrada (f) *hooliganism*
gamberro (m) *hooligan*
ganar por goleada *to greatly outnumber*
gestión (f) *management*
girasol (m) *sunflower*
gozar de *to enjoy*
grado (m) *degree*
griego/a *Greek*
guión (m) *film script*

H

habitante (m/f) *inhabitant*
haz (m) *ray, beam*
hidráulico/a *water-powered*
hipoteca (f) *mortgage*
homenaje (m) *homage, allegiance, tribute*
hormiga (f) *ant*
hornada (f) *batch, crop*
hortaliza (f) *vegetable (garden)*
huelga (f) *strike*
hundir *to sink*

I

idóneo/a *suitable*
impar *odd (-numbered), unique*
imperante *ruling, prevailing*
imprescindible *essential, indispensable*
impreso (m) *printed form*

impune *unpunished, with impunity*
incertidumbre (f) *uncertainty*
indemnización (f) *severance pay, compensation*
índice (m) *index, rate*
ínfimamente *not at all*
informático/a *relating to IT*
informe (m) *piece of information, (news) report*
infraviviendas (f) *sub-standard housing*
ingrávido/a *weightless*
integrante (m/f) *member*
invertirse *to be invested*
involucrado/a *involved*
ir viento en popa *to travel with a following wind*
irreductible *uncompromising*
irreprimible *irrepressible*
izar *to hoist*

J

jaco (m) *heroin*
jubilado/a *retired*
juicio (m) *judgement, reason*

L

lema (m) *motto, slogan*
leña (f) *firewood*
lentes (m or f) *lenses*
lienzo (m) *canvas (art)*
limítrofe *neighbouring*
limpieza (f) *cleanliness*
lirio (m) *iris*
llamado/a *so-called*
longevo/a *long-lived*
lucir *to show off, to display*
luto (m) *mourning*

M

maderero/a *(made of) wood*
maduro/a *mature*
manifestarse *to demonstrate*
marea (f) *tide*
mascota (f) *pet*
matasellos (m inv) *postmark*
materia (f) prima *raw material*
mayoritariamente *mainly*
medida (f) *measure*
medir *to measure*
mejora (f) *improvement*
mensualidad (f) *monthly instalment*

mercancías (f pl) *merchandise, goods*
metano (m) *methane*
mezquita (f) *mosque*
milagroso/a *miraculous*
mimarse *to treat (oneself)*
minuciosidad (f) *thoroughness, attention to detail*
mítico/a *mythical*
mochila (f) *rucksack, back-pack*
mochilero/a (m/f) *back-packer*
mojarse *to get soaked*
Mossos d'Esquadra *Catalan police*
motor (m) *motive*
muestra (f) *sample*
multa (f) *fine*

N

naufragio (m) *shipwreck*
normativa (f) *rules, regulations*
novedoso/a *new, novel*

O

ocasionar *to cause*
occidental *western*
odisea (f) *odyssey, long journey*
olla (f) *pan, pot*
orden (m) de alejamiento *ASBO*
orientar *to guide*
oscurecerse *to grow dark*

P

paliar *to alleviate*
papel (m) *role*
parque (m) *park*
parterre (m) *flower bed*
particular (m) *private individual*
partidario/a de *in favour of*
patada (f) *kick*
patrimonio (m) *heritage*
paulatinamente *gradually*
pauta (f), dar – a *to set the standard for*
pavor (m) *dread, terror*
peatonalización (f) *pedestrianised area*
pegajoso/a *sticky*
penar *to penalise*
peñón (m) *rock (nickname for Gibraltar)*
perfil (m) *profile*
pergamino (m) *parchment*
perjudicar *to harm*

perjuicio (m) *damage, harm*
pesadilla (f) *nightmare*
pillar *to nab, to catch*
plaga (f) *plague*
plantear *to raise (e.g. a question)*
plantearse *to think, to reflect*
plátano (m) *banana*
población (f) *population*
polémico/a *controversial*
política (f) *politics, policy*
pormenorizado/a *detailed*
portada (f) *magazine cover*
portátil *portable*
portavoz (m/f) *spokesperson*
posterior *later, subsequent*
potable *drinkable*
potenciarse *to be developed*
precariedad (f) *uncertainty (about employment)*
premio (m) *prize*
presidio (m) *prison*
prestaciones (f pl) *performance qualities*
presunto/a *alleged*
presupuesto (m) *budget*
principio (m) *beginning; principle*
procesado/a *accused, tried in court*
promedio (m) *average*
promover *to promote*
pronosticar *to forecast*
propagación (f) *spreading, dissemination*
propiedad (f) *ownership*
proporcionar *to provide*
propuesta (f) *proposal*
protagonizar *to be concerned in*
provocar *to cause*
pudrirse *to rot, to decay*
pugnar *to fight*
pulido/a *polished, refined*
puntualizar *to specify*

R

rasgo (m) *trace*
rastreo (m) *intensive search, trawl*
rebeldía (f) *defiance, rebelliousness*
recargar *to recharge*
recelo (m) *suspicion, apprehension*
rechazar *to repel, to reject*
recinto (m) *enclosure, precinct*
redada (f) *catch, haul*

reflejar *to reflect*
refuerzo (m) *reinforcement*
regañar *to scold*
regar *to water*
regidor (m) *councillor*
rematar en *to end in*
rendimiento (m) *efficiency, output*
repentino/a *sudden*
repostar *to refuel*
resaca (f) *hangover*
resaltar *to stand out*
restos (m pl) *remains*
reto (m) *challenge*
retraimiento (m) *withdrawal*
revuelta (f) *disturbance, riot*
ría (f) *estuary*
río (m) *river*
riada (f) *flood*
riel (m) *rail*
rodamiento (m) *roll-out (e.g. of programme)*
roedor (m) *rodent*
rueda de prensa *press conference*

S

sacerdote (m) *priest*
saldarse *to result in*
salvaje *unregulated, uncontrolled*
sanar *to cure, to heal*
secuestro (m) *kidnapping*
señalar *to indicate*
sendos (m pl) *one each*
sentenciar *to sentence*
sindical *relating to a trade union*
siniestrado/a *damaged, affected*
siniestralidad (f) *accident rate*
soberanía (f) *sovereignty*
sobrevivir *to survive*
solicitud (f) *application, request*
solventar *to settle, to resolve*
sombreado (m) *shading (in art)*
soñar con *to dream about*
soplón/ona (m/f) *informer*
subasta (f) *auction*
sublevarse *to rise up, to revolt*
subvención (f) *subsidy*
sufragar *to meet the cost of; to vote*
sugerencia (f) *suggestion*
suma (f) *total*

sumarse a *to join*
suministrar *to provide*
superar *to exceed*
suponer *to represent, to signify*
surtirse *to provide oneself with*

T

tala (f) *felling*
tarea (f) *task*
temblar *to tremble*
temporalidad (f) *temporary nature*
terremoto (m) *earthquake*
tramitar *to handle, to deal with*
transbordador (m) espacial *space shuttle*
trasegar *to move about*
trasfondo (m) *background*
trasladar *to transfer*
traste (m) *fret on stringed instrument*
trastorno (m) *upset, disorder*
tratado (m) *treaty*
truco (m) *tip, hint*

U

ubicado/a *situated, located*
ultramarinos (m pl) *groceries*
uña (f) *fingernail*
usuario (m) *user*

V

vajilla (f) *crockery*
valioso/a *valuable*
vanguardia (f) *forefront, vanguard*
vaticinar *to predict, to forecast*
vega (f) *fertile plain*
vejatorio/a *annoying, humiliating*
veraniego/a *summery*
verbena (f) *open-air celebration, festival*
vertedero (m) *rubbish dump, tip*
verter *to discharge, to pour*
vial *relating to roads*
viandante (m/f) *pedestrian*
vileza (f) *vile deed*
vinculado/a *linked*
víspera (f) *eve (of a festival, feast day)*
vivienda (f) *dwelling*
votante (m/f) *voter*

Y

yerno (m) *son-in-law*

Text acknowledgements

The authors and Publishers are grateful to the following for permission to reproduce copyright text materials. Every effort has been made to trace and contact copyright holders; please notify the Publishers of any omissions, which will be rectified at the earliest possible opportunity.
1.2 Adapted from Mía, no 1.109, 10-16 diciembre 2007; **1.3** Taken from 20minutos.es 24.10.07; **1.10** Based upon info@ambitmariacorral.org; **2.4** Taken from 20minutos.es 03.01.08; **2.5** Adapted from www.lanacion.cl; **2.6** Taken with permission from 20minutos.es 12.01.07; **2.8** © Canarias7.es 02.04.08; **2.9** Compiled from 20minutos.es 21.06.06, 19.07.07 and 15.02.08; **2.11** Adapted from 20minutos.es 13.09.07; **2.12** Extracted from El Mundo en Internet 8.8.1999; **3.2** © Celia Arroyo: NoTrabajo.com; **3.5** Based on 20minutos.es 04.09.06; **3.7** 20minutos.es 23.06.08; **3.9** Taken from 20minutos.es 09.05.08; **4.1** & **4.2** With permission from www.ladpw.org; **4.3** Adapted from www.enbuenasmanos.com; **4.5** © www.terra.org; **4.6** Taken from Muy interesante, no. 326, julio 2008; **4.7** Extract from www.laflecha.net; **4.9** From Radio Bulgaria at www.bnr.bg; **5.1** Taken from www.waste.ideal.es; **5.4, 5.5 & 5.6** www.enbuenasmanos.com; **5.9** Based on www.consumer.es; **5.10** Taken from www.energias-renovables.com; **6.1** Courtesy of www.tilz.tearfund.org; **6.3** Adapted from 20minutos.es 03.07.08; **6.4** Adapted from 20minutos.es 10.11.06; **6.6** Extract from www.ruidos.org; **6.8** From www.clubdelamar.org; **6.9** Courtesy of 20minutos.es 25.09.06; **7.3** Taken with permission from El País, 12.06.05; **7.6** Extracted from www.consumer.es; **7.10** Based upon www.greenpeace.org; **8.1** Taken from www.um.es; **8.6 & 8.8** Adapted from www.portalesmedicos.com; **8.10 & 9.2** Sourced from www.20minutos.es; **9.3** Taken from www.library.thinkquest.org; **9.5** Adapted from www.portalfitness.com; **9.7** Based on www.20minutos.es; **9.8** Courtesy of www.ciencianet.com; **9.10** Extract from www.ciencianet.com; **10.1** Taken with permission from Mía No. 1079 14 20.5.07 pp2-3; **10.3** © Reuters from www.20minutos.es; **10.6** © Efe from www.20minutos.es; **10.8** With permission from www.euroresidentes.com; **11.1** © R.G. Otero www.20minutos.es; **11.3** Adapted from es.wikipedia.org; **11.4** Taken from www.biografiasyvidas.com; **11.6** With permission from www.gaudiallgaudi.com; **11.10** Adapted from www.monografias.com; **12.1** © Efe from www.20minutos.es; **12.5** M.L./I.G. and www.20minutos.es; **12.7** © Reuters from www.20minutos.es; **12.9** Adapted from www.sp.rian.ru; **13.3** Taken from www.es.wikipedia.org; **13.5** & **13.7** Taken from www.biografiasyvidas.com; **13.9** Adapted from www.es.wikipedia.org; **13.11** Extract from www.historiasiglo20.org; **13.12** Based upon www.biografiasyvidas.com; **13.13** With permission from www.historiasiglo20.org.

Photo credits

The Publishers would like to thank the following for permission to reproduce copyright material:
p. 1 © Aldo Murillo; **p. 5** © Jack Star / PhotoLink / Getty Images; **p. 6**, tr © Stephanie Swartz, tl © Elena Elisseeva / Alamy, m © Jacom Stephens, b © Juan Monino; **p. 7** © Steven Allan; **p. 9** © Jenny Matthews / Alamy; **p. 10** © JB Russel / Sygma / Corbis; **p. 13** © pidjoe; **p. 14** JUPITERIMAGES / Brand X / Alamy; **p. 16** © Felipe Rodriguez / Alamy; **p. 19** © David J. Green - Lifestyle / Alamy; **p. 20** © Marcelo Del Pozo / Reuters / Corbis; **p. 22** © S.P. Rayner; **p. 25** © denis doyle / Alamy; **p. 27**, t © UpperCut Images / Alamy, b © Wilson Valentin; **p. 30** © Juan Monino; **p. 33** t © 1Apix / Alamy, b © Alan Douglas / Alamy; **p. 36** © Mark Stay; **p. 37** © John James / Alamy; **p. 39** © Eyebyte / Alamy; **p. 40** © LUIGI NARICI / Rex Features; **p. 43** © jeff gynane; **p. 47** © Eric Foltz; **p. 48** © Dirk Freder; **p. 49** © imagebroker / Alamy; **p. 50** © Dainis Derics; **p. 51** © Grafissimo; **p. 54** © AFP / Getty Images; **p. 56** © Winston Davidian; **p. 58** © Tony Watson / Alamy; **p. 59**, tl © Joan Vicent Cantó Roig, tr © digitalskillet, bl © Francisco Romero, br © Juan Monino; **p. 60** © Robert Fried / Alamy; **p. 63** © JUPITERIMAGES / PIXLAND / Alamy; **p. 64** © Peter Cade / Getty Images; **p. 66** © Roger Ressmeyer / CORBIS; **p. 67** © Laka Foundation, documentation centre on nuclear energy; **p. 70** © Emrah Turudu; **p. 71** © Emrah Turudu; **p. 72** © Nevada Wier / CORBIS; **p. 73** © Galyna Andrushko; **p. 76** © Reuters / CORBIS; **p. 77** © Victor McNulty / Alamy; **p. 79** © Glowimages / Getty Images; **p. 85** © MAURO FERMARIELLO / SCIENCE PHOTO LIBRARY; **p. 86** © MAURO FERMARIELLO / SCIENCE PHOTO LIBRARY; **p. 87**, tr © Zsolt Nyulaszi, m © Frances Twitty, bl © Sheryl Griffin, br © kkgas; **p. 88** © Horizon International Images Limited / Alamy; **p. 90** © Joselito Briones; **p. 93** © Simon Hadley / Alamy; **p. 95** © Serdar Uckun; **p. 98** © Owen Franken / Corbis; **p. 101** © Lukasz Laska; **p. 106** © Paul Pantazescu; **p. 109** © Eliza Snow; **p. 113** © Liv Friis-Larsen; **p. 114** © Lebrecht Music and Arts Photo Library / Alamy; **p. 115** © The Gallery Collection / Corbis; **p. 117**, t © M.Flynn / Alamy, b © Rob Barker; **p. 118** © @laurent; **p. 119** © Felipe Trueba / Alamy; **p. 120** © Nancy Kaszerman / ZUMA / Corbis; **p. 121** © WireImage / Getty Images; **p. 122** © Rob Barker; **p. 126** © Dai Kurokawa / Pool / epa / Corbis; **p. 127**, t © Maria De La Iglesia, m © Brad Wieland, b © absolut_100; **p. 128** © Jesus Diges / epa / Corbis; **p. 129** © Sergio Barrenechea / epa / Corbis; **p. 131** © AFP / Getty Images; **p. 132** © naphtalina; **p. 134** © Rafael Ramirez Lee; **p. 135** © Chris Howes / Wild Places Photography / Alamy; **p. 136** © Ian Dagnall / Alamy; **p. 137** © The London Art Archive / Alamy; **p. 138** © Getty Images; **p. 139** © Hugh Taylor / Alamy; **p. 140**, t © Stock Montage, Inc. / Alamy, b © Hemis / Alamy; **p. 141** © Lebrecht Music and Arts Photo Library / Alamy; **p. 143** © Mary Evans Picture Library / Alamy; **p. 145** © Hulton-Deutsch Collection / CORBIS; **p. 146** © Bettmann / CORBIS